삶의 연금술

에너지에 따르기

삶의 연금술

에너지에 따르기

초판 1쇄 인쇄 2025년 9월 9일
초판 1쇄 발행 2025년 9월 16일

지은이   폴 프라이스
옮긴이   강득희·이재형
펴낸이   윤관백
펴낸곳   선인
등록   제5-77호(1998.11.4)
주소   서울시 양천구 남부순환로 48길 1, 1층
전화   02)718-6252/6257
팩스   02)718-6253
이메일   suninbook@naver.com

ISBN   979-11-6068-332-5 03200
정가   22,000원

삶의 연금술

에너지에 따르기

폴 프라이스 지음

강득희·이재형 옮김

선인

서문

이 글을 쓰고 있는 지금, 우리 세상은 큰 변화의 과정에 있습니다. 모든 종류의 시스템이 해체되고 있으며, 완전히 새로운 무언가가 등장할 수 있는 공간이 마련되고 있습니다. 우리는 그 증거를 여러 가지 면에서 볼 수 있는데, 특히 극적이고 부인할 수 없는 기후 변화에서 가장 두드러집니다. 이러한 사랑과 근원 에너지의 강화  된 힘은 지구뿐만 아니라 은하계에서도 일어나고 있습니다. 이러한 에너지의 변화는 전 세계의 친구들에게 운명감과 소명을 가지고 지금 여기에 있어야 한다는 아름다운 각성을 유발하고 있습니다. 우리는 이 시대를 위해 만들어졌다는 사실을 신뢰하면서...

우리의 위대함과 우리가 여기에 있는 이유를 기억하는 데 도움이 되는 것은 종종 개인적인 삶에서 어떤 종류의 강렬한 상황이 필요한 것 같습니다.

제 친구 폴은 역경이 낯선 사람이 아닙니다. 폴은 아주 어린 나이에 심각한 질병에 걸려 극도의 수술이 필요했습니다. 그 후 얼마 지나지 않아 어느 날 아침 눈을 떠보니 자신이 부분적으로 실명했다는 사실을 알게 되었습니다. 그는 오십년 넘게 법적으로 실명 상태였습니다. 얼마 지나지 않아 그는 영적 에너지 전문가의 차분한 도움으로 우리는 사실 인간적인 경험을 하는 영적 존재라는 사실을 기억하기 시작했습니다. 그의 가슴이 열렸습니다. 그에게 엄청난 깨달음이 찾아왔고, 이 깨달음은 오늘날까지 그의 강력한 좌우명이 되었습니다: "나는 환경으로부터 자유로운 것이 아니라 환경 속에서 자유롭다." 제 친구에게는 피해자의 입장을 받아들일 공간이 어디에도 없습니다.

오십여 년 동안 이 섬세하고 점잖은 신사 폴은 세계 곳곳을 누비며 많은 사람들에게 어튠먼트라는 생명에너지 전문조율가로서 평화와 무조건적인 사랑을 선물했습니다. 그의 존재를 느끼는 순간 우리의 가슴과 생각을 괴롭히는 것이 무엇이든 당신은 사랑받고 있으며, 당신은 사랑이라는 사실을 깨닫게 됩니다.

이 책을 읽으면서 여러분은 여행을 떠나게 될 것입니다. 이 사람이 모든 상황을 어떻게 자신의 빛을 비출 수 있는 기회로 여기는지 알게 될 것입니다. 놀랍도록 실용적이고 매우 심오한 책입니다.

지난 사십여년 동안 그의 친구가 되어 많은 경험을 공유할 수 있어서 영광이며 특권입니다. 이제 여러분께 폴 프라이스를 소개하게 되어 기쁩니다.

앤드류 샤이어
에너지 전문조율가, 교육자, 작가

한국어판 저자 서문

안녕하세요, 한국의 독자 여러분!

먼저, 이 책을 여러분께 읽을 수 있게 번역해주신 이재형 님과 강득희 님께 깊은 감사의 마음을 전합니다. 두 분의 헌신과 열정, 그리고 수고에 진심으로 감사드립니다.

저와 아내 낸시는 캐나다 토론토 근처에 살고 있습니다. 이곳에는 큰 규모의 한인 커뮤니티가 있어, 그동안 여러 한국 분들께 어튠먼트를 제공해 왔습니다. 하지만 제가 한국 문화를 깊이 이해하게 된 계기는 바로 이재형 님과 득희 님을 통해서였습니다. 이재형 님은 킹뷰 팜(Kingview Farm)에서 열린 제 워크숍에 참석하셨고, 득희 님은 콜로라도의 선라이즈 랜치(Sunrise Ranch)에서 열린 컨퍼런스에서 처음 만났습니다. 두 분을 통해 한국의 역사와 문화에 대한 많은 이야기를 들었고, 한국이 겪어온 깊은 갈등과 억압의 시기를 지나 오늘날 얼마나 멋지게 성장했는지를 느낄 수 있었습니다. 여러분은 단순히 살아남은 것이 아니라, 진정으로 번영하고 계십니다.

득희 님께서 소개해 주신 한국의 다도(茶道)는 정말 성스러운 전통이었습니다. 콜로라도에서 열린 모임에서 이 다도 예식을 경험했을 때, 그 안에 담긴 영적 에너지에 깊이 감동받았습니다.

이 책에서 저는 제 인생 초기에 겪었던 어려움들을 솔직하게 나누고 있습니다. 그리고 그 어려움들이 어떻게 저를 평생의 영적 여정으로 이끌었는지를 보여드릴 것입니다.

저는 이 책이 여러분에게 새로운 문을 열어주기를 바랍니다. 한국인에게서 느껴지는 강인함과 따뜻함은 제가 강조하는 메시지 – 즉, 어려운 상황을 벗어나는 것이 아니라, 그 안에서 자유를 발견할 수 있다는 사실 – 와 깊이 공명할 것이라 믿습니다.

이 책을 읽어주셔서 감사합니다.

평화와 축복을 담아, 폴 프라이스

저자의 말

이 책을 찾아주셔서 정말 기쁩니다. 페이지를 한장 한장 넘기면서 영성에 대한 몇 가지 질문에 대한 답을 얻고 '영적 치유'에 대한 여러분의 관점이 밝게 조명되기를 바랍니다. 저의 가장 큰 소망은 제 이야기가 여러분에게 문을 열어주는 것, 즉 여러분이 진정으로 얼마나 중요하고 강한 존재인지 깨닫게 해주는 문을 열어주는 것입니다.

여든넷의 나이에, 한평생 무한한 존재의 세계를 탐험해온 제가 여러분께 드리는 작별의 선물일 수 있다고 생각합니다. 저의 여정은 매우 어려운 시기를 겪었으나 상상 이상의 선물을 가져다 주었습니다. 이 모든 것을 다시 할 수 있다면 그 어떤 것도 바꾸지 않은체 그대로 할 수 있습니다. 제 이야기에서 쉽게 알 수 있듯이, 때로는 쓰러져야만 일어설 수 있고 때로는 어둠 속에 홀로 누워야만 빛 속에 설 수 있는 가장 확실한 길이기도 했습니다. 저는 성인이 된 이후 대부분을 법적으로 시각장애인으로 생활했습니다. 멘토와 친구들의 지혜와 친절을 통해 저는 이 재능을 깨닫고 제 자신뿐만 아니라 다른 사람들의 상황 안에서 그들을 돕

기 위해 이 재능을 사용하게 되었습니다.

"에너지를 어떻게 정의하시겠습니까?"라는 질문을 받은 적이 있습니다. 에너지 드링크, 에너지 바, 원자력, 전기 에너지 등 요즘은 어디에서나 자유롭게 사용되는 단어입니다. 에너지가 사물을 움직이게 하는 힘이라는 일반적인 이해를 넘어 제가 다루는 에너지는 마음만으로 파악할 수 있는 것이 아니기 때문에 쉽게 정의할 수 있는 것이 아닙니다. 그것은 정신적인 것이 아니라 지각의 문제입니다. 에너지는 좋거나 나쁘지 않고 그냥 존재합니다. 그냥 존재하며 모든 사람이 사용할 수 있습니다.

이 보이지 않는 놀라운 힘을 이해하려고 손을 뻗는 사람에게 어떻게 설명할 수 있을까요? 주변에서 무슨 일이 일어나고 있는지 주의를 기울여 보세요. 판단을 잠시 보류하고 세상을 관찰하세요.

마치 처음으로 관찰하는 것처럼요. 한 사물이나 사람이 다른 사물이나 사람에게 어떤 영향을 미치는지 인식하면서 조금씩 조각들이 제자리를 찾아갈 것입니다. 어느 한 순간 선입견을 버리고, 판단을 유보하고, 사랑의 눈으로 상황을 보려고 노력하면 지각이 성장하고, 내가 열광하는 이 에너지에 대한 지각이 커집니다.

에너지는 매 순간 가장 순수한 형태로 항상 존재하기 때문에 끊임없이 스스로를 재정의하고 있습니다. 에너지는 끊임없이 변화하는 특성 때문에 시공간에 고정될 수 없습니다. 우리는 이타적인 사랑을 통해 순수한 에너지와 가장 가깝게 소통할 수 있습니다.

가장 암울했던 투병 시절, 아버지는 본능적으로 밤새 저를 품에 안아 주셨어요. 아버지는 에너지의 작용에 대해 무엇을 알고 계셨을까요? 어떤 차원에서도 아무것도 몰랐습니다. 하지만 아버지는 사랑의 힘에 이끌려 자신의 생명 에너지를 저와 나누고 싶어 하셨어요.

우리 안팎에서 끊임없이 소용돌이치는 이 장엄한 에너지의 경이로움과 힘을 엿볼 수 있도록 문을 열어주는 사람은 다른 사람일 때가 많습니다. 문이 열리고 한줄기 빛이 비추는 순간. 그 다음에는 앞으로 나아가 더 많은 것을 발견할지, 아니면 주저앉을지는 우리의 선택입니다. 다시 말하지만 어떤 선택도 옳고 그른 것이 아닙니다.

이 글은 여러분이 자신만의 스토리를 만들 수 있도록 영감을 주기 위한 제 이야기입니다. 기본적인 기법을 요약하거나 이론적 설명을 하는 교과서나 매뉴얼이 아닙니다. 저는 어떤 철학, 모달리티(정보방식) 또는 종교를 판매하거나, 개종시키거나, 설득하기 위해 이 자리에 있는 것이 아닙니다. 저는 무수히 많은 모달리티를 살펴본 결과 모든 사람에게 적합한 것이 있다는 것을 알게 되어 기쁩니다. 어튠먼트 과정은 저의 진동적 공명이 머무는 곳입니다. 그 안에는 다른 사람을 돕는 기술과 인체에 대한 철저한 이해가 담겨 있습니다. 저는 오십 년 넘게 이 과정을 수백 명의 다른 사람들과 공유하는 데 헌신해 오면서, 어튠먼트에서 성장하도록 하는 것은 여전히 저에게 요구되는 영적 인식과 삶의 일관성입니다. 인생은 과정입니다.

이 단계에서 저는 이 아름다운 지구의 힘과 회복력에 겸손함과 경외감을 느낍니다. 그러나 지구상의 모든 생명체와 하나가 된 것 같은 느낌을 더 받은 적은 없었습니다. 이 모든 것과 조화롭게 살아가며 모든 것을 돌보는 데 제 역할을 하는 것이 영광스럽다는 느낌을 더 받은 적도 없었습니다. 그러나 한 사람의 실천이 얼마나 큰 변화를 가져올 수 있는지는 잘 알고 있습니다.

문을 열어주고 인내심을 가지고 제가 걸어 들어와 제 독특한 재능을 발견할 때까지 기다려준 분들께 깊은 감사를 드립니다. 저와 잠시나마 함께 걸어준 모든 분들께 감사드립니다. 어떤 분들은 짧은 기간 동안, 어떤 분들은 수십 년 동안 함께 해주셨습니다. 그렇게 해 주신 분들과 더 큰 그림을 향해 열려 있는 여러분들에게도 감사드립니다. 여러분은 사랑받고, 필요한 존재이며, 이 지구상에서 새롭게 떠오르는 영적 몸체의 필수적인 한부분입니다.

폴 프라이스

차례

차례

차례

도난당한 아이
A CHILD STOLEN

이 땅을 오래 걸을수록 저에게 주어진 삶은 시작도 끝도 없는 환상적인 조각그림 맞추기처럼 느껴집니다. 우리가 태어나기도 훨씬 전에 어떤 웅장하고 거대한 설계의 조각들이 모여 있는지 누가 알 수 있을까요? 이 조각들은 무작위로 제자리에 꽂혀 우리의 차례가 오면 우리가 걷게 될 바로 그 길을 설정합니다.

1913년, 모험에 대한 무모한 욕망을 가진 저돌적인 인물이 미국에서 영국으로 건너왔습니다. 윌은 젊고 잘생긴 외모에 키가 크고 날씬했으며 항상 야성적 부름을 따랐습니다. 스모그가 자욱한 도시에 양떼가 점점이 흩어져 있는 언덕이 있는 지역에서 그는 클레어라는 성질이 급한 북부의 아가씨를 만났습니다. 그녀는 열두 살 때부터 아버지가 운영하는 피시 앤 칩 가게(생선 튀김과 감자 튀김가게)에서 일해 온 진취적인 젊은 여성이었죠. 그녀의 아버지는 "넌 교육은 필요 없다"며 "이제부터 먹고 살아야 한다"고 단호하게 말했습니다. 그렇게 클레어는 요크셔의 자갈길 위를 걸어 일터로 향했습니다. 그녀는 맑은 의식과 강한 직업 윤리를 가지고 있었기에, 얼마 지나지 않아 리즈 마을 주변에서 피시 앤 칩 가게를 여러 개 운영하고 있었습니다.

키가 크고 까무잡잡한 미국인 윌도 함께 왔습니다. 클레어는 단순히 열심히 일만하는 아가씨가 아니었습니다. 그녀는 또한 큰 눈을 가진 놀기도 좋아하는 아가씨였고, 윌에게 반해 윌은 아내로 맞아들였습니다. 2년 후 클레어는 아들인 제 아버지를 낳았습니다. "그리고 우리는 그를 빌이라고 부르기로 했어요." 부부는 입을 모아 말했습니다.

윌은 이해할 수 없는 진정한 사기꾼이었다고 해도 과언이 아닙니다. 여느 때와 다름없는 일요일 아침, 윌은 두 살배기 빌의 손을 잡아 이끌며 길을 나섰는데, 클레어는 남편과 외동아들에게 무슨 일이 일어났는지 모른 채, 상실감만을 남기고 둘은 사라졌습니다. 종적을 감춰버렸습니다.

클레어는 이 배신감에 큰 슬픔에 빠졌습니다. 실제로 윌이 어린 빌리를 캐나다로 데려갔다는 사실을 추론할 수 있을 만큼 충분한 정보를 수집하기까지 몇 달이 걸렸습니다. 아들과 재회하고 싶은 절박한 심정으로 그녀는 얼마되지 않는 돈으로 캐나다행 배표를 구입했습니다. 그녀는 캐나다에 도착했고, 애석하게도 자신이 믿었던 남자와 함께 있는 어린 아들을 발견했습니다. 윌이 자신과 주변의 모든 것을 파괴하는 데 혈안이 된 극심한 알코올 중독자라는 사실을 알게 된 데는 그리 오랜 시간이 걸리지 않았습니다. 결혼 생활을 유지하려는 그녀의 노력에도 불구하고 결혼 생활은 패배의 연속이었습니다. 결국 클레어는 항복하고 빌리 없이 영국으로 돌아와야 했습니다. 윌은 무자비했고, 당시 여성에게는 아무런 권리가 없던 시절이었기 때문에 클레어는 외동아들을 만나지 못한 채 상심에 빠졌습니다. 클레어는 아들에게 실패했다는 죄책감에 시달리며 평생을 괴로워했습니다.

어린 빌이 열다섯 살이 되었을 때, 운 좋게도 놀라운 인내심으로 어머니의 주소를 찾아냈고, 두 사람은 바다를 건너 사랑의 서신을 주고받을 수 있었습니다. 그 빌이 서른 두 살 무렵인 1947년이 되어서야 어머니와 아들은 다시 얼굴을 맞대고 만날 수 있었습니다. 그러나 그 때쯤, 이미 두 사람의 관계는 손상된 상태였습니다. 빌은 토론토에서 자신의 가족을 꾸렸고 어머니 클레어는 다른 사람과 결혼하여 리타라는 이름을 가진 어린 딸이 있었습니다. 이 어린 소녀는 앞으로 몇 년 동안 제 인생의 퍼즐에서 없어서는 안 될 중요한 부분이 될 것입니다.

어머니와 아들이 서로를 찾은 후에도 더 이상 함께할 수 없다는 사실이 슬펐습니다. 하지만 사실 두 사람 모두 먼 거리를 이동하는 데 필요한 비용을 감당할 수 없었습니다. 당시에는 세상이 훨씬 더 넓었기 때문에 먼 거리를 여행하는 것은 주로 부유층에게만 주어지는 특권이었습니다. 평범한 직장인들은 자기 나라 너머를 본 적이 거의 없었고, 어떤 사람들은 자기 마을 너머를 본 적도 없었습니다. 빌과 그의 어머니가 할 수 있는 최선은 편지와 연하장을 통해 연락을 유지하는 것이었고, 그들은 평생을 그렇게 살았습니다.

그러나 이것은 어튠먼트에 관한 이야기이고, 사랑, 빛, 영감에 관한 이야기입니다. 왜 오래 전의 어두운 이야기로 시작할까요? 이상하게도 제 조부 월의 어둡고 불안한 존재는 아버지 빌을 통해 빛난 사랑과 헌신의 빛을 가져오는 데 중요한 역할을 한 것 같습니다. 현실을 직시해 보십시다: 빌이 갈 수 있었던 길에는 두 가지가 있었습니다. 아버지의 죄를 되풀이하며 씁쓸하고 분노에 찬 사람으로 성장했을 수도 있었습니다. 아니면 어둠을 딛고 일어나 달라지기로 선택할 수도 있었습니다. 빌은 후자를 선택했고, 그 결과 아들인 제 삶은 사랑스럽고 세심한 아버지 덕분에 한없이 풍요로워졌습니다.

아버지의 생애 첫 십일년은 매우 힘들었습니다. 목수였던 월은 일 년 중 팔개월 동안 열심히 일한 후 그 수입으로 독주를 사재기하곤 했습니다. 그 후 사개월 동안은 아버지와 어린 아들을 허름한 판잣집에 가둬두고 가끔씩만 식량을 구하러 나오곤 하셨죠. 한 번에 육주 동안 아버지는 소다 크래커와 가끔 운이 좋으면 치즈 한 덩어리 외에는 아무것도 먹지 못했습니다.

어느 날 윌의 형(빌리의 삼촌)이 찾아왔습니다. 빌이 살아야 하는 환경을 보고 소년이 거의 굶주린 상태라는 것을 알아차린 그는 무관심하고 태만한 아버지로부터 빌을 데려와 토론토의 다른 지역에서 살도록 자신의 가정으로 데려왔습니다. 이 친절하고 자상한 큰아버지는 빌에게 좋은 보금자리를 마련해 주었고 훗날 빌에게 도움이 될 많은 기술을 가르쳐 주었습니다.

놀랍게도 아버지 빌리는 자신의 아버지에 대해 나쁜 말을 한 적이 없습니다. 아버지는 그저 같은 길을 가지 않기로 선택하셨을 뿐입니다. 그리고 앞서 말했듯이 아버지의 사랑 많은 품성은 아버지 삶의 특징으로 남아 있습니다. 아버지의 배려와 힘은 제 목숨을 여러 번 구해 주셨어요. 이미 보셨듯이, 제 이야기에서 아버지는 많은 부분을 차지합니다.

어머니 헬렌은 아버지 빌과는 매우 다른 삶을 살았습니다. 어머니의 아버지는 영국 상류층 가정에서 태어났습니다. 런던의 루드게이트 언덕의 이름을 딴 가문입니다. 외할아버지 프레드릭은 외할머니인 앨리스와 사랑에 빠졌고, 그녀는 그의 지위보다 '낮은' 신분이었지만 외할아버지는 그녀와 결혼했습니다. 이 일로 그는 부유한 친가와 결별하고 유산을 상속받지 못하는 불명예를 얻었지만, 후회하지 않았습니다. 프레드릭과 앨리스는 캐나다에서 단순하지만 행복했으며 가난하지만 매우 소박한 삶을 살았습니다. 그 가난 속에서 저의 어머니는 여덟명의 다른 형제자매와 같이 태어났습니다. 프레드릭과 앨리스에 대해 이야기하는 모든 사람들은 그 분들이 서로를 매우 사랑했다고 말합니다.

어머니는 아름다운 영혼과 강한 직업 의식을 가졌습니다. 어머니는 훌륭한 요리사로 실력을 쌓으셨고 대공황을 겪으며 가족을 부양하는 가장의 역할을 하셨죠. 매우 힘든 시기에도 어머니는 불평하지 않으셨고 항상 당신의 형제자매들을 높이 평가하셨습니다.

이 강한 애정 어린 보살핌은 지속되어 제 말년까지 이어졌습니다. 제 여동생 팻과 저는 2011년 어머니가 세상을 떠날 때까지 계속해서 사랑의 관계를 나누었습니다.

저는 이러한 기반이되는 요소들, 즉 부모님이 보여주신 사랑의 환경과 강인한 품성 덕분에 오늘날 제가 살아 있다고 생각합니다.

아버지는 이차대전 당시 해군에서 큰 배의 화재를 진압하는 일을 하셨어요. 끊임없이 위험에 처했던 것은 말할 것도 없고 그가 목격한 공포는 상상조차 할 수 없을 것입니다. 하지만 불을 끄고 생명을 구하는 것이 아버지의 본업이었기에 전쟁이 끝나자 토론토 소방서에서 근무하던 직장으로 돌아와 결국 소대장으로 승진했습니다.

아버지가 전쟁터로 떠나셨을 때 저는 갓난아기였고, 아버지를 다시 만났을 때는 다섯 살이었어요. 아버지에 대한 첫 기억은 그가 얼마나 커 보였는지! 아버지가 저를 보자마자 가장 먼저 하신 일은 저를 공중으로 높이 들어 올려 몸에 꼭 안아주셨어요.

다섯 살 때의 기억을 떠올려보면 아버지는 저를 하루종일 그렇게 안고 있는 모습이 떠오릅니다. 1945년이었어요. 아버지는 전쟁에서 돌아오셨고 우리는 곧바로 친밀감을 형성했습니다.

아버지의 놀라운 성품에 대한 증거를 들어보죠...

아빠는 해군에 입대하기 전에 삼십육피트짜리 요트용 엔진을 구입하셨어요! 아버지가 해군에 계시는 동안 서너 살이었던 저는 지하실에서 그 크고 파란 엔진의 모든 구멍을 모래로 메우는 데 몇 시간을 보냈어요. 저는 뭐든 열심인 아이였고 메워야 할 구멍이 많았어요! 그가 집에 돌아와 제가 저지른 피해를 봤을 때 화를 낼 수도 있었어요. 하지만 그는 화를 내지 않았어요. 대신 그는 저를 옆에 앉혀놓고 엔진을 분해하기 시작했습니다. 그는 모든 것을 깨끗이 청소하고 다시 조립하면서 모든 과정을 설명해 주었습니다. 그는 저에게 렌치를 건네주고 너트와 볼트를 잡아주며 저를 참여시켰습니다. 모래가 실제로 엔진에 매우 좋지 않다는 사실까지 설명해주니 정말 유용하다고 느꼈어요! 죄책감이나 부끄러움, 비난은 전혀 없었어요. 그는 오히려 저를 새로운 차원의 이해로 친절하게 안내하고 제 자존감을 강화하는 가르침의 순간으로 활용했습니다. 의심할 여지 없이 여기서 저의 기계에 관한 적성이 뿌리를 내렸습니다. 아버지는 주어진 일의 이유와 배경을 설명할 기회를 놓치지 않으셨기 때문에 이 경우 저는 단순히 "시키는 대로 하는" 조수가 아니라 이해하는 조수였습니다.

제가 자란 동네는 토론토의 전형적인 블루칼라 지역으로 아이들이 많이 사는 곳이었어요. 베이비붐이 한창이던 시절이었죠. 거리에는 공놀이를 하고 자전거를 타고 요새를 쌓는 아이들로 가득했습니다. 모든 엄마들은 자연스럽게 애들을 서로 돌보는, 블록형 부모가 되었습니다. "장 보고 오는 동안 폴 좀 봐 줘요"라는 말은 그 당시에는 매우 흔한 부탁이었습니다.

"놀까?"는 자주 듣는 질문 중 하나였습니다. 제가 여덟 살 때 집 바로 옆 블록에 사는 네 살짜리 남자아이가 "나랑 같이 놀래?"라고 물었습니다. 그 아이는 존이었습니다. 도시 마을의 길가에서 만난 두 소년은 이것이 평생의 우정이 시작될 것이라고는 상상도 하지 못했을 것입니다. 하지만 65년이 지난 지금, 우리는 바로 그 사실에 놀라움을 금치 못합니다. 우리가 만난 날, 존의 어머니인 몰리가 존의 아버지가 갑자기 심장마비로 돌아가셨다는 소식을 전해 주었습니다. 아마도 제 안의 동정심이 나이 차이에도 불구하고 우리의 유대감을 이끌어낸 것 같습니다.

그렇지만 반면에 존은 정말 멋진 장난감을 많이 가지고 있었어요! 수년 동안 우리는 많은 일을 함께 했어요. 존은 제 퍼즐에서 매우 중요한 조각이 되었으며 여전히 남아 있습니다.

그 곳은 한 소년이 어린 시절을 보내기에 이상적인 동네였어요. 그런데 제가 열한 살 무렵, 아버지는 현재 집에서 동쪽으로 십 마일 정도 떨어진 곳에 구입한 일에이커의 땅에 새 집을 지을 것이라고 알려주셨어요. 아버지는 "폴, 너도 도와줄 수 있어. 너와 내가 함께 이 집을 지을 거야."

그 자체만으로도 신나는 일이었죠. 아버지와 함께 일할 수 있다는 것은 저에게 소중한 일이었죠. 여기 새로운 거처가 자연의 야성의 땅이고 개울이 흐르는 곳이라는 사실까지 더해져 최고의 모험이었어요!

병가와 휴가를 아껴둔 덕분에 아빠는 육 주 동안 새 집을 짓는 데 시간을 할애할 수 있었지요. 지하실을 전문적으로 굴착한 후 기초를 다지고 시멘트 블록을 세우는 데는 이 주밖에 걸리지 않았어요. 비록 그가 저를 견습생으로 데려갔지만, 저는 밭을 뛰어다니고 개울에 돌과 막대기를 던지며 일손을 도운 것보다 더 많이 놀았던 것 같습니다. 내가 던진 것들이 물 표면을 따라 일렁거리며 상상 속의 이국적인 목적지로 향하는 것을 지켜보았습니다. 한편 아빠는 남은 사 주간의 휴가 기간 동안 거친 공사를 모두 마치고 집의 밀폐된 겉 구조물을 완성했습니다. 그는 놀라운 지구력을 가진 집중력 있는 일꾼이었습니다. 그런 다음 다시 소방서로 돌아갔습니다. 그 후 주말을 이용해 황량한 땅 한 부분에 침실 세 개가 있는 멋진 방갈로를 완성했습니다.

비록 일하는 시간보다 노는 시간이 더 많았지만 그래도 아버지와 함께한 시간은 매우 소중했습니다. 아버지는 저에게 다양한 공구 사용법을 가르쳐 주셨고, 전동 공구에 대한 존중과 모든 공구에 필요한 안전에 대해 가르쳐 주셨습니다. "무엇보다도 아버지는 "무생물에게 화를 내면서 에너지를 낭비하지 말라"고 가르치셨죠. 실수를 했다면 그냥 고치면 되고, 평정심을 유지하면 훨씬 더 빨리 고칠 수 있단다." 우리 집은 그런 자세로 지어졌습니다. 저는 이 분에게서 평생 동안 도움이 될 기술과 태도 등 많은 것을 배웠습니다. 예를 들어 도시에 살면서 물이 마시고 싶을 때는 수도꼭지를 틀기만 하면 됩니다. 하지만 새 집에서는 그렇지 않았습니다. 우물을 파야 했죠. 그때 지하에 물이 흐르고 있다는 사실을 알게 되었고, 그 물을 끌어올려 지표면으로 펌핑하면 된다는 것을 알게 되었습니다. 하지만 물을 어떻게 찾아야 할까요? 수맥을 찾는 방법을 배울 시간이었습니다.

아빠는 집 뒤편으로 가서 사과나무에서 Y자 모양의 가지를 잘라 가지고 돌아왔어요. "여기, 아들아." 아버지는 저에게 나뭇가지를 건네며 "이 나뭇가지를 이렇게 부드럽게 잡으면" "지하로 흐르는 물을 향해 아래로 기울어져 정확히 어디를 파야 하는지 알려줄 것"이라고 설명해 주셨습니다. 이 방법에는 큰 문제가 없었습니다. 아버지는 이 방법이 '수리수리마수리' 처럼 마법 같은 것이라고 말씀하시지 않으셨죠. 아버지는 벽돌을 쌓거나 엔진을 고치듯이 저에게 이 기술을 소개해 주셨어요! 아버지는 저에게 이 기술을 평범한 삶의 사실로 알려주셨죠. 누구나 할 수 있는 일이라고요. 약속대로 사과 나뭇가지가 제 역할을 해냈고 우리를 십일피트 아래에 있는 우물로 이끌었습니다. 물이 너무 빨리 흘러서 아버지는 무너지는 것을 막기 위해 나무 내벽을 만들어야 했습니다. 그런 다음 그곳을 벽돌로 둘러쌓았고, 짜잔! 우물이 생겼어요.

흥미로운 점은 물이 한 번도 떨어지지 않았다는 점입니다. 십일피트 아래 우물에서 우리는 결코 물이 떨어지지 않았습니다. 하지만 우리 양쪽의 이웃들은 이야기가 달랐습니다. 그들의 우물은 육십피트 깊이에 달했고 여름이 끝날 무렵이면 물이 바닥나는 경우가 많았습니다.

새 집에는 닭이 있었는데, 주로 우리 가족을 위한 달걀을 얻기 위해 키웠어요. 하지만 몇 마리가 나이가 들면서 아버지는 저에게 식용으로 닭을 인도적으로 죽이는 방법을 가르쳐주고 싶어하셨어요. "아들아, 넌 네가 섭취하는 생명을 존중해야 한다. 감사와 경외심을 가지고 이 일을 해라. 이 생명체는 너를 위해 모든 것을 바쳤다."

안타깝게도 다른 상황에서 닭의 머리가 잘려 나가고 머리 없는 닭이 빙글빙글 돌아다니는 모습을 보고 모두가 크게 웃었던 적이 있었습니다. 정중하지 않았지요. 경건하지도 않았고요. 다행히도 아버지는 저에게 아주 다른 접근 방식을 보여주셨습니다. 아버지는 조류를 큰 깔때기에 조심스럽게 넣고 완전히 긴장을 풀 때까지 조용하고 부드럽게 안아 주셨어요. 그리고는 친절하고 자비롭게 닭의 목을 재빨리 자르고 닭을 꺼냈습니다. 하지만 그 순간이 올 때까지 그는 침착하게 닭을 안고 있었습니다. 그런 다음 닭을 세척하는 과정으로 옮겼습니다. 이것은 단순한 고기 수확에 대한 교훈 그 이상이었습니다. 하나의 의식이었죠. 이 분이 제 아버지였습니다.

아빠와 나는 함께 낚시 여행과 항해를 떠났습니다. 우리의 시간은 웃음으로 가득했고 지금 여기에서 솔직하게 말하자면 소박한 농담을 배웠습니다! 아버지가 주신 또 하나의 선물이었죠.

저희는 팔년 동안 목가적인 시골 생활을 즐겼습니다. 그러다 여동생 팻과 저를 학교에 입학시키면서 다시 도시로 돌아왔습니다. 1956년이었죠. 저는 열여섯 살이었죠. 새로 이사한 집은 토론토의 해변 지역에 있었고, 당시에는 학교에 더 많은 시간을 할애해야 했지만 아버지와 저는 집 지하에 가족 수입을 보충할 수 있는 아파트를 지을 수 있었어요.

얼마 지나지 않아 저는 '기술'에 적성이 있다는 것을 깨닫고 기술 학교에 진학하기로 결심했습니다. 그곳에서 비전을 공유하는 두 명의 남학생과 친구가 되었습니다. 우리 셋은 졸업 후 각자 다른 직종에 종사하며 견습생 생활을 하다가 다시 모여 리노베이션 사업을 시작하기로 결정했습니다. 멋진 계획이었고, 1959년도에 열아홉 살 때 제 미래는 거의 정해져 있었습니다. 체조 선수의 힘과 민첩성을 갖춘 젊고 건강한 몸이었죠. (고등학교 때 체조에서 두각을 나타냈어요). 여름에 좋은 일자리를 구했고, 리노베이션 사업도 기다리고 있었죠. 바로 시작했죠! 그리고 쿵!

처음에는 잦은 설사로 장에 이상이 생기기 시작했고, 그다음에는 병상에 누워 있어야 할 정도로 심한 병에 걸렸습니다. 한 달도 채 되지 않아 제 몸무게는 백칠십오파운드의 건장한 체격에서 백삼십육파운드의 허약한 몸무게로 떨어졌습니다. 음식만 먹으면 구토와 설사가 이어졌습니다. 그때 의사들은 궤양성 대장염이라는 진단을 내렸고, 부모님에게는 치료가 매우 어려운 질환이라고 알려 주었습니다. 몇 주라는 짧은 시간 동안 제 인생은 순식간에 바뀌었습니다. 완전히 새로운 세상이 저에게 열리기 시작했으니 제 인생의 결정적인 사건이었습니다.

네, 저는 여러 차례 죽을 고비를 넘겼습니다. 하지만 제가 말씀드린 사람들, 특히 아버지와 아버지가 제게 심어주신 가치관이 그 후의 혼란스러운 칠년을 견딜 수 있게 해 주었습니다.

퍼즐 맞추기의 비유를 사용하면서 모든 유추가 결국에는 무너진다는 것을 알고 있습니다. 하지만 특정 모양이나 색상의 퍼즐 조각이 맞지 않는 것처럼 보일 때도 있습니다. 퍼즐이 완성되면 그 조각을 빼놓을 수 없었다는 사실을 깨닫게 됩니다. 그것은 전체 그림을 완성하는 데 필수적인 요소였습니다.

그래서 제 인생의 첫 십구년은 제가 만들어야 할 퍼즐의 외형적 틀을 만들어 토대를 제공한 셈이죠. 운이 좋았든 운명이 좋았든, 저는 제게 주어진 강력한 출발에 감사하고 있습니다. 다른 많은 사람들은 그렇지 않다는 사실도 알게 되었습니다. 수년을 걸쳐 만났던 남자들은 "아버지 이슈"가 있는 것에 놀랐습니다. 그 후 칠년은 의심할 여지없이 제 삶에서 가장 암울한 시기였습니다. 이 어두운 날들이 제 삶을 빛으로 채우는 영적인 길로 인도해 주었다는 것이 놀랍지 않나요?

고통과 질병이 제 삶을 지배했습니다. 제 몸을 필사적으로 진정시키려고 노력하면서 거의 화장실에서 살았습니다. 무수히 많은 약을 먹어도 상황을 완화하는 데 아무런 효과가 없었습니다. 체중이 계속 줄고 탈수 증상이 심해지자 의사는 저를 다시 병원에 입원시켰습니다. 한 달 동안 병원에 입원해 경구용과 정맥주사로 인간적으로 가능하다고 생각되는 것보다 더 많은 약을 복용했지만 원하는 만큼의 완화 효과를 얻지 못했습니다.

시간이 지나자 아버지는 더 이상 제가 찔리고, 약을 먹고, 고통스러워하는 모습을 견디지 못하고 의사의 뜻에 반해 퇴원을 시켰습니다. 의사는 저에게 평생 장루 주머니를 차고 살아야 하는 대수술을 하려고 했어요. 하지만 저는 너무 약하고 너무 젊어서 그런 생각조차 할 수 없었습니다.

우리 모두 큰 도박이라는 것을 알고 있었지만, 소량의 투명한 액체를 섭취할 수 있었고 의료진의 조치가 도움이 되지 않았기 때문에 집으로 돌아갈 수 있었습니다.

그 후 몇 주 동안 매일 밤 저는 침대에 웅크리고 통증에 떨었습니다. 그때 아버지는 저와 함께 침대에 기어 들어와 저를 품에 안으셨어요. 크고 강한 소방관인 자신의 생명 에너지를 연약하고 뼈만 남은 저를 안고 저와 나누고 계셨죠. 그 몇 주 동안 저는 더 강해졌고 음식을 먹을 수 있게 되었습니다. 스크램블 에그, 젤로, 맑은 수프, 푸딩이 그 후 두 달 동안 저의 유일한 식단이 되었습니다. 저는 점점 더 강해지고 있었고 이제 무언가를 붙잡고 의지하지 않아도 움직일 수 있게 되었습니다. 그 후 육 개월 동안은 제가 견딜 수 있는 음식과 견딜 수 없는 음식이 무엇인지 탐구해야 했고, 설사는 여전히 예측할 수 없어 집 밖을 나가지도 못했습니다. 시행착오의 과정을 통해 저는 매우 어려운 방법을 알게 되었습니다. 어떤 음식이 저에게 효과가 있고 어떤 음식이 효과가 없는지 빠르게 알 수 있었습니다. 이때 모든 약을 끊었는데 눈에 띄는 차이는 없었습니다.

닭고기, 생선, 완두콩, 으깬 감자가 그 후 칠년 동안 제 유일한 식단이 되었습니다. 생야채는 죽음과도 같았습니다. 여전히 허약했지만 저는 힘을 얻기 시작했고, 아버지가 저를 퇴원시키기로 한 결정이 제 생명을 구한 것은 의심할 여지가 없습니다.

어머니는 누구에게도 뒤지지 않는 사랑을 베푸시는 절대적인 천사였습니다. 제가 먹는 모든 음식은 거의 형태를 알아볼 수 없을 정도가 되어야 했습니다. 어머니의 요리 솜씨는 그렇지 않았음에도 불구하고 그렇게 하셨죠. 그녀는 제가 음식 조리 냄새만으로도 심한 질병에 걸릴 수 있다는 것을 알고 있었기 때문에 창문을 열고 선풍기를 틀고 집안을 최대한 환기시켰습니다. 저를 위해 일하는 어머니와 아버지, 이 팀이 있다는 것은 정말 행운이었어요.

제 어머니 헬렌은 강인한 여성이었지만 섬세하고 예민한 영혼이었습니다. 제 병에 대한 어머니의 불안은 때때로 맏아들을 잃는 최악의 상황에 대한 두려움으로 압도당했습니다. 이런 수준의 불안은 이해할 수 있지만 창의적인 목적에는 전혀 도움이 되지 않습니다. 하지만 그 당시에는 한 사람의 태도와 집중력이 특정 상황에 긍정적이든 부정적이든 어떤 영향을 미칠 수 있는지 알지 못했습니다.

하지만 그녀는 노래를 부르고 싶은 본능적 충동이 있었기 때문에 수년 동안 배운 노래와 찬송가를 선택했습니다. 그렇게 어머니는 자신의 고통을 극복했습니다. 어머니의 목소리는 아름다웠고 저는 어머니의 부드러운 음색에 감사했습니다. 흥미롭게도 어머니는 외할아버지로부터 아름다운 목소리를 물려받았습니다. 한때 뛰어난 성악가였던 외할아버지는 일차 세계대전에서 머스터드 가스를 맞닥뜨린 후 그 재능을 잃으셨죠. 어머니는 아버지가 전쟁의 아픔을 간직한 듯 낮고 중후한 목소리로 말하는 것밖에 몰랐습니다.

몸을 만드는 데 일년이 더 걸렸고 가족과 떨어져 고립된 생활을 했습니다. 친구와 가족들의 방문은 하늘이 보내준 선물이었고, 가끔 가족과 함께 차를 타고 외출할 수 있었는데 항상 물통을 발밑에 두고 자주 사용했습니다. 제 가족은 각자 관용과 이해심이 놀라웠어요. 제 분노가 치밀어 오르면 창문을 내려주곤 했죠.

그리고 앞서 말씀드린 존이라는 소년이 있었는데, 아버지를 잃고 저에게 놀러 와 달라고 부탁했어요. 존은 정말 좋은 친구였고, 존을 방문하는 것은 칠년 동안 제가 가진 유일한 사회생활이었습니다. 매주 토요일 저녁, 건강이 회복되면 아버지는 저를 존의 집에 데려다 주셨고, 저는 존과 존의 어머니와 함께 하키를 보았고, 가족들은 마을의 친척들을 방문했습니다. 이 시간은 그분들에게도 꼭 필요한 시간이었습니다. 그리고 이 모든 것이 차 뒷좌석에 있던 작은 빨간 양동이 덕분에 가능했습니다. 존과 그의 어머니인 몰리가 보여준 은혜와 친절은 저를 정서적으로 지원하는 데 매우 중요한 역할을 했습니다. 어머니와 아들은 이제 모두 세상을 떠났습니다. 하지만 하루도 감사한 마음으로 그분들을 생각하지 않는 날은 거의 없습니다.

1961년, 제 인생에 또 다른 문이 열렸습니다. 아버지와 제가 설치한 지하실 아파트를 기억하시나요? 부모님은 클리프라는 사람에게 그 공간을 빌려주셨죠. 제 병의 심각성을 안타깝게 여긴 클리프는 부모님께 자신의 만성적인 허리 질환에 대해 말씀하셨어요. 그는 수년 동안 이 병과 씨름해왔지만 의사들이 제시하는 어떤 치료법도 그에게 도움이 되지 않았어요. 그는 증상을 완화하기 위해 모든 방법을 다 시도해 보았고, 어느 날 누군가가 그를 카이로프랙터(chiropractor)에게 데려다 주었습니다. 카이로프랙틱 의사는 약간의 동작조작만으로 클리프의 고통을 완화시킬 수 있었습니다. 저희는 관심을 갖게 되었고, 클리프가 론 박사가 정해진 비용 없이 기부 방식으로 일한다는 사실을 알려주자 아버지가 연락을 취했습니다. 제 상황을 전해들은 론 박사는 저희 집을 방문했습니다.

론 박사는 저를 소파에 눕히고 약 오분 동안 제 목을 여러 자세로 아주 부드럽게 움직여 주었습니다. 그의 손은 크고 따뜻했고 제 목에서 만족스러운 딸깍 소리가 몇 번 들렸습니다. 그는 저에게 몇 시간 동안 누워 있으라고 권유했습니다. 그러면 치료 효과가 더 커질 거라고 하더군요. 이 때 당시에는 그런 제안이 불가능한 일처럼 보였습니다. 하지만 흥미롭게도 저는 그 소파에서 몇 시간 동안 바로 잠이 들었습니다. 잠에서 깨어났을 때 새로운 이완감이 제 몸에 자리 잡았습니다.

그 후 몇 주 동안 몇 차례 더 론이 찾아왔고, 매번 마다 치료는 눈에 띄게 효과를 보았습니다. 카이로프랙터 치료는 처음 받아본 경험이었고, 조금이라도 통증이 완화되었다는 사실에 정말 감사했습니다. 그러던 중 론이 자신과 가족이 브리티시컬럼비아(Britiah Colombia)로 이사를 간다고 알려 왔습니다. 론은 걱정하지 말라고 안심시켰어요. 그의 절친한 친구가 토론토에서 그의 자리를 대신할 것이고, 그 친구는 론과는 약간 다른 방식으로 일하지만 여전히 에너지 균형과 관련된 일을 하고 있었기 때문입니다. 이 사람이 하는 일은 어튠먼트(Attunement) 라는 것이었습니다. 우리에게는 생소한 단어였습니다. 어튠먼트 과정은 그 이후로 제 인생에서 중요한 역할을 했습니다.

론의 후임은 맥이라는 사람이었는데, 그는 아내 제인과 함께 비접촉식 기술을 적용해 신체 시스템의 균형을, 주로 내분비 계통의 균형을 맞추는 일을 했습니다. 저는 그게 뭔지 전혀 몰랐습니다! 맥은 "어튠먼트는 영성에 기반을 두고 있습니다. 각자의 생명 에너지를 존중하며 그 생명 에너지의 원천을 존중하고 인정하는 것입니다."라고 설명했습니다. 생전 처음 듣는 언급이었어요!

맥이 설명하는 내용을 다 이해했다고 말할 수는 없었어요. 하지만 절대적인 것은 제가 느낀 내면의 평화, 즉 내면의 평화와 큰 위안이었습니다. 그런 수준의 평화를 느껴본 지 삼년이라는 긴 시간이 흘렀어요. 맥과 제인과 함께 있을 때, 그들의 존재 자체가 주는 깊은 고요함은 그들이 사용하는 프로토콜(protocol/ 원안)을 통해 전해졌습니다. 그 후 몇 년 동안 맥은 어튠먼트 과정이 제 앞에 펼쳐지는 동안 계속 정보를 알려주었습니다. 그는 자신이 이 모든 과정에 어떻게 참여하게 되었는지 이야기하면서 이 과정이 훨씬 더 큰 무언가에 관한 것이라고 덧붙였습니다. 어튠먼트는 사람들이 자신의 영성을 더 잘 이해하도록 도와주며, 이러한 기술을 통해 느껴지는 에너지를 제공하는 것은 바로 자신의 영과의 연결이었습니다. 그가 한 말의 대부분은 제가 이해할 수 없는 것이었습니다.

하지만 함께 일하면서 시간이 지남에 따라 그의 말이 이해되기 시작했습니다. 제 상황에 맞는 기적의 치료법은 없었지만 약간의 개선은 있었습니다. 저는 단순히 매 세션마다 경험하는 내면의 평화를 위해 계속해서 맥을 만났습니다. 여전히 화장실에 묶여 있다고 느낄 때가 있었습니다.

이 모든 일이 진행되는 동안 아버지는 다시 한 번 우리가 더 시골로 이사해야 한다고 결정하셨어요. 아버지는 약간의 정원 가꾸기와 새 집 짓는 일을 도와드리는 것이 저에게 좋을 것 같다는 생각이 들었습니다. 그래서 두 번째로 아버지는 2년 동안 모아둔 휴가 시간을 이용해 저희 둘이 함께 새 집을 짓기 시작했습니다.

이번에는 시작하기 전에 지하실을 파고 시멘트 블록을 깔았고, 상상할 수 있듯이 가장 먼저 한 일 중 하나는 조니 온 더 스팟(이동식 화장실)을 빌리는 것이었습니다. 제 직감은 여전히 살아 있었죠. 이번에는 훨씬 더 많은 것을 배우고 창의적으로 작업에 참여할 수 있었어요. 집이 완성되기 전에도 충분히 살기에 좋은 집이었어요. 이 시간은 소중한 치유를 가져다 주었을 뿐만 아니라 제 기술 향상에도 크게 기여했습니다.

아버지는 천재적이셨어요. 집을 지은 다음 해에 0.5에이커의 채소밭을 추가하고 아름다운 과일나무를 심었습니다. 정원과 땅, 그리고 아버지가 진행했던 다양한 프로젝트는 다소 제한적이었던 저의 존재를 넓혀주는 데 도움이 되었습니다.

자신이 인간적인 경험을 하는 영적 존재라고 생각해 본 적이 있나요?

매주 맥과의 만남은 계속되었고 곧 좋은 우정으로 발전하여 제 미래의 문을 더욱 활짝 열어줄 수 있는 관계로 발전했습니다. 맥은 초창기에 이 어튠먼트 과정이 더 큰 무언가의 일부라고 말해 주었습니다. 이제 저는 그 무언가가 무엇인지 알아내야 했습니다. 맥이 수년간 함께 해온 사람들이 모여 '삶의 예술' 수업을 제공하는 그룹이 있었습니다. 이런 사람들의 이야기로 저의 세상을 채색하면서, 맥은 저를 향해 "폴, 당신은 인간적인 경험을 하는 영적 존재라는 것을 생각해 본 적이 있나요?"라고 물었습니다.

저는 그 질문이 제 안에 불을 지폈다는 사실을 믿을 수 없었습니다.

제 마음속에서 찬란한 빛이 번쩍이며 남은 평생을 함께할 톤이 울려 퍼졌습니다. 맥이 삶의 예술 수업에서 쓴 원고를 건네주면서 바로 이 논문이 자신의 삶을 얼마나 변화시켰는지 얼마나 감명을 받았는지 모른다고 하였습니다. 그 논문의 제목이 정확히 기억나지 않습니다. 제가 기억하는 것은 그 논문이 제 안에 불타오르던 빛을 더 깊고 크게 만들어주었고, 더 깊은 평화로움을 느끼게 해주었다는 것입니다. 처음으로 저는 *제 상황으로부터가 아니라 그 안에서 완전히 자유로워졌다고* 느꼈습니다. 이 큰 깨달음은 지금까지도 제 마음속에 남아 있습니다. 하지만 그것은 단지 소개에 불과했습니다. 제 여정의 다음 단계가 드러나면서 문이 더 빨리 열리기 시작했습니다.

제가 맥과 제인과 함께 경험했던 어튠먼트 과정은 인간 체험을 하는 영적 존재에 대한 그의 계시적인 질문과 함께 저에게 에미서리(The Emissaries)라는 그룹과의 확장된 연결을 시작하게 하였습니다. 맥은 이 그룹이 자신의 영적 인식에 극적인 변화를 가져왔고, 어튠먼트 에너지 작업에 대한 열정을 더욱 확장시켰으며, 어튠먼트는 에미서리 가르침의 주요 부분이라고 말했습니다.

에끼서리
EMISSARIES

1932년 로이드 미커라는 한 남자의 비전을 통해 에미서리 프로그램이 시작되었습니다. 로이드는 당시 표준적인 기독교 신앙을 실천하는 가정에서 자랐습니다. 하지만 로이드는 자신이 조직화된 종교의 제약을 뛰어넘는 더 큰 영적 목적을 위해 존재한다는 강한 느낌을 받았습니다.

많은 분들이 이런 경험을 해보셨을 겁니다. 저는 침례교회에서 성경 이야기와 기도 모임을 하며 자랐습니다. 하지만 십대가 되었을 때 이것이 제게 맞지 않다는 것을 강하게 느꼈습니다. 사랑의 하나님은 우리가 믿어온 것처럼 사소하고 복수심에 가득 차 있을 수 없었죠. 더 많은 것이 있어야했습니다. 조직화된 종교는 제가 시작할 수 있는 기반을 제공했고, 저는 그것에 대해 감사하게 생각합니다. 거기서 더 많은 것을 발견할 수 있는 영감을 얻었습니다.

미커는 창조적 목적과 운명에 대해 더 큰 비전을 제시해줄 리더를 찾아 미국 전역을 여행했습니다. 1932년 사흘 연속 한밤중에 로이드는 자신의 방에 밝은 빛이 비치는 것을 보고 잠에서 깨어났습니다. 이 빛 앞에서 그는 침대에서 일어나 그때 떠오른 영감들을 적어야만 했습니다. 그리고 그 영감이 자신을 통해 종이에 흘러내리자 그는 자신이 바로 자신이 찾아 다니던 리더라는 것을 깨달았습니다.

로이드는 즉시 이러한 통찰을 실천에 옮겼고, 그 과정에서 자신의 내면에서 점점 더 커지는 빛을 경험했습니다. 그는 이러한 깨달음을 참을 수 없었고, 자신의 말을 들을 수 있는 모든 사람과 최선을 다해 공유하고자 하는 충동을 따랐습니다. 그 결과 로이드가 전하는 메시지에 공감을 느낀 많은 사람들이 그를 따르게 되었습니다. 오늘날 로이드의 강연과 가르침을 필사한 책과 많은 녹음 자료가 남아 있는데, 모두 영적 존재로서 우리 자신의 진정한 정체성을 깨우쳐 달라는 호소입니다. 그는 다음과 같이 격려했습니다. "남에게 대접을 받고자 하는 대로 남을 대접하라"는 황금률을 상기시켰습니다. 그리고 사람들에게 "더 높은 진동을 사랑하고 항상 서로 사랑하라"는 선지자 예수의 말씀에서 동기를 얻었고 자주 인용했습니다.

이 "더 높은 진동"을 확장하는 그의 저서들도 있습니다. 이 책들은 우리가 삶에서 이 높은 주파수와 일치할 때 어떤 일이 일어날 수 있는지 알려줍니다. 동시에 그의 말은 모든 인류가 오랫동안 겪어온 기억상실증 상태에서 벗어나도록 격려합니다. 그의 메시지는 우리가 창조된 아름다움과 우리의 고향인 이 아름다운 지구를 돌봐야 할 책임을 상기시키는 것이었습니다. 어떤 종류의 신성한 질서가 있음을 모든 종교에서 인정하고 있다는 것을 느낍니다. 저는 우리에게 찾아온 여러 선지자들이 종교를 창시하려 한 것이 아니라 영적 삶의 방식을 장려하기 위해 찾아왔다고 생각합니다.

로이드 미커는 1930년대와 40년대 초에 북미 전역을 여행하며 자신의 통찰을 공유했습니다. 1945년, 그는 물리적 장소를 마련하는 것이 자신의 가르침을 강화하고 다른 사람들이 자신의 영적 길을 더 깊이 발견하는 데 도움이 될 것이라고 결정했습니다. 그는 이 시점에서 사람들이 새로운 이론과 통찰을 실천에 옮길 수 있는 기회를 제공하는 것이 중요하다고 생각했습니다.

그렇게 로이드는 콜로라도에 있는 황폐하고 건조한 땅을 구입하고 그곳을 선라이즈 랜치라고 불렀습니다. 그런 다음 그를 따르는 많은 이들이 얼마나 좀 더 배우기를 열망하고 배고파하는지 잘 알고 있었기에, 그의 추종자들에게 이 랜치를 함께 하자고 초대했습니다. 하지만 삼천 명에게 초대장을 보냈으나 그중 단지 몇 명만이 참석하겠다고 동의했습니다. 이것이 그의 다음 중요한 작업의 소박하지만 중요한 시작이었습니다.

이 적은 수의 남녀 그룹은 주변의 랜치가 성장함에 따라 성장했습니다. 더 많은 건물이 지어졌고 더 많은 사람들이 찾아왔으며 영적 공동체에 대한 비전이 현실로 꽃피었습니다. 이 초기 시작과 관련하여 많은 이야기를 들려줄 수 있습니다. 황량한 땅을 무성한 목초지로 바꾸고 정원과 수영장을 만들고 풍부한 우정을 쌓았습니다. 하지만 이 모든 단계에서 가장 중요한 부분은 '삶의 예술' 이라 일컫는 육개월간의 숙박형 수업을 개발하는 것이었는데, 첫 번째 수업에는 오십명이 참가했습니다.

그의 비전이 현실이 되어 번창하던 1954년, 로이드 미커의 비행기가 샌프란시스코 만 상공에서 추락하여 로이드와 그의 아내 캐시가 모두 사망했습니다. 로이드와 캐시의 어린 세 자녀는 콜로라도에 있는 랜치에서 부모를 기다렸지만 고아가 된 사실을 아직 알지 못했습니다. 이 아이들은 로이드의 절친한 친구인 마틴 세실이 입양하게 되었고, 마틴은 아내 릴리안과 함께 두 여자아이와 남자아이 삼남매의 전적인 후견인이 되었습니다. 마틴은 또한 성장하는 에미서리 조직의 리더십을 이어받았습니다. 저는 맥이 에미서리와의 만남을 통해 자신의 삶을 어떻게 변화시켰는지, 그리고 어튠먼트 과정에 대한 사랑을 어떻게 시작했는지를 전해주는 동안에 이런 것들을 배웠습니다. 맥은 에미서리에 합류하기를 제게 기대하지 않았습니다. 이는 그의 입장에서는 매우 현명한 선택이었어요. 더우기 합류할 것이 전혀 없었으니까요.

이 시간은 저에게 깊은 우정과 영적 확장, 그리고 창의력을 키우는 시간이었습니다. 매주 맥과 어튠먼트 세션을 계속하면서 저는 로이드 미커의 통찰력을 포함한 마틴의 강연을 많이 읽기 시작했습니다. 저는 지구가 오랜 세월에 걸쳐 겪어온 주요 변화에 대한 두 사람의 관점에 매료되었습니다. 저는 이러한 관점에 공명하였고, 저의 영적 유산이 인간적 유산보다 훨씬 더 크다는 것을 알면서 가슴이 뜨거워지는 것을 느꼈습니다. 이 깨달음은 저를 기쁨으로 가득 채웠습니다. 저는 스물네 살이었습니다. 스물다섯 번째 생일이 지나고 얼마 되지 않아 저는 시험에 직면하게 되었습니다. 내가 처한 상황 속에서 진정으로 자유를 찾았을까요?

어느 특별한 수요일 밤, 저는 매일 밤처럼 잠자리에 들었습니다. 다음 날 아침까지 달라진 것은 아무것도 없었고 모든 것이 그대로였습니다. 저는 비틀거리며 침대에서 일어나 졸린 눈으로 아침 세수를 하러 화장실로 향했습니다. 제 심장은 면도를 시작하기 위해 거울을 들여다봤을 때 내가 타고 있던 노래의 높이에서 가라앉았습니다. 제 얼굴이 보이지 않았습니다. 마치 각 렌즈의 중앙에 동전이 붙어 있는 안경을 통해 보는 것 같았고, 저는 최선을 다해 주변을 살피고 있었습니다. 부모님과 저는 곧바로 의사에게 연락했습니다. 뭔가 분명히 잘못된 것이었습니다. 의사에게 제 상황을 알렸지만 예약을 잡기까지 삼개월을 더 기다려야 했습니다. 삼개월이라고요! 그 사이 제 눈의 상태는 더 나빠졌고 시력 저하로 인해 적응하는 데 어려움을 겪고 있었습니다.

마침내 안과 전문의에게 진찰을 받았을 때 그는 제 눈의 상태를 홍채염이라고 하며, 때때로 대장염과 함께 발생한다고 알려주었습니다. 염증이 가라앉은 후 망막의 중심부에 흉터 조직이 생겨 영구적인 손상과 함께 주변부 시력만 남는다는 것이었습니다. 의사는 이 상태는 되돌릴 수 없다고 말하며 "더 빨리 왔더라면 좋았을 텐데"라고 한숨을 내쉬었습니다. 진심이세요?

그래도 의사는 추가 검사와 예후를 위해 다시 한 번 병원에 입원해야 한다고 했습니다. 한 달 동안 수많은 약물 검사를 받은 후, 눈의 염증이 언제든 재발하여 시력이 더 떨어질 수 있다는 경고와 함께 퇴원했습니다. 퇴원하자마자 저는 주치의를 찾아갔고, 주치의는 저에게 외과의를 소개해 주었습니다. 1966년 십이월, 그는 1967년 삼월에 시행될 대장 전체 제거 수술을 예약했습니다. 이 수술은 돌이킬 수 없는 장루를 만들게 될 것이고, 고통스러운 과정을 거쳐 완전히 실명하는 것 외에 제가 선택할 수 있는 유일한 대안이었습니다.

오십사년 전만 해도 외과의사들과 많은 대화를 나누지 않았습니다. 그들은 밤에 천사처럼 왔다 갔다 하며 기적을 행했습니다. 우리는 어떤 것에 대해서도 많은 이야기를 나누지 않았습니다. 저에게 전해진 유일한 정보는 수술이 다섯시간 정도 걸릴 것이고 한 달 정도 더 병원에 입원해야 한다는 것뿐이었습니다. 수술 후 중환자실에서 깨어났을 때, 통증은 극심했고 몸 구석구석에 튜브를 꽂고 있었어요. 병원에서는 진통제를 처방해 주었고 저는 필요한 휴식을 취했습니다. 하지만 그 자비로운 잠에서 깨어났을 때 다시 한 번 고통은 견딜 수 없었고 영원히 계속될 것만 같았습니다. 그 당시에는 복용량 제한을 믿고 최소한의 약만 투여했습니다. 그 시절이 힘들었다고 말하는 것은 과소평가일 것입니다. 의사는 매일 와서 제 차트를 보고 수술이 잘 되었다고 말하고는 다시 떠났어요. 전형적인 일이죠. 삼일째가 지나서야 절개 부위를 실제로 살펴볼 수 있었습니다. 오, 주여! 절개 부위는 거의 일피트 길이에 달했고, 수백 바늘을 꿰매서 큰 틈을 막고 있었습니다. 저는 임시 장루 주머니를 착용했습니다. 제가 일어설 수 있을까요? 이런 상황에서 제가 정말 자유로워질 수 있을까요?

다음 주에 걸쳐 의료진은 제 몸에서 여러 가지 튜브를 천천히 제거한 다음 중환자실에서 저를 옮겼습니다. 다시 한 번 옛날로 돌아가서 키홀 수술(key hole surgery/ 광섬유를 이용해 환부를 화상을 통해 직접 보면서 행하는 수술)은 없었습니다. 제 외과의는 말이 많지 않은 구식 교육을 받은 의사였습니다. 하지만 그는 가장 훌륭했습니다. 어느 날 밤 저는 중환자실에서 극심한 어려움을 겪고 있었어요. 저를 보러 온 사람은 인턴이 아니라 그 의사였어요. 열흘 후 실밥을 제거한 것도 그 의사였습니다. 그는 정말 뛰어난 사람이었습니다. 그 때만 해도 앞으로 몇 년 동안 이어질 수많은 수술에 대해 전혀 알지 못했으니까요. 몇 년 후 제 배는 결국 철길처럼 보이게 되었습니다. 실명에 대한 두려움 때문에 수술을 받기로 결심했고, 그 결정에 대해 한 번도 후회한 적이 없습니다.

시력을 잃기 전, 상대적으로 고립되어 있던 몇 년 동안 저는 많은 독서를 했습니다. 인체 해부학, 영양학, 원예, 건축 등을 공부했습니다. 어튠먼트 과정과 관련된 사람들과 연결되고 나서 저는 종교, 철학자, 선각자, 행성의 변화, 영적 여정과 관련된 다른 요인에 대한 견해를 가진 과학자들에 대해 열심히 읽었습니다. 저는 아틀란티스와 레무리아, 노아와 홍수 같은 이야기에 매료되었습니다. 비록 의식적으로 알고 있지는 않았지만 책을 읽을 수 있는 날은 한정되어 있었고, 읽고 또 읽고 또 읽었습니다. 마치 제 안의 무언가가 지금이 바로 그 때라는 것을 알고 있는 것처럼 말이죠. 은둔의 시간이 없었다면 제가 탐닉했던 바로 그 탐험은 결코 일어나지 않았을지도 모릅니다. 이제 새로운 장이 열리고 있었습니다.

퇴원 후 며칠 만에 경험한 해방감은 지금까지도 저와 함께합니다. *가장 가까운 화장실에서 얼마나 멀리 떨어져 있는지 걱정하지 않고 숲 속을 천천*

히 걸었습니다. 그 자체로 짜릿한 기분이었습니다. 산책 후 지쳐서 세시간 동안 잠을 잤어요. 하지만 방금 경험한 자유가 너무 좋아서 잠을 잤어요. 간단한 산책이나 버스를 탈 수 있다는 사실에 흥분했다고 상상해 보세요. 제 자유는 거기서부터 확장되었습니다.

흉터 조직 부위를 고려하면서 먹을 수 있는 음식과 먹을 수 없는 음식을 배웠습니다. 옥수수, 양배추, 곡물, 날 음식과 같은 특정 음식은 장에 협착을 일으켜 장이 막혀서 병원에 가야 했습니다. 힘든 학습 곡선이었지만 시간이 지나고 나니 제대로 알게 되었죠.

긴 절개로 인한 복부의 흉터가 조금 신경 쓰이긴 했습니다. 하지만 생명의 치유력에 대한 경이로움이 제 관심을 훨씬 더 끌었습니다. 혈관, 신경, 근육, 세포를 치유할 수 있는 생명의 선물에 대한 감사가 더욱 깊어졌습니다. 어튠먼트 과정과 조화를 이루려고 노력하면서 어튠먼트에 대한 깊은 이해가 제 안에서 깨어나고 있었습니다. 이러한 인식이 커지면서 저는 의심할 여지없이 이것이 앞으로 제 인생에 영향을 미칠 것이라는 사실을 알게 되었고, 이 앎을 고조시키기 위해 필요한 모든 것을 해야겠다고 다짐했습니다. 어튠먼트가 이러한 각성을 위한 주요한 자극이긴 했지만, 그 자극은 내면에서 비롯된 것이었습니다. 제 계획은 콜로라도에 있는 랜치에서 장기 체류하면서 어튠먼트 과정과 그에 따른 라이프스타일에 대해 더 자세히 알아보는 것이었습니다. 하지만 그 전에 먼저 지켜야 할 약속이 있었죠. 제 친구 존과 저는 제가 더 강해지면 우리 둘은 유로 철도 패스를 예약하고 한 달 동안 함께 유럽 여행을 하기로 했었습니다. 1968년 봄에 우리는 그렇게 했습니다.

이 시점에서 저는 제 이야기를 멈추고 전통적 전문 의료계의 돌보는 사람들과 의사들에게 깊은 감사를 표하지 않을 수 없습니다. 그들은 제 인생에서 말로 표현할 수 없는 선물이었습니다. 때때로 이렇게 말해야 할 것 같아요! "당신들은 제 인생에서 말로 표현할 수 없는 선물이었음을…"

자, 이제 여행을 시작하겠습니다…

첫 번째 목적지는 클레어(아버지의 어머니인 친할머니)를 방문하기 위해 영국으로 향했습니다. 클레어와 저는 투병 기간 동안 서신 교환을 통해 끈끈하고 따뜻한 관계를 맺어왔습니다. 우리가 대서양을 건너 온다는 소식을 들었을 때, 클레어는 우리가 그녀를 만나러 다른 곳을 들르지 않고 바로 온다는 소식을 듣지 못했을 수도 있었습니다. 그래서 우리는 아일랜드 해의 북쪽 해변 마을인 모어캠이라는 북쪽의 번화한 휴양 도시로 향했습니다. 산책로를 지탱하고 있는 큰 바위에 파도가 부딪혀 짭짤한 포말을 공중으로 쏘아 올리는 모습을 상상해 보세요. 아이들은 막대 사탕을 빨고 무도회 길을 따라 뛰어다니고 어른들은 갈매기를 피하며 산책을 합니다. 바닷바람을 타고 떠다니는 손풍금 음악을 틀어 카니발의 흥을 돋우었습니다. 이 세상 그 어떤 곳도 영국 북부의 휴양지와 비교할 수 없습니다. 그곳만의 독특한 맛이 있습니다.

영국과 그 작은 마을과의 인연은 곧바로 이어졌습니다. 제 영혼의 무언가가 편안한 낡은 슬리퍼를 신고 미끄러지듯 차분한 친숙함으로 새로운 환경을 맞이했습니다. 클레어는 어땠을까요? 레이스 칼라의 옷을 입은 목소리에 힘이 없는 차분한 할머니의 이미지와는 달리, 저는 할머니가 자유롭고 장난기 있는 사랑스러운 영혼, 즉 진정한 호사가이라는 것을 알게 되었습니다. 이는 처음에 할머니가 존과 저를 현지 선술집(pub)에 데려가 해변 마을의 토박이들의 삶을 보여 주셨을 때부터 그 사실을 알 수 있었습니다. 오랜 세월 그곳에서 살아온 사람의 눈으로 보는 것보다 더 좋은 교육과 학습 방법은 없습니다. 할머니는 웃음과 이야기 그리고 오래된 영국 맥주를 통해 우리에게 좋은 가르침을 주었습니다.

유럽 모험을 계속하기 전에 할머니와 함께한 시간은 이틀에 불과했지만 훨씬 길게 느껴졌습니다. 타야할 기차와 우리를 부르는 새로운 곳이 많았습니다. 하지만 할머니는 우리가 세상을 다 보고 나면 다시 돌아와서 남은 여름을 함께 보내자고 하셨어요. 존이 회계사 시험을 마치고 다가오는 결혼식을 준비하기 위해 토론토로 돌아가는 동안 저는 할머니와 그렇게 했습니다.

저는 모든 젊은이들이 진지한 여행으로 교육을 마무리해야 한다고 굳게 믿습니다. 지구상의 문화적 다양성과 다양한 지역의 창의적 차이에 노출되는 것은 눈을 뜨게 하는 동시에 기초를 다지고 자신의 삶을 개척할 수 있는 더 넓은 시각을 갖게 해줍니다. "다른 나라에 조금만 노출되면 그 사람이 정말 완성될 것"이라는 말을 몇 번이고 들었습니다. 아일랜드의 바다에서 발뒤꿈치를 식히거나 독일의 선술집에서 파인트 한 잔(a pint)을 나눠 마시기 전까지는 그 말이 무슨 뜻인지 알 수 없습니다. 여행은 영혼에 스며들어 우리를 더 큰 사람으로 만들어주는 에너지입니다. 1968년, 삼주 유로 철도 패스는 백달러에 유럽 전역을 무제한으로 여행할 수 있는 티켓이었습니다. 그렇게 세계가 손짓했습니다. 존과 저는 그 여행에서 삼천오백마일에 가까운 거리를 여행하며 각 지역에서 하루나 이틀을 즐겼습니다.

캐나다를 떠나기 전에 "하루 오달러로 유럽 여행"이라는 제목의 책을 샀어요. 그리고 그거 아세요? 저희가 해냈어요! 저희는 영국에서 프랑스, 스페인, 프랑스 리비에라를 따라 이탈리아를 거쳐 오스트리아와 독일을 거쳐 영국으로 돌아왔어요. 철도 패스로 일등석 좌석을 이용할 수 있었기 때문에 기차 안에는 침대도 있었고, 우리만의 작은 캠프도 만들 수 있었어요. 도시에서 도시로 야간 열차를 타고 이동하면서 호텔이나 호스텔에서 지출할 수 있는 비용을 절약하고 시간을 잘 활용할 수 있었습니다. 그 당시에는 문화가 매우 뚜렷했기 때문에 다른 문화를 접하는 것은 인생을 바꾸는 일이었고, 음식, 건축, 에너지 모두 큰 선물이었습니다.

영국으로 돌아온 후 존과 저는 각자의 길을 떠났습니다. 존은 캐나다로 돌아가는 비행기를 탔고 저는 할머니와 여름을 마무리하기 위해 기차를 타고 모어캠브로 돌아갔습니다. 존이 떠난 후에는 도로 표지판을 읽어줄 사람이 아무도 없었습니다. 그래서 저는 혼자서 런던의 복잡한 거리를 헤치고 북쪽으로 가는 기차를 찾아야 했습니다. 제가 볼 수 있을 만큼 큰 글씨가 적힌 표지판을 찾기 위해 런던 시내를 열심히 돌아다녔지만 결국 낯선 사람들의 친절에 의존할 수밖에 없었습니다. 저를 반갑게 맞이해준 것은 도움과 친절뿐이었다고 해도 놀라지 않으실 거예요. 어떤 사람들은 간단한 길 안내를 해 주었고, 어떤 사람들은 시간을 내어 문제의 지하철역까지 에스코트해 주었습니다. 그들의 타고난 선함은 저를 길을 잃지 않게 했고 저에게 빠르게 감동을 주었습니다.

제가 탄 기차의 이름은 플라잉 스코틀랜드였어요. 그 당시만 해도 제 시력은 기차 안에서 창밖으로 풍경을 바라보며 영국 시골을 넋을 잃고 바라볼 정도로 좋았어요. 지도에서 영국이 얼마나 작은지 보았던 저는 끝없이 펼쳐진 푸른 들판과 깔끔한 돌 울타리와 울타리로 구분된 농경지, 양들이 한가로이 풀을 뜯고 햇볕을 쬐는 게으른 마을 등 얼마나 많은 들판과 농토가 있는지 보고 놀랐어요. 이모와 삼촌인 돈과 리타가 역에서 저를 맞이해 주셨어요. 리타는 아버지의 이복 여동생으로 클레어가 두 번째 남편과 사이에 낳은 딸이었어요. 그 당시에는 미래의 아내인 낸시와 제가 앞으로 몇 년 동안 이 두 사람과 행복하고 보람찬 시간을 보내게 될 줄은 몰랐습니다.

그날 밤 할머니는 고전적인 영국식 로스트 비프 저녁 식사를 준비했고, 우리는 따뜻한 음식과 따뜻한 맥주를 마시며 서로에 대해 알아가는 의식을 시작했습니다. 요크셔 출신인 할머니는 제가 먹어본 요크셔 푸딩 중 가장 놀라운 그 요크셔 푸딩을 만들어 주었습니다. 그때까지 저는 요크셔 푸딩을 머핀으로만 알고 있었어요. 하지만 할머니는? 와우! 그 커다란 조가비 같은 걸 껍질 안에 제 모든 식사가 들어 있었어요.

할머니는 1940년대부터 모컴에 살았기 때문에 이 마을을 잘 알고 계셨어요. 할머니의 도움으로 랜드마크로 길을 찾는 방법을 빠르게 익혔습니다. 표지판보다는 길을 잘 찾았어요. 바닷가에 노란 셔터가 있는 큰 호텔이 제가 할머니 댁으로 가기 위해 출발한 곳이었어요. 두 블록 들어가서 왼쪽으로 가면 할머니 댁이 왼쪽 두 번째 집이었죠. 이것이 제가 마을 전체를 돌아다니는 길을 알게 된 방법이며, 나중에 많은 여행을 할 때 저의 길 찾기 방법이 되었습니다. 랜드마크에 대한 기억력이 매우 뛰어나긴 하지만, 가끔은 다른 사람들의 친절에 의존해야 했어요.

할머니와 저는 순식간에 친해졌어요. 아버지를 잃은 할머니의 상한 마음을 치유하는 데 제가 일종의 통로를 제공한 것 같아요. 슬픔 때문에 흘린 눈물도 많았지만 웃음 때문에 흘린 눈물이 더 많았어요. 항상 화장을 하고 머리를 단정히 하고 다니셨던 할머니는 유머 감각이 뛰어나셨어요. 할머니는 마을의 평범한 아줌마였고 저는 할머니를 사랑했습니다.

영국은 "우비 없이는 집을 나서지 마세요!"라는 말이 있을 정도로 비가 많이 오는 나라로 알려져 있습니다. 하지만 저희는 사개월 동안 단 오일밖에 비가 오지 않는 축복을 받았습니다. 너무 머물고 싶었어요! 햇살 가득한 해변에서의 느긋한 낮, 성장하는 남자가 원하는 모든 생선과 해산물, 그리고 펍에서의 즐거운 밤. 저는 종종 그랜과 함께 펍에 갔지만 현지인들과도 친분을 쌓고 그들과 함께 즐거운 저녁 시간을 보냈어요. 영국 해변 휴양도시의 전통에 걸맞게 모어캠에는 런던의 공연과 현지 공연이 어우러진 최고 수준의 엔터테인먼트가 있는 클럽과 공연장이 많았어요. 오랜 세월 갇혀 지내던 저에게는 정말 놀라운 해방이었고, 저는 그 해방감을 만끽했습니다.

스톤헨지에서부터 긴 무덤, 멀린의 마법, 로빈 후드와 그의 동료들, 드루이드, 토르, 분수, 성당에 이르기까지 영국과 그 역사는 항상 저에게 매혹적인 곳이었어요. 나중에 이 유적지 중 많은 곳을 더 깊이 있게 둘러볼 기회가 있을 것 같았어요. 하지만 모어캠 근처에 있는 히참 마을을 방문한 것은 과거를 엿볼 수 있는 첫 번째 장소 중 하나였습니다.

히참은 수백 년 전 바이킹의 전초기지였습니다. 그들의 집은 작고 거친 돌로 지어졌습니다. 이곳에서 저는 바이킹이 우리의 상상만큼 크지 않다는 사실을 발견했습니다. 그들의 작은 거처로 통하는 대부분의 출입구는 높이가 사피트 정도에 불과했습니다. 물론 거주자들을 비바람으로부터 안전하게 지키기 위해 출입구는 작아야 했지만, 여전히 훨씬 작은 키의 사람들이 살았다는 증거가 남아 있었어요. 예를 들어 마을 가장자리에 흥미로운 유물이 있는 매장지가 있었습니다. 당시 사람들은 큰 돌판에 시신이 들어갈 수 있을 정도의 구멍을 뚫고 그 위에 다른 돌판으로 덮었습니다. 어느 순간 윗부분의 석판이 제거되어 시신이 있던 움푹 들어간 곳만 드러났습니다. 다시 한 번 당시 바이킹의 키가 매우 작았다는 것을 알 수 있습니다. 누가 알았겠어요? 이 경험은 영국에 대한 강한 공감을 불러일으키는 호기심에 기름을 부었습니다.

할머니와의 시간은 제 인생에서 가장 기억에 남는 시간 중 하나입니다. 할머니, 리타, 돈, 심지어 새로 사귄 친구들까지 모두 제가 머물기를 원했고 저는 그 유혹을 뿌리칠 수 없었습니다. 영국에서 쉽게 살 수 있었어요. 하지만 곧 있을 존의 결혼식에서 신랑 들러리를 서기로 약속했기 때문에 캐나다로 돌아가야 했어요. 또한 제 영적인 길을 따라 광활한 어튠먼트의 세계를 더 깊이 탐구해야 한다는 것도 의심의 여지없이 알고 있었죠. 그것이 제 운명이었고 저는 그것을 알고 있었습니다.

할머니와 돈이 저를 맨체스터 공항으로 데려다 주면서 할머니와 저는 눈물을 흘렸어요. 앞으로 더 많은 방문이 있을 것입니다. 하지만 이번 방문을 통해 큰 치유가 일어났습니다. 캐나다에 돌아왔을 때 아버지, 어머니, 여동생이 모두 저를 마중 나와서 제 여행 이야기를 듣고 싶어 했습니다. 심지어 아버지도 제가 할머니와의 시간을 이야기할 때 눈물을 흘리셨어요. 제가 어머니와 이렇게 좋은 시간을 보냈다는 사실에 아버지는 마음의 위안이 되었고, 그런 시간은 아버지는 전혀 경험해 보지 못한 일이었습니다. 저를 통해 어느 정도 성취감을 느끼셨습니다. 그 친절하고 베푸는 마음 할머니의 심장박동은 이 생에서 함께한 시간이 얼마 되지 않았던 아들이었음에도 불구하고 그 아들에게 확실히 전달되었습니다.

캐나다로 돌아온 지 이주 후, 토론토 북쪽의 한 골프 클럽에서 존과 마리온의 결혼을 축하했습니다. 비용을 아끼지 않은 성대한 행사였습니다. 존은 회계사 시험에 우수한 성적으로 합격하여 중견 회계법인에 취직했습니다. 결국 그는 수석 파트너가 되었습니다.

존의 결혼식 후 저는 일자리를 찾았습니다. 이 회사는 양파, 감자, 당근 등 신선한 껍질을 벗긴 채소를 병원에 공급하는 회사였습니다. 저는 플로어 매니저로 일하면서 거대한 껍질 벗기기 기계를 관리하고 컨베이어 벨트를 감독하는 일을 맡았어요. 이 일을 통해 어튠먼트에 대해 더 많이 배우고 영적인 길을 따르기 위한 자금을 마련할 수 있었죠. 저는 콜로라도에서 오개월 동안 열리는 숙박 수업 중 하나에 참석하기 위해 돈을 모으고 있었어요. 제가 목표로 했던 삶의예술 수업은 1969년 삼월 중순에 시작될 예정이었습니다.

이 시기까지 저는 맥과 제인과 함께 주간 모임에 가능한 한 자주 참석했습니다. 여기서 주로 강조된 것은 내면의 여유를 키우고, 일상적인 상황을 편안하게 받아들이며, 지구와 동료들에 대한 감사를 강조하는 것이 중요하다는 것이었습니다. 어튠먼트 실습 세션은 제가 알고 있던 평화의 감각을 더욱 강화했습니다. 맥과 제인이 나눈 것은 그들이 살아가는 모습이 예였습니다. 저는 곧 맥과 제인과의 만남과 세션이 공장에서 제 역할을 수행하는 데 도움이 되고 있다는 것을 알게 되었습니다. 맥은 항상 어튠먼트는 단순한 기술 그 이상이라는 사실을 언급했습니다. 그것은 삶의 방식이었으며 지금도 그렇죠.

공장의 작업 조건은 이상적이지 않았습니다. 바닥은 젖어 미끄러웠고 배수구는 종종 막혀서 계속 청소해야 했습니다. 그래서 여성들은 나무로 만든 미끄럼틀 위에 서서 수렁을 헤쳐 나가야만 했습니다. 아버지의 도움으로 우리는 바닥을 훨씬 더 건조하게 유지하는 장치를 만들었습니다. 컨베이어 옆에 서서 물건을 고르는 여덟 명의 여성에게는 평범한 일이었습니다. 기계가 놓쳤을지도 모르는 야채를 꺼내서 씻고 껍질을 벗겼습니다. 그들은 대부분 이민자들이었고 영어를 거의 하지 못했습니다. 우정도 없었고, 서로 소통하는 일도 없었으며, 사소한 일로 때때로 주먹다짐이 벌어지기도 했습니다. 공동 급식실이 있었지만 함께 식사하지는 않았습니다. 각자 개인 식당으로 가서 혼자 밥을 먹었습니다. 그들은 자신의 일을 했고 그게 다였습니다. 저는 그들이 가공하는 음식 주변에서 내뿜는 에너지가 그다지 긍정적이지 않다는 것을 알 수밖에 없었습니다. 특히 이 음식은 아픈 사람들을 돕기 위해 병원으로 가는 것이기 때문에 더욱 걱정스러웠어요. 뭔가 변화가 필요했어요!

저는 바닥을 건조하게 유지하는 것만으로도 직원들의 기분이 좋아진다는 것을 알았습니다. 그래서 기계가 적재되고 모든 것이 정상적으로 작동하는 것을 확인한 후에는 저도 라인에 합류하여 직원들과 같은 일을 했습니다. 기계에 과부하가 걸려서 작업 시간이 오분 더 연장한 날에는 금요일 오후에 십분이나 십오분 감해 주었습니다.

　한 여성은 스페인 출신으로 영어를 할 줄 몰랐습니다. 그녀는 평생 눈을 본 적이 없었습니다. 공장에는 창문이 없어서 십일월 말에 갑작스럽게 폭설이 내린 것을 여성들이 볼 수 없었습니다. 저는 밖으로 나가서 눈덩이를 몇 개 만들어서 그녀에게 향하는 컨베이어 위에 올려놓았습니다. 스페인에서 온 여성은 깜짝 놀랐습니다. 이게 뭐예요? 방 전체가 웃음으로 가득 찼습니다. 그 후 한 달도 지나지 않아 여성들은 함께 점심을 먹으며 오랜 친구처럼 수다를 떨었습니다. 이곳에 화합을 가져오는데는 아주 짧은 시간이 걸렸습니다. 단순한 존중과 감사가 산을 옮길 수 있습니다! 제가 그곳에서 일하던 마지막 날, 여성들은 케이크를 굽고 샌드위치를 만들어 우리 모두가 나눠 먹었습니다. 그들은 또한 오래된 채소 껍질 벗기는 도구 중 하나를 가져다가 금색으로 칠한 후 아주 친절한 말과 함께 이별 선물로 저에게 선물했습니다. 어튠먼트의 정신은 이미 저를 그 흐름 속으로 끌어들였어요. 이 경험에서 얻은 교훈은 무엇인가요? 주어진 상황에서 자신의 에너지가 무엇을 제공하는지 항상 알 수는 없으며, 그저 동작을 따라하는 것만으로는 충분하지 않다는 것입니다. 모든 순간에 온전히 존재하고 매 순간을 최대한 활용해야 합니다, 축축한 채소 껍질 벗기는 공장에서도 길을 잃지 않을 수 있습니다. 그리고 놀랍게도 그곳에서 번 돈은 제 여정의 다음 단계로 나아가는 데 필요한 정확한 금액이었습니다.

랜치
RANCH

▲ 선라이즈 랜치 초원과 에워싼 림락

▲ 선라이즈 랜치 표지석

▲ 1951년 건립, 리틀채플

▲ 1979년 건립, 석양의 돔채플

▲ 성소 내부

▲ 파빌리온과 건물 앞 연못

▲ 선라이즈 공동체 가족들, 함께 파빌리온에 모임

▲ 선라이즈 랜치 위 무지개

사진 게재에 협조해주신
Oren Yakovee, David Barnes, 이종행님께 감사드립니다.

제 이야기를 진행하면서 이 자리를 빌려 한 가지 분명히 말씀드리고 싶은 것은, 저는 에미서리를 홍보하거나 어튠먼트를 선전하려고 하는 것이 아니라는 점입니다. 이것은 저에게 열린 문이었고 저는 매우 보람 있는 일이라는 것을 알게 되었습니다. 영적 존재로서 우리 자신을 더 깊이 이해할 수 있는 문이 열리면 누구에게도 상처를 주지 않는 한 그것을 가지게 됩니다. 그것은 기본적인 종교에서부터 무엇인가 아는 이들에 이르기까지 될 수 있습니다. 우리 각자는 각자의 부름에 응답합니다. 저에게는 어튠먼트 과정이 계속해서 저에게 영감과 가르침을 주고 있습니다. 현재의 에미서리 프로그램이 저와 맞지 않지만, 제가 그 프로그램을 통해 배운 모든 것에 감사하고 있습니다.

1969년 삼월 초, 저는 콜로라도에서 오개월간 진행되는 에미서리 세미나에 참가하기 위해 토론토를 떠났습니다. 부모님은 저를 공항까지 태워다 주셨고 안전하고 멋진 여행이 되기를 기원하며 배웅해 주셨습니다.

네시간 후, 저는 덴버 공항에서 랜치 직원 중 한 명을 만났습니다. 스티브가 나머지 육십마일을 운전해 주기로 했습니다. 선라이즈 랜치는 러브랜드라는 아름다운 작은 마을 바로 외곽에 자리 잡고 있었습니다. 로이드 미커가 처음 이 랜치를 설립했을 때, 그는 그곳에서 볼 수 있는 아름다운 일출뿐만 아니라 사람들이 영적인 여정에서 일어설 수 있도록 돕는다는 이곳의 의도를 반영하여 이름을 지었다고 합니다. 정말 멋져요! 랜치는 이든 밸리(Eden Vally)라는 지역에 세워졌습니다. 이런 지역 이름은 일부러 지어낼 수 없잖아요!

북쪽으로 이동하는 동안 스티브는 앞으로 랜치에서의 다양한 경험에 대해 기대할 수 있는 것들을 알려주었습니다. 그는 또한 우리가 지나가는 여러 작은 마을과 경치 좋은 명소에 대해 설명하는 데 시간을 할애했습니다. 스티브가 자신에 대해 조금 이야기하는 동안 그가 친절하고 사려 깊은 사람이라는 것을 쉽게 알 수 있었습니다. 메인 도로를 벗어나 이든 밸리 도로로 접어들자 마치 개인 낙원에 들어선 것 같았어요. 실제 계곡이 아닌 이든 밸리는 림락(rimrock)으로 알려진 로키 산맥의 동쪽에 위치해 있었습니다. 서쪽으로는 로키 산맥이 약 천 피트 높이로 곧게 뻗어 있었고, 이 목가적인 풍경의 중앙을 관개 운하가 관통하고 있었어요. 콜로라도는 사실 매우 건조한 땅입니다. 하지만 관개 운하 덕분에 아름답고 푸르른 녹색의 풍경을 만들어냅니다. 흥미로운 사실은 로이드 미커가 1945년 이 부지를 매입했을 당시에는 운하가 없었다는 점입니다. 바로 다음 해에 정부는 이든 밸리를 운하 중 하나로 선정했습니다. 흠, 행운일까요 아니면 신의 개입일까요? 로이드의 비전을 돕기 위해 찾아온 소수의 사람들은 후자가 맞다고 생각했습니다.

초창기에는 대규모 프로젝트를 진행할 자금이 거의 없거나 전혀 없었습니다. 그 땅에는 허름한 집 한 채와 똑같이 낡은 헛간이 있었습니다. 운하를 건설하는 건설업자들이 운하 바닥을 콘크리트로 만들기로 결정하면서 나무로 만든 구조물은 모두 버렸다는 점이 흥미롭습니다. 젊은 시절 건설 경험이 있던 로이드는 기꺼이 목재를 회수하여 유용하게 사용했습니다. 보이지 않는 도움의 손길이 있었다는 또 다른 증거입니다. 이러한 작은 축복은 초창기에도 변함없이 이어졌습니다.

도로와 접한 들판에서 풀을 뜯고 있는 랜치의 소들을 지나 선라이즈에 도착했습니다. 랜치를 구성하는 건물은 주요 도로에서 몇 마일 떨어진 곳에 이층 아파트 단지, 여러 채의 작은 주택, 대형 공동 식당, 두 개의 대형 작업장 등으로 이루어져 있었습니다. 원래는 오래된 외양간을 개조하여 주택 단지와 성소가 있는 소박한 채플도 있었는데, 그곳에서 어튠먼트를 공유했습니다. 모든 것이 아주 기본적이었지만 깨끗하고 편안했습니다.

영국에서 온 방문객 데이비드와 함께 묵었던 제 방은 아파트 단지 안에 있었습니다. 데이비드와 저는 잘 지냈고 좋은 우정을 쌓았습니다. 당시 오십 명의 사람들이 이 행사에 참여했습니다. 이십대부터 칠십대까지, 커플도 있고 독신도 있는 다양한 연령대의 사람들이 모였습니다. 대부분 처음 만난 사람들이었습니다. 수업이 아니라 경험이라고 말하는 이유는 참여한 활동의 다양성 때문입니다. 의사, 변호사, 배관공, 건설 노동자도 있었습니다. 북미, 유럽, 남미 또는 다른 지역에서 온 사람들은 저처럼 영감을 주고 더 많은 것을 배우고 싶게 만드는 누군가를 만났기 때문에 그곳에 모였습니다.

로이드 미커가 이 프로그램을 처음 만들었을 때, 그는 삶의 예술을 배우려면 교실에 앉아서 몇 시간 동안 공부하는 것 이상의 시간이 필요하다는 것을 알고 있었습니다. 실제로 이러한 가르침을 실용적으로 활용해야 할 필요성이 있었기 때문입니다. 따라서 학습의 큰 부분을 집 짓기, 수리하기, 청소하기, 요리하기 등 함께 일하면서 자신의 영성(또는 비생산적인 태도와 행동들)을 발견할 수 있는 더 큰 교실을 제공했습니다.

미커는 시대를 막론하고 사람들이 신앙과 상관없이 영성에 대해 이야기하고 자신에게 맞는 종교 의식에 참석하는 것을 좋아한다는 사실을 잘 알고 있었습니다. 하지만 이러한 이상은 일상 생활에 적용되지 않을 때 항상 무너지는 것처럼 보였습니다. 수세기 동안 우리는 종교 전쟁을 벌이고 편견에 따라 사람들을 감옥에 가두어 왔습니다. 서로 사랑하고 내가 믿는 것을 믿으라고요? 함께 일하고 기도하면 세상을 바꿀 수 있는 합의를 이끌어낼 수 있다는 것이 미커의 확고한 신념이었습니다.

수업은 오개월 동안 주 오일 내내 진행되었으며, 주말에는 짧은 세션이 추가되었습니다. 일요일에는 일반인에게 공개되는 모임이 두 번 더 열려서 우리는 게으름에 빠질 수 없었습니다. 저희는 미커가 제공한 원래 육개월 과정으로 만든 테이프를 매일 들었습니다. 그는 하루에 두세 번씩 즉흥적으로 강의하면서 그의 초창기 비전을 공유했고, 수업시간을 통하여 생성된 집단적 활기찬 실체를 통해 그 비전을 더 구축해 갔습니다. 그는 집단으로부터 온 사랑의 에너지가 한사람을 더 깊은 영적 차원의 기억을 열어준다고 확신했습니다. 그는 자신의 깨달음 과정을 통해 인류가 조화와 평화의 완벽한 상태인 진정한 신성한 본성에 잠들어 있다는 것을 깨달았습니다. 그의 녹음된 강연은 사실상 많은 문화권에서 잊혀진 이 상태를 언급했습니다: 천국, 샹그릴라, 행복한 사냥터, 꿈 이전의 시간, 낙원 등이 그것입니다. 그는 이미 잠재의식에 심어져 있지 않다면 어떻게 그런 존재를 상상할 수 있겠느냐고 물었습니다. 그는 또한 오랜 세월 동안 다양한 스승과 선지자들이 우리가 그것을 무엇이라고 부르든 더 높은 것을 존중하면 결국 그곳에 도달할 수 있다고 말해왔다고 전했습니다.

우리가 영적 혈통을 기억하도록 돕기 위한 진지한 탐구 과정에서 그는 성경 구절, 고고학적 비밀, 정보에 입각한 영적 가르침을 활용했습니다. 그는 우리가 결국 인간일 뿐이라는 잘못된 가정, 즉 우리의 행동과 제한된 사고를 뒷받침하는 마음의 상태로부터 벗어날 수 있도록 모든 기회를 제공했습니다. 미커는 몇 시간 동안의 수업을 통해 우리를 더 높은 영적 현실로 불러내기 위해 다양한 방법을 사용했으며, 항상 단순하고 실용적인 용어로 그러한 교훈을 뒷받침했습니다. 우리의 행동은 우리의 이해의 깊이를 드러내고, 실제 적용을 통해 우리가 세상에 얼마나 큰 변화를 가져올 수 있는지를 보여줍니다. 간단한 친절한 행동들이 지금 우리 삶에 평화를 가져다줍니다!

우리의 영성 교육에는 다양한 접근 방식이 포함되었습니다. 카이로프랙터인 짐은 일주일에 몇 번씩 해부학 수업을 진행했습니다. 여기에는 영양에 대한 정보가 포함되어 있어 우리 몸/성전을 돌보는데 새로운 관점을 제공했습니다. 그는 또한 우리의 존재 자체가 미치는 영향과 사랑의 태도가 개인의 삶뿐만 아니라 우리 주변의 모든 사람과 모든 것에 미치는 영향에 대해 가르쳐 주었습니다.

그레이스는 성경에 대한 심도 있는 고찰을 제공했습니다. 제가 그녀의 접근 방식에서 마음에 들었던 것은 그녀가 매우 폭넓은 포괄적 관점을 제공한다는 점이었습니다. 그녀는 성경에 담긴 종교적 가치보다는 성경에 담긴 역사적 관점에서 훨씬 더 많은 것을 설명했습니다. 그녀는 결코 어떤 이야기나 신념 체계를 폄하하려는 의도가 아니라 더 큰 가능성에 대한 우리의 생각을 일깨우기 위한 것입니다. 그레이스는 다양한 종교를 수용하기 위해 성경 이야기에서 얼마나 많은 부분이 추가되거나 생략되었는지를 쉽게 지적해 주었습니다. 또한 그레이스는 과학과 연구에 기반을 두고 있으면서도 기존의 관념을 뒤흔드는 놀라운 책들을 소개해 주었습니다. 우리는 성경 시대에 일어난 주요 지구 변화에 대해 배웠고 제임스 처치워드의 글과 같은 놀라운 저서들을 자세히 살펴봤습니다.

처치워드는 연구를 통해 하와이 제도의 지역이 레무리아의 원래 위치라고 믿게 되었습니다. 그가 쓴 다섯 권의 책 '**뮤 북스**(The MU Books)'는 레무리아가 실제로 에덴의 기원일 가능성을 흥미롭게 다루고 있습니다. 다른 책에서는 아틀란티스의 모든 영광과 침몰이 노아의 방주 이야기의 진실일 수 있다고 주장하기도 했습니다. 그레이스는 또한 임마누엘 벨리코프스키의 저서 **충돌하는 세계**(Worlds In Collision)를 바탕으로 홍해의 갈라짐에 대한 성경 이야기를 설명하는 가능성을 제시했습니다. 그레이스는 비판적 사고와 연구를 좋아했습니다. 그녀는 현명하고 근거 있는 방향을 통해 인생의 마법을 가르쳤습니다.

이 모든 것은 어튠먼트 예술을 배우는 데 있어 가장 귀중한 교육이자 필수적인 토대였습니다.

로저는 주로 내분비 계통에 관한 수업을 매일 진행하며 저의 어튠먼트 선생님이었습니다. 송과선, 뇌하수체, 갑상선, 흉선, 랑게르한스섬, 부신, 생식선의 위치와 중요성에 대해 배웠습니다. 그는 지배적인 손과 수용적인 손 또는 플러스(+) 손과 마이너스(-) 손의 차이를 설명하면서 각 샘 위에 손을 얹는 방법을 알려주었습니다. 로저는 우리의 지각을 개발하기 위해 연습하고, 연습하고, 연습하라고 열정적으로 격려했습니다. 손의 열감, 따끔거리는 느낌 또는 자석과 같은 특정 압력으로 에너지를 감지할 수 있습니다. 이 외에도, 우리는 각 어튠먼트 세션을 시작할 때 목 뒤쪽, 더 구체적으로 경추의 균형을 잡는 것으로 시작하는 방법을 배웠습니다. 이는 척추와 척추에서 나오는 신경들과 관련된 신경계의 균형을 맞추기 위해 수행됩니다. 로이드 미커는 두 명의 카이로프랙터와 함께 초기에 어튠먼트 원형(Attunement Protocol)을 개발했으며, 이후 계속 발전시켜해 왔습니다.

두 명의 카이로프랙터는 두 개의 척추뼈의 상태가 신경계의 균형에 중요한 역할을 한다고 추론했습니다. 이 부위에 손을 대고 있으면 한 손은 따뜻하고 다른 손은 따뜻하지 않거나 찌릿찌릿하는 등 지각이 어떻게 감지되든 약간 찌릿함을 느낄 수 있습니다. 계속 그대로 손을 대고 있으면 결국에는 양손이 같은 느낌을 받게 됩니다. 이것은 균형이 잡혔다는 신호입니다.

에너지는 양극과 음극 사이에 흐름이 있다는 점에서 전기와 매우 유사합니다. 그리고 전기와 마찬가지로 회로가 끊어지거나 방해를 받을 수 있습니다. 아프다, 병들다, 상했다, 우울하다... 등 여러 가지 이름으로 표현할 수 있습니다! 어튠먼트를 실시할 때, 우리는 내분비계를 양적으로 보고 신경계를 음적으로 보는데 좋거나 나쁘게 보는 것이 아니라 단지 둘은 흐름에 필요한 것일 뿐입니다. *에너지는 좋거나 나쁘지 않습니다. 그냥 존재합니다.*

이러한 모든 단계, 기술, 해부학, 에너지의 흐름에 대한 이해는 어튠먼트 과정에서 매우 중요한 부분입니다. 하지만 실제로는 가장 작은 부분이기도 합니다. 로저는 모든 에너지 치유 실습에서 핵심은 무엇을 전달하느냐에 달려 있다고 강조합니다. 수련자 자신의 내면의 평화로움과 자신의 진정한 영적 본성에 대한 더 깊은 인식을 탐구하려는 개방성이 전체 과정에 힘을 실어줍니다. 저는 나만의 고유한 것을 발견하기 위해 내면에서 울리는 소리에 귀를 기울이는 것의 가치를 이해하게 되었습니다.

이 세션에서 제가 받은 이해와 영감의 깊이를 온전히 전달할 수 있을 거라고는 생각하지 못했습니다. 같은 영적 길을 걷는 동료들과 함께 생활하고 일하면서 강의실에서 제공된 정보를 토대로 삼았습니다. 저는 오늘날까지 계속되는 길을 걷게 해준 이 경험에 대해 매일 감사하고 있습니다.

미커의 가르침과 심오한 지혜, 그리고 그 비전을 발견한 다른 사람들의 공유는 매우 큰 힘이 되었습니다. 당시 에미서리 조직은 하향식 리더십 모델을 통해 관리되었습니다. 저는 그것에 아무런 문제가 없었습니다. 그들이 제공하는 것은 영감을 주는 리더십이었으니까요. 제 의식의 문이 열렸고, 제 친구가 된 이분들의 영혼이 아니었다면 이런 일이 일어나지 않았을 것 같아요.

이 선생님들은 지도와 방향을 제시해 주긴 했지만, 제게 무엇을 해야 한다고 말하지는 않았습니다. 실례로, 인생에서 결정을 못하던 순간에 저는 마틴에게 어떻게 해야 할지 물어보았습니다. 그의 대답은 솔직하고 직설적이었습니다. "내 자신도 다음에 무엇을 해야 할지 모르겠어요. 내가 어떻게 당신에게 무엇이 옳은지 알 수 있을까요?"

약 오개월간의 과정의 중간 지점에 우리 모두는 우리 사이에 훨씬 더 풍부한 유대감이 형성되고 각자에게 심오한 깨달음의 심화가 일어나고 있음을 알게 되었습니다. 우리는 각자에게 더 중요한 어떤 것을 누림에 따라 우리가 어디에서 왔는지나 우리가 짊어진 짐은 그 중요성이 모두 사라졌습니다. 우리는 많이 웃었고 창의적인 대화를 많이 나눴습니다.

어튠먼트의 원리와 실천이 매일 지속적으로 강조 되면서, 저는 한때 직업에 대한 저의 적성을 깨달았던 것처럼 어튠먼트 과정과 거기에 수반되는 의식의 층위를 풍부하게 탐색하는 데 더 큰 적성이 있다는 것을 알게 되었습니다. 어튠먼트 전체 코디네이터이자 스승이었던 로저는 저에게 매우 소중한 친구가 되었습니다. 사실 저는 로저를 만나기 훨씬 전부터 로저에 대해 들어 알고 있었습니다. 토론토로 기억을 되돌리면, 맥이 당시 제 건강 패턴과 관련하여 로저에게 특별히 도움을 요청하곤 했었죠. 그때 저는 장거리어튠먼트(Long-distance Attunement)의 힘을 처음으로 이해했고, 에너지가 거리와 물리적 경계를 뛰어넘는다는 사실을 깨달았습니다.

실무 경험의 일환으로, 저는 다른 네 명의 동급생들과 함께 아파트 단지에 매우 큰 증축 공사를 할 기회와 특권을 얻었습니다. 아버지와 함께 했던 모든 작업과 아버지로부터 배운 기술들이 아주 유용하게 사용되었습니다. 랜치를 찾는 젊은이들이 급증하면서 벽을 밀어내기 시작했기 때문에 확장이 필요했습니다! 이 확장 공사는 제 미래에 중요한 역할을 할 수 있는 기반을 닦는 일이기도 했습니다. 1969년 당시에는 선라이즈 랜치, 브리티쉬 콜롬비아 주 백마일 하우스(100 mile House in B.C.) 뉴햄프셔 주의 그린 패스쳐(Green Pasture in New Hsmpshire) 단지 세 곳의 공동체가 있었어요.

구월에 수업이 끝나갈 무렵, 우리 모두는 인생의 새로운 시작을 느꼈습니다. 우리에게 많은 것을 투자했으니까요. 우리 각자에게는 저마다의 방식으로 이 수업과 시간이 삶을 완전히 바꿔 놓았습니다. 어떤 이들은 얻은 통찰력과 풍요로움을 자신의 삶에 적용했고, 어떤 이들은 랜치에 남아 랜치의 주민이자 일꾼이 되었습니다. 저는 로저와 더 많은 멘토링과 일대일 시간이 필요하다는 것을 알았습니다. 하지만 당시만 해도 숙소에는 저를 위한 공간이 없었습니다. 국제 에미서리 모임에 참석하기 위해 많은 사람들이 랜치로 내려오려던 참이었죠. 운 좋게도 모임이 끝나고 다시 방이 생기면 다시 돌아오기로 합의했습니다. 그렇게 시월에 저는 다시 로저와 함께 육개월이라는 믿기 힘든 시간을 함께 배우기 위해 돌아올 수 있었습니다.

그러나 지난 구월로 다시 돌아가야 되겠네요, 그때 그곳에서 우리는 아름다운 송별 만찬과 함께 수업 시간의 마무리를 축하하고 몇 마디씩 할 수 있는 기회를 가졌습니다. 박수는 없었지만 우리 각자가 가져온 독특한 영적 표현에 대한 깊은 감사의 인정이 있었습니다. 우리가 알았든 몰랐든, 우리는 평화로운 진동을 제공함으로써 이 지구를 축복하는 데 도움이 되는 사랑의 실체를 만들어냈습니다. 또한 *한 사람이* 자신의 영적 길을 존중하는 것만으로도 *이 세상에 놀라운 변화를 가져올 수 있다는* 것을 인정했습니다. 선라이즈 랜치에서 작별 인사를 나눈 후에도 많은 깊고 지속적인 우정이 남아있었습니다. 그 중 하나가 저에게 있어 루이지애나 출신의 젊은 카이로프랙터인 조와의 우정이었습니다.

조와 저는 특히 수업 후반부에 꽤 많은 시간을 함께 보냈습니다. 그래서 조가 루이지애나로 같이 운전해서 돌아가지 않겠냐고 물었을 때 저는 흔쾌히 승낙했습니다.

빌 베헌(Bill Bahan)

하지만 루이지애나 모험을 시작하기 전에 전체 수업 코디네이터인 빌 베헌을 언급하지 않는 것은 가장 아쉬운 일이 될 것입니다. 빌의 삶에 대한 열정, 자신의 영적 여정, 프레젠테이션 능력은 모든게 탁월했습니다. 빌은 즉흥적으로 말하든, 미커가 이전에 했던 말을 필사본으로 읽든, 현재 순간에 훌륭하게 생동감 있게 전달했습니다.

저는 그가 이 지역의 여러 대학에서 진행하는 여러 강연에 동행할 기회가 있었습니다. 앞서 언급했듯이 랜치에 매력을 느끼고 일요일 정기 강연에 참석하는 젊은이들이 점점 더 많아지고 있었습니다. 이 젊은이들을 통해 빌은 '자유 대학' 저녁 강연에 초대받게 되었습니다. 빌은 여섯명이든 육십명이든 자신의 모든 것을 쏟아 부었고, 많은 사람들이 자신의 영성을 탐구하도록 영감을 주었습니다. *한 사람이 자신의 영적 길에 충실한 것만으로도 엄청난 힘을 발휘*하는 것처럼, 빌의 열정은 전염성이 강했고 그의 메시지는 큰 영향을 미쳤습니다. *두 명, 세 명, 네 명, 혹은 수백 명에게 영향을 미칠 수 있다고 상상해 보세요.* 빌의 의도는 결코 신자를 모집하거나 개종시키려는 것이 아니었습니다. 영감을 주는 것이었습니다.

어튠먼트 역사와 발전에 대해 조금 언급하자면: 빌이 로이드 미커의 가르침에 관심을 갖게 된 것은 빌의 삼촌 조지 때문이었습니다. 당시 빌과 그의 형제들은 뉴햄프셔에서 성황리에 성공적인 카이로프렉틱 클리닉을 운영하고 있었습니다. 조지는 인디애나에서 카이로프랙틱 초창기 선구자였습니다. 실제로 그는 미커의 초기 어튠먼트 프로토콜을 작성하는데 도움을 주기도 했습니다.

조지는 인디애나에서 카이로프랙틱 클리닉을 운영했고, 앨버트 애컬리라는 또 다른 동료는 토론토에서 똑같이 성공적인 클리닉을 운영했습니다. 서로 독립적으로, 두 사람은 실제로 어떤 종류의 물리적 척추 조정을 수행하기 전에 환자의 척추 조정이 일어나는 경험을 했습니다. 교정은 그들의 손과 환자의 목 사이의 에너지 장에서 이루어졌습니다.

두 사람은 이 사건을 더 깊이 들여다보고 싶어 했고, 운이 좋았는지 아니면 큰 디자인이었는지 미커를 만났습니다. 거기서부터 조지와 앨버트가 가져온 실용적인 적용이 미커의 영적 체험과 융합이 이루어진 것이지요. 그러한 연으로 제 인생에 빌 베헌이 들어왔습니다. 그는 재치있고 열정적이었으며 동료들에게 영감을 주고 고양시키는 데 헌신적이었습니다. 빌은 또한 말 바꾸기를 즐겼습니다. 저는 이 말을 잊을 수 없습니다: 아침에 거울을 볼 때 "세상에, 아침이구나!" 라고 말할까요, 아니면 "하나님, 좋은 아침입니다!" 라고 말할까요?

조와 루이지애나(Joe and Louisiana)

조와 저는 팔월 십오일 아침 일찍 랜치를 떠났습니다. 조지아주 애틀랜타에 있는 그의 어머니 집으로 향하는 동안 백미러에 비친 로키 산맥은 점점 작아졌습니다. 그날 하루 동안 우리는 아름다운 경치에 대해 가끔 언급하는 것 외에는 거의 말을 하지 않았습니다. 하지만 우리 각자가 지난 오개월 동안 경험한 모든 것을 소화하고 묵상하는 동안 침묵은 가득했습니다. 우리 내면에는 너무나 많은 것들이 꿈틀거렸고, 더 많은 것들이 깨어 있었습니다. 우리의 목표는 다음 날까지 애틀랜타에 도착하는 것이었습니다. 그래서 우리는 말을 최소화하고 가슴 충만하게 도중에 조그만 길가의 모텔에서 하룻밤을 묵으며 앞으로 나아갔습니다. 다음날 우리는 애틀랜타에 조의 어머니가 살고 있는 집에 도착했습니다.

정말 유쾌한 여성이었어요! 그녀는 남부의 짙은 말투가 매력적인 활기찬 남부 여성이었어요. 조의 사촌들도 서너 명이 그곳에 있었기 때문에 저는 그의 가족에 완전히 함께 몰입할 수 있었어요. 캐나다에서 온 북부 출신인 저는 미국 남부의 진정한 맛을 느낄 수 있었습니다. 그들의 환대는 정말 대단했습니다. 그들은 우리에게 잘 먹이고, 가족애를 나누고, 밤에는 달콤하고 푹신한 침대를 제공했습니다. 다음 날 조와 저는 미시시피주 빌록시에 잠시 들러 여동생을 만나기로 하고 루이지애나로 향했습니다.

우리는 라디오를 전혀 듣지 않았어요. 우리는 너무 만족해 있었고 어쨌든 우리의 영혼을 구원하라고 외치는 기독교 설교자 혹은 컨트리 음악이었는데, 결코 내 취향이 아니었습니다. 하지만 설교자들과 컨트리 음악을 놓치면서 우리는 뉴스도 완전히 놓쳤습니다. 그래서 미시시피에 도착했을 때 허리케인의 상륙이 임박했다는 소식을 들었을 때 얼마나 놀랐을지 상상할 수 있습니까. 라디오를 들었다면 기민하고 방심하지 않았겠지요! 우리가 친척 집에 도착했을 때 조의 가족은 창문을 막고, 화분에 물을 채우고, 날아갈 수 있는 모든 물건을 창고에 넣느라 바빴습니다. 저희도 이 일에 동참한 다음 그들과 함께 폭풍 피난용 지하실에 모여들었습니다. 거기서 우리가 할 수 있는 일은 허리케인을 기다리는 것뿐이었죠. 기다리는 동안 특히 아이들에게 많은 두려움이 있었습니다. 아이뿐만 아니라 누구에게나 지금은 어둡고 무서운 시기입니다. 하지만 조와 제가 목격했듯이 *존재에는 힘이 있다*는 것을 알 수 있습니다. 우리가 방금 랜치에서 성취한 모든 것이 우리 안에 어떤 에너지를 만들어냈습니다. 대담하게 말하자면, 우리는 위로의 에너지, 즉 "모든 것이 괜찮다"고 말하는 에너지를 가져왔습니다. 격렬한 폭풍이 몰아치기를 두려움에 떨고 기다리는 사람들 한가운데서 우리의 존재는 그 상황에 어떤 평화와 평온을 가져다주었습니다.

허리케인에 익숙한 조의 여동생이 앞으로 몇 시간 동안 예상되는 상황에 대해 알려주었습니다. 삼십피트 이상의 해일이 일어날 가능성이 높다는 것이었습니다. 그래서 주 정부는 철로 남쪽의 모든 집을 대피시키고 있었습니다. 우리가 모여있는 집은 철로에서 북쪽으로 일마일 정도 떨어져 있었기 때문에 최악의 상황은 피할 수 있을 것으로 생각했습니다. 이 허리케인 카밀은 당시 미국 본토를 강타한 허리케인 중 두 번째로 강력한 허리케인으로 기록된 폭풍입니다.

폭풍의 규모는 크지 않았을지 몰라도 매우 강렬했습니다. 폭풍의 선두에는 시속 백칠십오마일이 훨씬 넘는 바람이 불었습니다. 정말 강한 바람입니다! 후반부는 더 강해져 시속 이백마일이 넘는 바람으로 해안을 강타했습니다.

폭풍이 닥칠 것으로 예상되기 약 여섯시간 전, 조와 저는 해안가로 나가 무엇을 볼 수 있는지 확인했습니다. 저는 너무 순진해서 겁을 먹지 않았어요. 제가 허리케인에 대해 뭘 알았나요? 조와 저는 랜치에서의 시간으로 인해 다소 행복감에 젖어 있었을 가능성이 큽니다. 우리는 섬뜩한 고요함 속에 서서 허리케인이 걸프만 바다를 다시 맹렬히 빨아들이는 모습을 지켜보았습니다. 나중에 현지인 몇 명이 이 상황을 일생일대의 서핑 경험이라고 생각했다는 사실을 알게 되었습니다. 정말 그랬죠. 그들의 시신은 끝내 수습되지 못했습니다. 잠시 후 조와 저는 해변을 떠나 집으로 돌아와 앞으로 다가올 일에 대비했습니다. 콜로라도에서의 경험에 이어 다소 즉각적인 현실에 대해 이야기해 보겠습니다!

현재 콜로라도에서 열리고 있는 대규모 국제 모임에 대해 알고 있었고, 장거리 에너지(long-distance energy)에 대한 새로운 이해를 바탕으로 우리는 그곳에 있는 친구들에게 전화를 걸어 우리 상황을 감싸안아 달라고 요청했습니다. 우리는 그들의 집중적인 관심이 위험에 처한 우리 모두에게 최선의 결과를 가져올 수 있는 여지를 마련해 줄 것이라는 것을 알았기 때문입니다.

집 밖에서 바람이 울부짖고 비가 장대처럼 쏟아져 내렸습니다. 점점 더 무거워지고 더 크게 울부짖었습니다. 우리는 집안의 안전한 곳에 조용히 앉았습니다. 조는 부드러운 목소리로 책을 읽었습니다. 그는 우리가 랜치에 있는 동안 방금 다룬 강의 자료를 공유했습니다. 특히 어려운 상황에서도 꿋꿋하게 버티는 것에 관한 장이 있었습니다. 이 말씀과 조의 어조는 모두의 에너지를 진정시켰습니다. 허리케인이 강타한 자정 직후, 나무가 부러지는 소리와 나뭇가지가 크게 부딪히는 소리가 들렸습니다. 그 나뭇가지 중 일부는 지붕을 때렸지만 부러지지는 않았습니다. 쾅, 쾅, 딱딱, 쾅! 그러자 모든 것이 조용해졌습니다. 천천히, 조심스럽게 문을 열고 밖으로 나갔습니다. 허리케인의 눈앞에 서서 우리는 황폐해진 풍경을 바라보며 고요한 가운데 신비로운 평온 속에 멈춰 있는 자신을 느꼈습니다. 한 시간도 채 지나지 않아 바람이 다시 거세게 불기 시작했습니다. 더 많은 나무가 부러지고 집은 바위처럼 떨어지는 솔방울에 박혔습니다. 귀가 찢어질 듯한 굉음과 함께 큰 소나무가 쓰러져 우리 건물에서 불과 몇 인치 떨어진 곳에 떨어졌습니다. 대피소에서 안전하게 지켜본 결과, 건물 옆에 주차된 자동차를 덮쳤다는 결론을 내릴 수밖에 없었습니다. 폭풍은 밤새 바람과 불협화음으로 몰아쳤고, 소리를 질러야만 들을 수 있을 정도로 시끄러웠습니다.

날이 밝았을 때, 우리 모두는 우리가 본 광경에 놀라워하며 집 밖으로 나왔습니다. 우리 집은 아무런 상처도 입지 않았습니다. 우리가 차를 덮쳤다고 걱정했던 나무는 사실 차와 집 사이의 좁은 공간에 쓰러져 있었습니다. 우리 집 양쪽에 있는 두 채의 집은 모두 파괴되었습니다. 빌록시는 황폐화되었고 많은 사람들이 목숨을 잃었습니다. 그날 조와 저는 쓰러진 나무와 흩어진 잔해들 사이로 차를 끌고 가면서, 의도적인 환경의 힘과 보호를 경험했다는 것을 마음속으로 느꼈습니다. 그저 운이 좋았다고 말할 수도 있습니다. 그러나 우리 주변의 폐허, 무너진 건물, 씻겨나간 도로, 깨진 창문, 사라진 지붕과 차고 문을 보면서 우리는 운이 아니라는 것을 마음속으로 알았습니다. 특히 걸프만에서 발생한 큰 해일로 인해 2.5마일의 주 고속도로가 바다로 떠내려갔습니다. 콘크리트 슬라브, 벽돌, 목재, 전선, 유리가 도로를 뒤덮었습니다. 조와 저는 믿을 수 없다는 표정으로 서로를 바라보며 더 깨끗한 길을 찾아 미시시피를 빠져나갔습니다. 빌럭시 외곽에서 주유를 하러 들렀을 때 한 노인을 만났는데 그는 모든 상황을 설명해 주었습니다. "그 빌어먹을 피칸 때문이야!" 그는 우리에게 "풍작이 될 때마다 허리케인이 와서 다 날려버리는 거야!"라고 말했습니다.

우리는 나중에 국제 그룹 전체가 모여 몇 시간 동안 사랑의 어튠먼트로 우리의 상황을 인폴드했다는 사실을 알게 되었습니다. 그러나 여기서는 기적이라고 부르기보다는 가장 놀라운 성과라고 부르도록 하겠습니다.

조의 집과 카이로프랙트 사무실이 있는 루이지애나주 오펠루사스까지 차로 다섯시간이 걸렸습니다. 다시 한 번, 우리는 각자 전날의 사건을 정리하고 매우 조용한 침묵 속에 차를 타고 가면서 거의 말을 하지 않았습니다.

조의 넓은 랜치 스타일의 집은 마을 외곽에 자리 잡고 있었습니다. 지난 육개월 동안 진료실을 떠나 있었던 그는 환자들과 다시 만나고 싶어 했습니다. 그는 이 작은 마을에서 십년 동안 일해 왔고, 가는 곳마다 누군가 "집에 오신 것 환영합니다, 닥터 조!"라고 외치는 것 같았습니다.

그의 사무실은 루이지애나주의 오래된 전통 주택의 일층에 소박하지만 안락하게 자리 잡고 있었습니다. 조는 GPC(God Patient Chiropractor/신, 환자, 카이로프렉터)의 후원으로 일했는데, 이는 그가 기부 기반으로 일한다는 것을 의미합니다. 이 GPC는 표준적인 전문 카이로프랙틱 기술을 사용하면서도 각 고객의 진정한 영적 본질을 파악하고 영적 목적 의식을 가지고 일한다는 의미이기도 합니다. 벽에 걸린 작은 상자에는 한 사람이 감당할 수 있는 기부금이 들어 있었습니다. 조는 누가 무엇을 남겼는지 확인하지 않았습니다. 그는 그저 하루가 끝나면 상자를 비우고 기부금에 대한 감사를 표했습니다. 그의 편안한 집과 생활 방식에서 알 수 있듯이 그의 신뢰와 감사하는 태도는 분명히 효과가 있었습니다.

많은 고객들이 기부금과 함께 구운 빵을 가져왔고, 일부는 다른 이를 위한 기부금으로 기부하기도 했습니다.

저는 콜로라도에서 조의 친절하고 온화한 정신에 끌렸었죠. 조는 성실한 사람으로, 그가 하는 모든 일에서 그 진가가 드러났죠.

루이지애나에서 저는 정말 순진한 눈을 크게 뜨게 되었습니다. 1969년이었고 토론토에서 온 저는 남부에서 시행되고 있던 인종적 불평등에 대해 전혀 몰랐어요. 법에 따라 조는 흑인 환자와 백인 환자의 진료 시간을 달리해야 했습니다. 이를 지키지 않으면 무거운 벌금을 물어야 했습니다. 상상할 수 있듯이, 그런 규정은 이 남자의 본성에 완전히 반하는 것이었습니다. 그래서 그는 빛도 거의 들지 않는 비좁은 공간에서 사람들이 살고 있는 오펠루사스 판자촌의 오두막집을 밤마다 방문했습니다.

조와 처음 방문한 집에는 크고 위협적인 개가 현관 앞에서 기다리고 있었고, 현관 계단에는 일종의 부적 같은 것이 붙어 있었습니다. 그 동네에서 흔히 볼 수 있는 풍경이었어요. 조는 괜찮다는 사인을 줄 때까지 차에서 기다리라고 했어요. 집주인이 문을 열고 개를 불러 앉으라고 하자, 저희는 칠흑 같은 어둠 속에서 앞쪽 방을 지나 뒤쪽 방으로 안내되었습니다. 그곳의 침대에는 그의 첫 번째 환자인 암에 걸린 노인 여성이 누워 있었습니다.

"신의 축복이 있기를, 조 박사님. 정말 보고 싶었어요."

조의 친절과 부드러운 존재감이 이 여성을 일으켜 세우는 데 필요한 거의 모든 것이었습니다. 실제 카이로프랙틱 치료는 덤이었습니다. 어두워진 거실을 빠져나오면서 이 집에 함께 살고 있는 다른 열명의 사람들을 보고 눈을 크게 뜨게 되었습니다. 우리가 방문한 다음 두 집도 이 집과 거의 똑같았습니다. 이 모든 사람들이 표현한 깊고 진심 어린 감사는 정말 가슴 뭉클했습니다. 저는 이 사람들과 그들의 생활 환경에 대해 안타까움을 느꼈지만, 조는 그들이 대체로 행복한 영혼이라고 확신했습니다. 그럼에도 불구하고 저는 제 삶의 편안함과 지원에 대해 깊은 감사를 느꼈고, 특히 이것을 보고 나서 그 어떤 것도 당연하게 생각할 수 없었습니다.

모든 것이 균형이 맞죠? 다음 날 밤, 조는 저를 데리고 뉴올리언스의 마법을 경험하게 해주었습니다. 제가 경험한 최고의 재즈와 블루스 라이브 공연에 더해 흥겨운 분위기와 맛있는 음식은 그야말로 환상적이었습니다. 조는 저를 자신의 세계로 환영해 주었고 친절과 우정의 풍요로움을 나누었습니다. 저는 멕시코만 해안에서 조에게 개인의 힘과 우리 각자가 어떠한 차이를 만들 수 있는지를 배웠습니다.

훌륭한 조 박사와 일주일을 보낸 후 집으로 돌아갈 시간이 되었습니다. 저는 그를 그곳에 두고 이듬해 봄에 다시 방문하겠다는 생각을 품고 돌아왔습니다.

조와 함께 여행하기로 결정했을 때 저는 집으로 돌아가는 비행기 티켓을 써버려야 했습니다. 그래서 저는 여윳돈이 거의 없이 그레이하운드 버스를 타고 뉴올리언스에서 디트로이트를 거쳐 토론토로 향했습니다. 친구 여러분, 그것은 누구에게도 추천하고 싶지 않은 서른여섯시간 동안의 고행이었습니다! 도중에 자주 정차하여 생체 휴식을 취하고 운전자를 교체하고 승객을 내리게 하는 '우유 달리기'라고 불렀습니다. 잠을 많이 잤어요... 아주 많이!

아버지는 토론토 역에서 저를 만나 어머니가 만든 세계적인 수준의 레몬 머랭 파이가 있는 집으로 저를 데려다 주셨습니다. 가족들에게 그 동안의 이야기를 들려준 후 저는 시월에 콜로라도로 돌아갈 계획에 대해 이야기했습니다. 하지만 그 한 달 동안 저는 가족과 함께 집에서 사랑과 이야기를 나누며 지냈습니다. 가족들은 저의 자유를 축하하고 저를 응원하며 행복해했습니다.

이 시기에 저는 오랜 친구인 맥을 방문했는데, 그는 아내와 함께 미국 중서부에 새로운 커뮤니티를 설립하는 데 도움을 주기 위해 토론토를 떠난다고 알려주었습니다. 그런 다음 그는 토론토에서 자신을 대신할 새로운 부부인 빌과 로이스 부부를 소개해 주었습니다. 저는 이 분들과 좋은 관계를 맺었고, 몇 달 후 중요한 역할을 하게 될 것입니다.

시월이 빠르게 다가왔고 저는 다시 한 번 콜로라도로 향하는 비행기에 몸을 실었습니다. 이번에는 제 멘토인 로저의 곁에서 육개월을 보내기 위해서였습니다. 일을 하는 대가로 숙식을 제공받고, 그 기간 동안 제공되는 모든 영적 수업에 참여할 수 있는 권한이 주어졌고, 무엇보다도 가장 신나는 것은 월요일 오후 로저와 함께하는 수업. 그렇게 해서 어튠먼트 교육의 다음 단계가 시작되었습니다.

그 시절 랜치에서 로저와 어울리지 않을 때는 랜치 활동에 녹아들어 그곳에 사는 사람들과 친해지려고 노력했습니다. 이전에는 수업 때문에 사람들과 함께할 시간이 제한적이었거든요. 그곳에는 약 백이십명의 풀타임 거주자가 있었습니다. 1945년 랜치가 시작될 때부터 그곳에 살았던 두 부부처럼 각자 다양한 기간 동안 그곳에서 살았고, 저마다의 사연을 가지고 있었습니다. 당시 그들은 소유하고 있던 모든 것을 팔아 콜로라도에 있는 미커에 합류했습니다. 그리고 저처럼 수업을 듣고 영감을 받아 이곳에 남게 된 사람들도 있었습니다.

이백에이커가 넘는 콜로라도의 좋은 땅이 랜치를 구성하고 있었고, 오래된 건물과 새 건물이 다양하게 자리하고 있었습니다. 저는 어튠먼트 성소에 부속된 독서실에서 많은 시간을 보냈습니다. 공용 식당, 아담한 예배당, 대형 회의실은 모두 대화하거나 사색할 수 있는 장소와 공간을 제공했습니다.

유기농 정원은 그 랜치가 거의 자급자족할 수 있을 만큼 충분한 식량을 제공했습니다. 그곳의 직원들은 정원사, 기계공, 목수, 배관공, 농부, 회사원, 그리고 물론 조율사들과 함께 작은 마을을 구성했습니다. 그들은 간병인들을 돌보아주었습니다. 아주 드문 의견 충돌을 제외하고는 우리의 하루는 웃음과 기쁨으로 가득했습니다. 훌륭한 실용적인 농담꾼, 재능 있는 음악가, 숙련된 공예가, 유능한 진행자 등 다양한 주제를 수용할 수 있는 사람들이 있었습니다. 이들은 평범한 사람들이 아니었습니다! 그들은 함께 어울리고 자신의 이야기를 나누는 것을 좋아했습니다.

빅뱅(Big Bang)

피터는 뉴욕 출신으로 자유로운 영혼이자 진정한 히피였습니다. 그는 콜로라도의 대학가에서 자주 어울렸고, 그 장면이 그를 랜치로 이끌었습니다. 그는 그곳에서 빌 베헌이 제공한 여러 강연 중 하나에 매료되었습니다. 피터는 빌의 강연 제목인 '마술'이라는 단어에 끌렸고, *인생의 마술*'이라는 강연에 매료되었습니다. 하지만 마술 쇼는 어디에 있었을까요? 알고 보니 *마술*은 빌이 전하는 메시지에 있었습니다. 그 순간 피터의 인생이 바뀌었습니다. 그는 저와 같은 수업을 들었고 그 결과 랜치로 옮겼습니다. 저는 대부분의 시간을 커뮤니티 온실에서 칠면조를 돌보거나 배관 공사를 하는 데 보냈습니다. 하지만 어느 순간 저는 피터와 한 팀이 되었어요. 우리는 함께 일을 잘했어요. 피터는 마음이 가벼운 사람이었고 유머 감각이 뛰어나 어떤 일이든 즐거운 경험으로 만들었죠.

우리가 참여한 큰 프로젝트 중 하나는 건물 전체에 위치한 프로판 탱크를 지하 파이프를 통해 중앙 시스템과 연결하는 것이었습니다. 이 작업은 몇 달 동안 매일 작업한 일이었습니다. 저희는 경험이 많았고 이러한 요소에 대해 신중하게 주의를 기울였기 때문에 편안하게 잘 해낼 수 있었습니다. 이번 한 번만 빼고요!

매우 추웠던 어느 날, 피터와 저는 약 십제곱피트의 작은 일인용 이층집에 공간 난방기를 연결하고 있었습니다. 모든 것을 제대로 연결한 다음, 우리는 파일럿에 불을 붙일 수 있도록 파이프에서 공기를 빼내는 과정으로 넘어갔습니다. 저는 선실 안에서 공기가 흐르도록 밸브를 조작하고 있었고 피터는 문턱에 앉아 있었어요. 공기를 모두 **빼내는** 데 시간이 너무 오래 걸려서 밸브를 조금 더 넓게 열고 다시 조인 다음 액체 비누로 테스트하기로 결정했습니다. 누수가 있으면 비누에 거품이 생기는 것으로 나타났습니다. 이것이 성냥에 불을 붙이기 전 마지막 예방 조치였습니다.

저는 스트라이커 보드에 유황 성냥 머리를 쳤고, 그 순간 실제 폭발이 일어나기 0.5초 전에 성냥 불꽃 안에서 객실 전체가 화염에 휩싸인 환상을 보았습니다. 저는 피터에게 경고하기 위해 소리를 질렀지만 폭발로 인해 기내가 불길로 가득 찼고 저는 객실의 침대 위로 날아갔습니다. 그 폭발은 피터를 건물 밖으로 칠피트 정도 공중으로 날려버렸어요. 순식간에 많은 드라마와 액션이 펼쳐졌어요. 격렬함이 가라앉고 서로가 무사한 것을 확인한 후 우리는 히스테리컬한 웃음을 터뜨렸습니다. 다음날까지 불꽃의 불을 끄고 가스가 사라질 때까지 기다렸어야 했나 봐요. 피터가 제 수염 절반과 눈썹 한쪽이 타버렸다고 지적하면서 웃음이 더 커졌어요! 나중에 생각해보니 그때 피터를 부르지 않고 숨을 들이마셨다면 제 이야기는 그 자리에서 끝났을 수도 있었어요. 우연일까요 아니면 신의 개입일까요? 저는 후자라고 생각하는 편입니다.

제가 충격에 빠져 얼굴 털이 반쯤 빠진 것을 본 피터는 저를 어튠먼트 성소로 데려가 제 절친한 친구인 로저에게 어튠먼트를 맡겼습니다. 약 한 시간 동안 어튠먼트를 받으니 처음의 작열감이 대부분 완화되었습니다. 한 시간이 지나자 로저는 잠시 휴식을 취하고 다른 어튠먼트 전문가에게 저를 맡겼고, 그 전문가는 한 시간 더 작업을 계속했습니다. 로저는 돌아와서 삼십분 정도 더 어튠먼트 작업을 재개했습니다. 이번에는 시원한 물이 환부를 씻어내는 듯한 느낌을 받았습니다. 제가 여전히 충격에 빠져 있을 때 로저는 휴식을 취하라는 안내와 함께 저를 제방으로 안내했습니다. 두 번 말할 필요도 없었어요! 그리고 다음 날? 제 얼굴이 약간 분홍색으로 물들고 왼쪽 귀 윗부분에 작은 물집이 생긴 것 외에는 화상의 흔적은 없었습니다(그슬린 수염을 제외하면). 어튠먼트는 화상을 치료하는 데 놀랍도록 효과적일 수 있지만, 그 사실을 직접 발견하기 위해 여기까지 가는 것은 추천하지 않습니다!

저는 몇 차례 화상을 어튠먼트로 치료했을 때 놀라운 결과를 직접 본 적이 있습니다. 그 당시 로저는 다음과 같은 이유로 가능한 한 빨리 어튠먼트로 화상을 처치하는 것이 중요하며 최적의 결과를 얻을 수 있다고 조언했습니다. 매우 심한 화상이라면 의사의 진료를 받아야 합니다. 이 경우 어튠먼트를 사용하는 것은 초심자를 위한 것이 아닙니다. 전문가는 오랜 시간 동안 이 과정을 지속해서 지켜봐야 합니다. 타는듯한 느낌, 따끔 거림 또는 압박감 등 손의 감각은 강도가 증가하고 다시 기복이 생겨 가라 앉습니다. 이 치료를 받는 사람도 이러한 파동을 경험합니다. 일정 시간 동안 안정된 자세를 유지하면 파동의 강도가 줄어들고 시원한 물처럼 느껴지기 시작합니다. 받는 사람의 경우, 제가 얼굴에서 경험한 것처럼 화상 위로 시원한 물이 흐릅니다. 어튠먼트를 주는 전문가의 경우 손에서 시원한 물이 흐르는 느낌을 받습니다.

육개월 동안 선라이즈 랜치에서 보낸 대부분의 시간은 가스 폭발만큼 극적이지는 않았습니다! 정말 놀라운 사람들이 모여 있었고, 그들과 함께 지내며 그들과 친해질 수 있어서 정말 행운이었다고 느꼈어요.

랜치는 자급자족이 가능한 곳이었으며, 그곳에 있는 사람들은 저마다 선라이즈 랜치에 오게 된 사연을 가지고 있었습니다. 이 사람들을 관통하는 공통된 주제는 자신의 영성에 대한 더 큰 감각을 깨우라는 내면의 부름인 것 같았습니다. 많은 사람들이 어튠먼트 과정에 이끌렸고, 다른 사람들은 지구상의 여러 곳에서 열린 강연과 모임에서 자신의 영성에 대해 생각해보게 하는 감동을 받았습니다. 가장 큰 매력은 선라이즈에서 분명하게 드러난 대화의 절대적인 발걸음이였습니다. 그곳의 사람들은 실제로 그들이 지지하는 원칙을 실천하고 있었습니다. 사람들 간의 합의, 서로의 차이에 대한 존중, 서로에 대한 진정한 사랑은 이 사람들이 랜치에서 살게 된 모든 요소였습니다. 갈등이 없었다는 것은 아닙니다. 하지만 대개는 사랑스러운 방식으로 해결되었습니다. 저는 원칙만 나열하는 것이 아니라 행동하는 영성을 보았고, 그것이 오십년 전 저와 다른 많은 사람들을 랜치로 이끌었습니다. 특히 두 노부부가 있었는데 그들은 자신의 모든 것을 포기하고 랜치에 재능과 재정적 지원을 제공했습니다. 초창기에는 재정이 빠듯했습니다.

로이는 거의 모든 것을 고칠 수 있는 A급 정비사였습니다. 그는 금 같은 심장을 가졌습니다. 그의 아내 델라는 주방에서 매일 백명이 먹을 음식을 창의적으로 준비하는 훌륭한 요리사였습니다.

프랭크는 그곳에서 제분소를 운영하며 랜치의 밀로 밀가루를 만들어 매일 갓 구운 빵을 만드는 데 사용했습니다. 프랭크는 '전직'이 대형 백화점의 매장 관리인이었습니다. 프랭크와 함께 쇼핑하는 것은 언제나 즐거웠습니다. 그는 보통 사람의 눈에는 그냥 지나칠 수 있는 물건들을 보곤 했죠. 그는 "저 빨간 모자 쓴 남자 보이지? 방금 카드 한 팩을 주머니에 넣었어."라고 말하곤 했죠. 계산대를 피하기 위해 뒷문을 찾는 사람이나 교묘한 쇼핑 기법을 사용하는 사람을 발견하기도 했습니다. 한번 매장 감독관은 영원한 매장 감독관! 그의 아내 베티는 숫자에 능통한 마법사였고, 계산기와 연필을 들고 랜치 회계에 재능을 발휘했습니다. 이 두 부부는 집에 물건들을 가져와 다른 사람들과 함께 아낌없이 나누었습니다.

네이딘은 또 다른 멋진 영혼이었습니다. 더스트 보울(Dust Bowl/ 황진지대)의 진짜 순수한 아이였던 그녀는 처음부터 커뮤니티의 소중한 일원이었습니다. 그녀는 부모님 집에는 물이 너무 부족해서 목욕물을 빨래에 재사용했고, 그 물을 다시 정원에 물을 주는 데 사용했다고 말했습니다. 저는 이 모든 이야기를 들으며 열렬히 우정을 나누었습니다. 이 모든 사람들은 랜치에서 제공한 것에 대해 깊은 감사를 표했고, 그 경험이 그들의 삶을 어떻게 변화시켰는지에 대해 이야기했습니다. 그들은 보답하고 필요한 일을 하기 위해 그곳에 있었습니다. 무엇보다도 그들은 다음 세대를 이어갈 수 있는 분위기를 조성하는 데 도움을 주고 싶었습니다. 땅과 자연의 풍요로움에 대한 그들의 존중은 그들이 하는 모든 일에서 분명하게 드러났습니다.

인간의 친절, 개방성, 사랑이 제 주변에 가득했습니다. 제 마음속에 남아있는 사랑스러운 영혼 중 한 명은 매들린입니다. 랜치에는 크리스마스에 집에 가지 못하는 젊은이들이 몇 명 머물고 있었습니다. 사십대 여성인 매들린은 저희를 초대했습니다. 그룹을 한 번에 네 명씩 그녀의 집으로 초대해 크리스마스 이브에 커피를 마시게 했습니다. 당시 축하할 일이 많지 않았던 것은 아니지만, 매들린은 매우 구체적인 제안을 했습니다. 그녀의 아파트는 작은 침대 겸 거실이었습니다. 그럼에도 불구하고 그녀는 작은 원형 테이블 위에 최고급 도자기를 놓고 직접 만든 달콤한 과자를 풍성하게 준비했습니다. 촛불과 크리스마스 음악, 천으로 된 냅킨까지, 오십년이 지난 지금도 감동을 받을 만큼 사랑스러운 선물이었습니다.

매들린은 우리 각자의 이야기를 듣고 싶어 했고, 우리 각자가 그 자리에 참석한 것에 대해 깊은 감사를 표했습니다. 우리가 이 비전을 공유하고 지구의 영적 회복을 돌보는 일에 동참함으로써 얼마나 큰 변화를 가져올 수 있을까요? 그녀의 메시지는 등골을 오싹하게 만들었습니다. 우리는 그녀가 매우 구체적으로, 거의 사랑의 명령을 내리는 듯한 목소리로 우리가 얼마나 소중한 존재인지 이야기하고 있다는 것을 알 수 있었습니다. 매들린은 조용하지만 매우 강력한 영혼이었습니다.

그리고 엘리자베스도 있었죠. 기억하시겠지만, 1969년 유명한 가스 폭발 사고 이후 로저는 저에게 어튠먼트와 화상에 대해 많은 것을 가르쳐주었습니다. 그래서 칠십대가 훨씬 넘은 조지아 여성 엘리자베스가 저와 이야기를 나누다가 화상을 입었을 때 저는 준비가 되어 있었고 그녀의 화상 치료에 제가 함께 일할 수 있었습니다.

그녀는 남부식 프라이드 치킨을 먹기 위해 아름답게 장식된 더블 와이드 트레일러로 저를 초대했습니다. 그녀와 저는 대화를 나누고 있었고, 그녀는 랜치에서 살 수 있게 된 것에 대해 감사함을 표현하고 있었습니다. 대화에 정신이 팔린 그녀는 포크를 튀김기의 부글부글 끓는 기름에 떨어뜨리고 반사적으로 손을 집어넣어 포크를 잡았습니다. 그녀는 날카로운 비명을 지르며 저를 놀라게 했습니다. 저는 재빨리 그녀를 싱크대로 데려가서 화상 부위에 찬물을 끼얹은 다음 어튠먼트를 시작했습니다. 에너지가 주기적으로 상승과 하강을 반복하며 손에서 시원한 물이 흐르는 느낌을 받을 때가 온다는 것과 부신(adrenalin)을 어튠먼트하는 것이 얼마나 중요한지 로저가 했던 모든 말이 떠올랐어요. 엘리자베스는 침착함을 유지하며 통증이 그리 심하지 않다며 고맙다는 말을 계속 반복했습니다. 파동의 강도가 약해지고 통증이 서서히 가라앉는 동안 저는 두시간 정도 그녀와 함께 있었어요. 결국 물집은 생기지 않았고 시원한 물놀이를 할 수 있었습니다. 저는 이 경험에 정말 감사했습니다. 이 경험은 제게 주어진 선물이자 영의 작용의 참된 실례요 제가 선택한 길에 대한 확고한 확신이었습니다. 다음 날 그녀와 만났을 때 그녀는 매력적인 남부 출신 말투로 "이 경험을 위해 모든 것을 다시 할 수 있어요!"라고 말했습니다. 그럴 필요는 없었을 것 같지만 저 역시 같은 경이로움과 감사함으로 가득 찼습니다.

이야기들. 우리 모두는 이야기할 스토리가 있습니다. 이야기는 우리의 삶을 풍요롭게 합니다. 관계를 형성합니다. 듣는 사람들에게 위로와 즐거움을 선사합니다. 이야기하는 사람에게는 새로운 관점을 가져다줍니다. 요즘은 스토리텔링이 충분히 이루어지고 있는지 가끔 의문이 들 때가 있습니다.

삼월 초, 제 랜치 생활이 끝나갈 무렵이었습니다. 저는 여전히 랜치의 선물을 간직하고 있습니다. 그곳의 모든 경험은 제 내면의 절대적인 깊은 곳에 무언가를 심어 주었으며 그것은 오십년의 여정과 위대한 모험으로 이어졌습니다.

일이 잘 풀려서 집으로 가는 길에 루이지애나를 경유하여 다시 한 번 조를 방문할 수 있었습니다. 저는 많은 좋은 친구들과 작별 인사를 나눴고, 그 중 몇몇은 지금까지도 제 인생에 남아 있으며 충만한 마음과 깊은 감사를 지니고 떠나왔습니다. 조의 집 근처에 있는 최소한의 안전이 보장된 교도소에서 매주 삶의예술 수업을 하고 있던 조와 일주일 내내 함께 지낼 수 있는 행운을 누렸습니다. 그는 관심 있는 사람들에게도 어튠먼트를 제공했습니다. 저는 조와 인연을 맺은 십여 명의 재소자들에게 긍정적인 영향을 끼치고 있는 조의 모습을 직접 볼 수 있었지요.

토론토에서 꿈을 키우다

BUILDING A DREAM IN TORONTO

▲ 어튠먼트 시작 전 폴 프라이스 ▲ 어튠먼트 강의하는 폴

▲ 킹뷰 본 건물 ▲ 킹뷰 농장의 오픈 하우스

◀ 폴과 낸시 부부

사진 게재에 협조해주신 Jonathan에게 감사드립니다.

이번에는 길고 고된 버스 여행을 포기하고 날아서 토론토로 돌아왔습니다. 늘 그렇듯이 가족들이 공항에 마중 나와 저를 집으로 데려다 주었습니다. 저는 여행의 다음 장을 시작하기 전에 가족과 함께 멋진 일주일을 보냈습니다.

선라이즈 랜치에서 오래 머물다 보니 토론토가 당분간 머물 곳이라는 것이 분명해졌습니다.

빌과 로이스에 대해 언급했던 것을 기억하실 겁니다. 그들은 맥과 제인이 떠난 후 밴쿠버에서 토론토 어튠먼트 현장을 이어받기 위해 들어왔습니다. 저는 선라이즈에서 돌아오는 길에 그들을 만났고, 이제 다시 그들과 연결되고 싶었습니다. 그들은 이 수준에 맞는 새롭게 참여하고자 하는 인물들을 자연스럽고 쉽게 끌어드리고자 했습니다.

빌과 로이즈는 어튠먼트로 함께 일할 뿐만 아니라 다른 사람들의 영적 여정을 돕는데 어떤 새로운 아이디어가 떠오를지 알아보기 위해 방문했습니다.

선라이즈에서 육개월을 더 머무는 동안 저는 압도적으로 많은 새롭고 젊은 사람들이 찾아오는 것을 목격했습니다. 그들은 매주 일요일 마틴의 말씀을 통해 예배에 참여하고 랜치 주변의 프로젝트에 도움을 주면서 영성의 실제적인 측면을 경험하기 위해 오고 있었습니다. 작업장에서의 진정한 합의와 서로 간에 지구를 사랑하는 진정한 분위기가 뒷받침되는 영성을 발견할 수 있는 멋진 기회였습니다.

이 시기는 사회 전반적으로 많은 사람들이 새로운 유형의 자유와 영성에 대한 더 깊은 이해를 추구하던 시기였습니다. 느낄 수 있는 것은 너무나 많았지만, 내면의 깊은 감동을 표현할 수 있는 문맥이나 어휘가 없었습니다. 그들은 음악, 복장, 히피 문화 및 여러 행위 현장들을 통해 최선을 다했습니다. 로이드 미커의 비전에서 영감을 받은 선라이즈 랜치에서 일어난 일들은 이러한 사회적 분위기 속에서 매우 매력적이었고, 랜치 스탭들은 이곳을 찾는 사람들에게 더 많은 것을 제공하고자 했습니다.

빌과 로이스와 처음 대화를 나누면서 그들도 나와 비슷한 비전을 가지고 있다는 것을 분명히 알 수 있었습니다. 그래서 저는 다른 몇 명과 함께 이 비전이 어떤 형태로 실현될 수 있을지 모색하기 시작했습니다. 이 초기 시도가 오십년이라는 놀라운 오디세이의 시작이 될 줄은 꿈에도 몰랐어요!

이 창조의 주기는 여러 단계를 거쳐 나타나며, 항상 어튠먼트 프로세스의 광활함 위에 계속 확장해 나갑니다. 저와 다른 많은 사람들이 그랬듯이 배워야 할 기술들이 많이 있습니다. 하지만 이보다 더 중요한 것은 이러한 기술들이 사랑스럽고 활기찬 토대를 통해 확립되는 전류의 전달 체계에 불과하다는 것을 알게 되었습니다.

공부 초기에 로저는 *어튠먼트는 기술적인 면을 지닌 삶의 방식이라는* 점을 거듭 강조했습니다. 기술도 중요하지만, 그 효과는 전적으로 삶속에서 모든 일에 사랑으로 축복하는 것이 일관되게 유지되는지에 달려 있습니다. 바로 그것이야말로 어튠먼트 과정뿐 아니라 한 사람의 삶에 힘을 실어주는 것입니다.

오늘날까지도 저는 이것이 여전히 진행 중인 작업이라는 것을 알고 있으며, 그 점이 마음에 듭니다. 여기에는 학습 곡선이 따로 있는 것은 아니지만 우리들이 상승하는 여정에서 나선형으로 구축할 수 있습니다.

지금 이 이야기를 하는 이유는 맥과 제인의 메아리로 떠오르기 때문입니다. 저를 향한 사랑의 축복을 담은 그들의 꾸준하고 진실한 존재가 제 자신의 영적 자각의 문을 열었습니다. 평화와 자유라는 소중한 선물과 함께 저는 제 이야기의 다음 단계로 옮겨 갔습니다.

영적 깨달음이란 공짜 점심을 제공받는 것이라기 보다 오히려 어쩌다 한번씩 영감을 주는 도전의 반복임을 보장합니다. 가슴과 가슴이 만나면 우리는 자유로워지고, 저는 다른 사람의 가슴을 감동시킬 수 있는 다양한 방식을 찾게 되었습니다. 경청하세요! 가슴을 열어 두세요!

1970년 사월, 우리 다섯 명은 빌과 로이스와 함께 어튠먼트의 더 넓은 비전을 다른 사람들과 공유할 수 있는 가능성을 모색하기 위해 모임을 가졌습니다. 점점 더 많은 사람들이 어튠먼트에 참여하여 자신의 삶에서 매우 긍정적인 결과를 얻고 있었습니다. 어튠먼트의 활동과 자신의 영적 여정에 대해 좀 더 깊이 있게 살펴보고 싶은 사람들을 위해 매주 두 차례 추가 모임을 열어 더 큰 관점과 통찰을 공유하고자 했습니다.

지금까지는 이 정도의 경험을 쌓으려면 콜로라도까지 가야 했습니다. 그래서 우리는 바로 이곳 온타리오에서 우리만의 공간으로 시작하는 가능성을 고려하기 시작했습니다. 이러한 고려를 하게 된 한 가지 요인은 토론토가 매우 널리 퍼져있는 도시라는 사실이었습니다. 어떤 사람들은 원할 때 모임에 참여하는 것이 상당히 불편할 수 있었습니다. 또한 더 큰 환경에서 함께 생활하면 더 높은 비전에 대한 동의가 높아져 더 일관성 있고 개인적인 도움을 줄 수 있을 것입니다. 이런 생각으로 저희는 토론토에서 임대 또는 구매할 집을 찾기로 결정했습니다.

그러던 중 새로운 인맥이 등장했습니다. 그의 이름은 카이로프랙터 조 였습니다. 네, 또 다른 카이로프랙터도 조라는 이름을 가졌습니다! 새로 만난 그는 빌 베헌의 많은 가르침을 통해 영적인 라이프스타일을 탐구하는 가슴이 크고 사랑이 넘치는 사람이었습니다. 조가 연로하신 부모님이 집을 팔려고 한다는 소식을 알려주었으니 이보다 더 완벽한 타이밍은 없었을 겁니다. 우리는 모두 집을 보러 출발했습니다.

집은 큰 삼층짜리 벽돌집으로 약간 낡았지만 뼈대가 튼튼하고 견고했습니다. 그 당시 70년대에는 그런 집이 오만 달러에 팔렸습니다. 말하자면 필요한 곳에 돈을 넣어야 할 때였습니다. 우리 중 열두 명이 한 몫당 오백 달러로 집 계약금을 충당했습니다. 그렇게 우리는 또 다른 마법 같은 모험을 시작했습니다.

제가 "마법적"이라는 단어를 많이 사용한다는 것을 알고 있습니다. 하지만 제가 이 단어를 사용하는 데는 이유가 있습니다. 어떻게 시작되었는지 보세요: 조가 현장에 나타나고, 마침 부모님의 집이 매물로 나왔고... 그런 우연한 사건들이 계속 일어났습니다. 마치 마법처럼 보였습니다! 그해 시월, 1970년 당시 토론토 업타운(Uptown, Toronto)으로 알려졌던 곳에 위치한 이 웅장하고 오래된 집으로 아홉명이 이사했습니다.

전체가 오크나무로 다듬어진 집은 사랑스럽고 꽤 인상적이었어요. 하지만 안타깝게도 한두 번의 페인트칠이 필요했습니다. 사실 이 집을 에미서리 비영리단체를 위해 구입한 것이지만, 저희는 직접 팔을 걷어붙이고 우리만의 집으로 만들기 시작했습니다. 그것이 바로 우리가 모든 일에 접근하는 방식이었으며, 서류상으로는 소유권이 없더라도 가슴 속으로 소유권을 갖는 방식으로 지금도 동일한 접근 방식을 사용하고 있습니다.

네에, 이 오래된 집은 약간의 부드러운 사랑으로 돌보아할 필요와 심각한 업그레이드가 필요했습니다. 당시 빌은 마이다스 왕에 매료되었던 것 같았습니다. 일층의 모든 벽을 금색으로 칠한 것입니다. 금색! 심지어 계단까지 금색으로 칠했어요! 나중에 이 일로 많은 웃음을 터뜨렸죠.

집의 지하실은 미완성 상태였습니다. 그래서 다른 사람들이 위층에 페인트칠을 하는 동안 프레드와 존, 저는 지하실을 개조하는 작업에 착수했습니다. 얼마 지나지 않아 편안하고 적당한 크기의 기숙사 공간과 오락실, 완성된 욕실을 만들었습니다. 크리스마스 즈음 공사가 완료되었고 우리는 축하 파티를 열었습니다. 좋은 음식, 좋은 친구들, 그리고 많은 웃음. 우리의 작은 축하 행사가 빌의 생일과 겹쳐서 얼마나 기쁜지 몰랐어요. 생일 축하해, 친구! 이제 어떻게 할까요?

칼과 그의 아내 조안도 이 집으로 이사했습니다. 이 프로젝트의 재정에 관해서는 각자 한 달에 삼십달러의 급여와 숙식을 제공받기로 합의했습니다. 이 재정 계약에는 공식적인 지역 코디네이터로 활동했던 빌과 로이스, 두 사람이 포함되었습니다.

한 가지 수입원은 어튠먼트 공유를 위해 저희에게 들어온 기부금이었습니다. 그 당시에는 항상 기부 방식으로 어튠먼트를 제공했고 지금도 이 방식을 고수하고 있습니다. 어튠먼트와 함께 작은 유지보수 회사를 설립하고 *크리에이티브 핸즈(Creative Hands)*라는 이름을 붙였는데, 이 회사도 기금에 기여했습니다. 프레드, 존, 그리고 제가 창업 팀이었으며, 그 외에도 토론토 시내 한복판에 있는 로슬린 애비뉴에 자리한 공공 어튠먼트 클리닉(Public practice)에서 계속해서 많은 어튠먼트를 공유했습니다. 그 건물은 몇 년 전에 에미서리가 매입한 건물이었죠.

칼은 대형 보험회사에서 고위직을 지냈고 수입이 매우 넉넉하여 자신의 수입을 메인 기금(main pot)에 넣고 다른 사람들과 같은 임금으로 생활했습니다. 이 분의 관대함이 저희 창업에 큰 역할을 했고, 저는 그의 열정과 헌신에 영원히 감사하고 있습니다. 그는 현재 토론토 근처의 제 집에서 멀리 떨어진 브리티시 컬럼비아에 살고 있습니다. 그 먼 거리에도 불구하고 우리는 오십년이 지난 지금까지도 친구로 남아 연락을 주고받으며 지내고 있습니다.

공동체 생활에 합류한 다른 두 사람은 대학생인 카렌과 엠제이였습니다. 그곳에서 생활하는 우리 모두를 관통하는 지배적인 특성은 새로운 무언가가 생겨나게 하려는 열정과 그것을 잘 양성하려는 헌신, 그리고 다른 사람들이 자신의 영적 여정에 발을 들여놓을 수 있는 적절한 환경을 제공하려는 노력이었습니다. 그 비전과 열망하는 영혼을 지닌 이들의 수는 우리가 상상했던 것보다 더 빠르고 더 크게 성장했습니다. 우리의 일치와 깊은 우정은 다른 사람들을 끌어당기는 자석과 같았습니다. 마을 내 어튠먼트 사목이 성장함에 따라 우리와 함께 공동주택에 와서 살기를 원하는 사람들이 늘어났고, 방이 부족해졌습니다. 두 사람이 더 입주했습니다. 두 사람 모두 부모님이 에미서리와 관련된 일을 하고 있었습니다. 로빈과 폴린은 이 홈에 아름답게 기여했습니다. 로빈은 여러 가지 기술을 가지고 왔는데, 그 중 하나는 전기 기술자로서의 재능이었습니다. 이러한 기술은 홈에서도 도움이 되었지만, 무엇보다도 크리에이티브 핸즈 비즈니스에 큰 도움이 되어 모두에게 더 많은 수입을 가져다주었습니다.

긴 머리와 긴 다리를 가진 발레리나 지망생인 폴린은 훌륭한 요리사이자 우리 모두의 공감을 불러일으키는 열정을 지니고 있었습니다. 다양한 방향으로 우리를 이끄는 수많은 활동이 있으면서 저녁에는 큰 식탁에 둘러앉아 함께 빵을 나누고 각자 하루의 사건을 공유하는 것이 좋았습니다. 우리는 항상 우리 앞에 놓인 풍요로움에 감사했습니다.

성장하는 집단을 더 크고 농장 같은 환경으로 옮기고 싶다는 생각이 자연스럽게 떠오르기 시작했습니다. 우리는 콜로라도에 있는 랜치와 비슷한 형태의 무언가를 만들고 싶다는 꿈을 꾸었고, 사람들이 진정한 자아의 깊이와 범위를 발견하는 데 도움을 줄 수 있는 삶의예술 수업과 더 길고 심도 있는 수업을 구상했습니다. 식탁에 둘러앉아 많은 이야기를 나누며 이 비전에 대한 설렘을 공유했습니다. 이것이 우리의 목표가 되었고, 1971년부터 72년까지 우리는 계획을 발전시켰습니다.

그러다 운명처럼 칠년 전에 겪었던 것과 비슷한 또 다른 건강 위기가 찾아왔습니다. 대장염과 시력이 밀접한 관련이 있다는 사실을 누가 알았겠어요? 전 몰랐죠. 이번에는 스물네시간도 채 되지 않아 시력을 훨씬 더 많이 잃었습니다. 여전히 돌아다니기에는 충분한 시력을 가지고 있었지만 돋보기 없이는 글을 읽을 수 없게 되었습니다. 그때도 저는 매우 제한을 받았습니다.

67년에 처음 대장에 대한 검사를 받았을 때 당시의 수술 방식대로 대장의 일부만 제거했습니다. 대장의 나머지 부분에는 여전히 질환이 남아 있는 것으로 밝혀졌고, 완전히 실명하지 않으려면 또 다른 대수술이 필요했습니다.

수술 자체는 잘 진행되었지만 다섯시간의 수술 후 극심한 고통 속에서 깨어났습니다. 저는 중환자실에 누워 있었습니다, 다음 모르핀 투약이 곧 다가오기를 바랐습니다. 그때 니체의 말이 떠올랐습니다: "나를 죽이지 않는 것은 나를 더 강하게 만든다." 저는 이 말에 동의합니다! 병원에서 사주 동안 입원했고, 그 후 육주 동안 공동체에서 회복하는 시간을 가졌어요. 그 후에도 저는 임무를 중단하지 않았고 임무를 위해 떠날 준비가 되어 있었습니다.

로저는 영적 깨달음은 무임승차를 허용하지 않는다고 말한 적이 있습니다. 하지만 이는 힘든 상황에서 우리를 자유롭게 해줄 수 있습니다. 저는 그때가 힘든 상황이었다고 말하고 싶습니다.

그 후 몸은 금방 안정되었고, 저는 다시 로슬린 사무실에서 파트타임으로 어튠먼트를 제공하게 되었습니다. 나머지 시간에는 리노베이션 팀과 함께 일했습니다.

시력이 나빠졌다고 해서 지붕의 목공 작업을 돕고 프로젝트의 개요를 파악하는 데 방해가 되지는 않았습니다. 시력이 매우 좋지 않은 저는 최종 결과를 시각화하고 모든 배관 및 전기 공사가 어디로 진행되어야 하는지 등 다양한 단계를 이해하는 데 뛰어난 재능이 있었습니다. 이 능력은 어렸을 때 아버지와 함께 두 채의 집을 짓고 다른 프로젝트를 도우며 수년간 일한 경험에서 비롯된 것이죠. 나는 아버지에게서 어떤 내재된 감지력을 물려받았었다고 믿습니다.

저와 다른 멤버들이 쌓은 기술과 우정, 합의는 리노베이션 사업인 크리에이티브 핸즈에서 성공을 거두는 데 큰 도움이 되었습니다. 어튠먼트 사목에서 느꼈던 사랑과 배려의 에너지가 리노베이션 사업에서도 그대로 전달되고 있다는 것을 느꼈습니다.

제 사무실에 어튠먼트를 받으러 온 사람들은 다양한 이유로 저를 찾아왔습니다. 어떤 사람들은 아름답고 진정한 내면의 평화를 경험하기 위해 왔습니다. 건강 문제가 있는 사람도 있었고, 잔소리를 늘어놓는 경향의 사람도 있었는데, 이런 경험을 하게 된 배경은 무엇이었을까요? 저희는 리노베이션 사업을 통해 사람들의 집에서 일했습니다. 우리가 제공한 배려와 존중은 분명했기 때문에 집주인들은 긴장을 풀 수 있었습니다. 그들은 우리가 일을 진행하면서 나누는 우정의 수준을 지켜보며 즐거워했습니다. 선라이즈 프로그램을 통해 일터에서 영적 존재감에 대해 배웠던 것처럼, 저희도 그 연습한 것을 업무에 적용할 수 있었습니다. 저는 우리가 함께 일하는 사람들이 그 사랑의 에너지를 느낄 수 있다는 것을 느꼈습니다. 우리는 집의 물리적 구조를 돌보는 것뿐만 아니라 집의 실체도 돌보고 있었습니다. 그 결과 커피 한 잔을 나누고 어떤 경우에는 식사를 대접받기도 했습니다!

그래서 제 사무실에서든 누군가의 집에서 친구들과 함께 있든, 항상 애정 어린 보살핌을 통해 어튠먼트가 공유되고 있었습니다. 환경은 부차적인 것이었습니다.

사랑의 보살핌은 아무도 발명하지 않았습니다. 그냥 있는 것이며, 우리가 그것을 표현하기로 선택할 때 우리는 기쁨과 풍요로움을 얻게 됩니다. 공동체 생활에 대한 우리의 접근 방식도 마찬가지입니다. 당연히 문제가 발생하겠죠. 어떻게 그렇지 않을 수 있겠습니까? 하지만 사랑과 존중의 렌즈를 통해 서로를 바라보면 그러한 문제들은 빠르고 쉽게 해결되었습니다. 이러한 표현 방식은 매우 매력적인 물결을 일으켰고 점점 더 많은 사람들이 그 일부가 되고 싶어 했습니다. 이 모든 과정은 시골 공동 주택에 대한 우리의 비전이 제 마음속에 가장 크게 자리 잡고 있었기 때문에 가능했습니다. 이 비전과 우리의 합의, 그리고 우리가 만들어내고 춤추는 아름다운 에너지가 우리에게 다음 문을 열어준 것은 의심할 여지가 없습니다.

1972년, 한 개발업자로부터 우리가 살고 있던 집과 거리의 다른 여러 집을 사고 싶다는 연락을 받았습니다. 그의 목표는 그 블록에 저층 아파트를 짓는 것이었고, 이년 전에 우리가 집값으로 지불한 금액의 세배를 기꺼이 제시했습니다. 더 우연한 일이 일어났지요. 저희는 황홀했습니다. 이 정도 금액이면 시골 주거 센터를 만들 계획을 진행할 수 있을 것 같았거든요. 어때요! 빌은 재능 있는 협상가였고 자선단체를 대신해 집을 팔기로 동의했습니다. 한 가지 주의할 점은 집을 철거하기 전까지 최대 한 달 동안은 월 백달러의 임대료로 그 집에 머물 수 있다는 것이었습니다. 또한 그는 철거 과정에서 우리가 가장 먼저 가져갈 수 있도록 규정했습니다. 즉, 아름다운 오크 트림과 판넬, 납 창틀로 된 유리 창문 등이 포함되었습니다. 거래는 성사되었습니다! 이 재정적 이득을 통해 저희는 시골 부동산을 찾기 시작할 수 있었습니다.

농장을 찾아 나섬

매매 계약이 체결되고 자금 조달이 확정된 후, 저희는 주말마다 시골을 돌아다니며 매물로 나온 농장을 찾았습니다. 이상적으로는 도시 북쪽, 차로 한 시간 이상 걸리지 않는 곳을 찾고 싶었습니다. 처음에 보았던 모든 매물은 도시에서 너무 멀거나 너무 비쌌고, 유기농 정원과 집, 헛간이 있는 경작할 수 있는 백에이커 이하의 땅을 희망 목록에 포함했습니다. 도시의 동쪽이나 서쪽으로 눈을 돌려야겠다고 생각하던 찰나, 조 박사가 직접 나섰습니다. 우연히(정말 우연일까요?) 부동산 중개업자인 환자가 있었습니다. 이 중개인은 육개월 전에 낡은 농장이 시장에 나왔지만 팔리지 않은 적이 있다며 소유주가 여전히 팔 의향이 있는지 확인해 보겠다고 조 박사에게 알려주었습니다. 다음 주말로 약속이 잡혔습니다. 조와 에이전트인 빌, 로이스, 그리고 저는 차를 몰고 가서 살펴보기로 했습니다.

숙소는 토론토에서 북쪽으로 사십오분 떨어진 킹 타운십의 스노우볼이라는 작은 마을 변방에 위치해 있었습니다. 편리하게도 조의 집과 카이로프랙틱 클리닉에서 차로 십분 거리에 있었습니다.

그날이 바로 노년에 접어든 아주 다정한 티즈데일 부부를 만난 날이었어요. 조지 티즈데일은 킹 타운십이 대도시에서 백만 마일이나 떨어져 있는 것처럼 보였던 그 농장에서 태어났습니다. 당시의 전통에 따라 농장은 부모님이 돌아가실 때까지 돌봐야 하는 책임과 함께 장남인 그에게 넘어갔습니다. 1970년 어머니가 돌아가셨을 무렵, 농장은 조지가 관리하기에는 너무 큰 규모가 되었습니다. 실내 정화배관 없이 이 농장은 뻔뻔스럽게 "조니 온 더 스팟(야외 간이화장실)"을 밖에 내놓은 채 외딴 곳에 자리 잡고 있었습니다. 이 농장은 집에서 삼십피트 정도 떨어진 잘 닦인 길 끝에 자리 잡고 있었습니다. 다른 모든 용도의 물은 집 앞의 오래된 우물에서 양동이에 담아 집으로 운반했습니다.

백년 된 이 집에는 여전히 원래의 벽지가 발라져 있었고 일층의 절반 이상을 차지하는 부엌이 있었습니다. 주방 한쪽에는 조지의 어머니가 돌아가실 때까지 애정을 갖고 관리하며 사용했던 아름다운 여섯개의 버너가 달린 오래된 장작 난로가 있었습니다. 이 난로는 캐나다의 추운 겨울을 나는 유일한 열원이었기 때문에 이 집의 중심이었습니다. 따라서 그 겨울 동안 노부부는 부엌 바로 옆에 있는 작은 방에서 잠을 잤고, 천장의 화격자(천장용 화로)는 노모가 머물렀던 다른 침실에 약간의 난방을 제공했습니다. 최신 전기 스토브도 있었습니다. 그러나 그것은 웅장하고 오래된 나무 요리도구 옆에 슬프게 방치되어 있었습니다.

저는 조지에게 여름철에 전기 난로를 사용하느냐고 물었고 그의 대답에 놀랐습니다. 나이든 어르신이신 그의 어머니는 장작 난로에서 조리되지 않은 음식은 먹지 않았다고 합니다. 그녀는 매우 늙었고 폐쇄적이었습니다. 그래서 조지는 어머니가 모르는 것이 어머니를 해칠 수 없다고 생각했습니다. 분명 그녀는 자신의 음식이 어떤 난로에서 조리되었는지 알 수 없었을 것입니다. 그렇게 생각했죠! 하지만 조지나 그의 아내가 전기로 조리된 음식을 그녀에게 슬쩍 건네주려고 했던 몇 번의 경우, 그녀는 그 차이를 바로 알아차렸습니다. 저는 그녀가 민감하게 반응하는 에너지 패턴을 내가 생각하기에 우리가 잃어버린 어떤 것으로 고려할 수밖에 없었습니다.

진정한 모험의 정신으로 집을 본 후, 우리는 헛간을 보러 나갔어요. 오, 그 헛간은 웅장했어요! L자 모양으로, 덤불에서 자란 거대한 흰 소나무를 깎아 만든 것이었습니다. 건물 뒤편에 있는 거대한 나무를 그대로 옮겼습니다. 저희는 동물들이 사육되던 공간의 뒤편으로 향했습니다. 가압 펌프와 두 번째 우물로 만들어진 자동 급수 시스템을 보고 얼마나 놀랐는지 상상해 보세요. 집 안에 '현대적인 것'이 없는 건 조지의 어머니때문이었어요!

그런 다음 구불구불한 언덕과 숲에 흥분하면서 부지를 걸었습니다. 부지 한쪽에는 작은 삼나무 덤불이 있었고 맨 뒤쪽에는 아름다운 활엽수 덤불이 있었습니다. 그 사이에는 육십에이커의 농지가 있었는데, 건초를 제외하고는 한동안 경작한 적이 없는 땅이었습니다. 하지만 무엇보다도 그 땅에는 화학 물질이 전혀 사용되지 않았습니다. 유기농 정원을 가꾸고 싶었던 저희에게는 신의 섭리가 내려준 선물 같았습니다. 조지는 이 농장을 팔아야 한다는 사실에 슬픔을 감추지 못했습니다. 그럼에도 불구하고 판매 가격은 구만 달러로 책정되었고, 비전에 들떠있던 저희는 조의 집으로 돌아와 서로의 생각과 감정을 나누었습니다. 많은 고민이 필요하지 않았습니다. 이 집은 우리가 생각했던 모든 조건을 충족시켰으니까요.

가장 큰 우려 중 하나는 배관과 난방 시설이 부족하다는 것이었습니다. 그래서 저는 이런 것들을 다뤄본 경험이 있다고 재빨리 알려드렸죠. 아버지 덕분에 우물과 수압, 배관 및 난방의 작동 원리를 잘 알고 있었거든요. 그런 다음 프레드, 로빈, 존, 저, 이렇게 네 명이 프로젝트를 시작하자고 제안했습니다. 부족한 편의시설은 기숙사 친구들도 똑같이 느낄 거라 믿고 함께 해결하면 된다고 생각했죠!

그렇게 1972년 시월, 우리는 조지와 계약을 체결하고 그의 농장을 매입했고, 오개월 후 새 집으로 이사했습니다. 또 하나의 문턱을 넘었고, 또 다른 창의적인 여정이 시작되려던 참이었습니다. 우리는 그 농장을 킹뷰(KingView)라고 불렀습니다.

72년 시월 당시 저는 토론토의 에미서리 센터에서 풀타임으로 일하면서 한 달에 이백건 이상의 어튠먼트를 서버로서 제공했습니다.

기술에 관해서는 카이로프랙터들이 주로 사용했던 기법인 축(axis)과 아틀라스(atlas), 즉 두 목뼈가 만나는 경추 패턴의 균형을 맞추는데 중점을 두었는데, 당시 그들은 직접 신체적 조작을 통해 조율했으나 우리는 실제로 몸을 만지지 않고 조율했습니다. 앞서 말씀드렸고 앞으로도 몇 번 더 말씀드리겠지만, 어튠먼트를 제공할 때 목 양쪽에 있는 경추위에 양손을 놓고 손 사이에 흐름이 강해지도록 합니다. 에너지 작용은 전기와 매우 유사합니다. 우리의 손은 배터리처럼 필요한 양극과 음극을 제공하여 에너지의 흐름이 균형을 이룰 수 있도록 합니다. 때때로 사람들은 자신의 상태를 "균형이 잘 맞지 않는다" 또는 "어긋난 느낌"이라고 표현하기도 합니다. 그러나 이러한 균형에 도달하면, 어튠먼트를 받는 사람은 더 큰 행복감을 느끼게 됩니다.

경추 패턴의 균형을 맞춘 다음에는 호르몬을 조절하고 감정, 영양 및 기타 복잡성에 민감한 우리 몸의 아름다운 일련의 호르몬 분비샘인 내분비계에 초점을 맞췄습니다. 어튠먼트에서 느껴지는 내면의 평화는 이 시스템이 더 자유롭게 이완되고 흐르게 하여 결과적으로 더 효율적으로 작동할 수 있게 하는 것 같습니다.

어튠먼트와 유사한 작업을 하는 다른 에너지 관련 양식도 많이 있다는 점을 강조하고 싶습니다. "해를 끼치지 않는다"는 입장에서 각자에게 가장 적합한 양식을 찾을 수 있습니다. 모든 사람에게 맞는 것이 있습니다. 저는 다른 분야도 살펴봤지만 어튜먼트 프로세스가 저에게 계속 효과가 있는 것 같아요. 오십년 동안 지속적으로 저를 찾아온 고객도 있습니다. 그리고 우리가 말하는 것처럼 어떤 이유로든 또는 계절에 따라 짧은 기간 동안 찾아오는 고객도 있습니다. 그러나 다시 말하지만, 그들이 어튜먼트에서 가져가는 핵심은 내면의 깊은 평화입니다.

어튜먼트를 받았던 초기 경험에서 가장 중요했던 것은 저를 붙잡아 주는 것이었습니다. 이는 아무리 강조해도 지나치지 않을 것 같습니다. 사랑으로 에너지를 공유할 때, 제 가슴속의 문, 즉 제 영적 실제를 기억할 수 있게 해주는 문이 열릴 것이라는 약속이 있습니다. 여러분, 바로 여기에 진정한 자유가 있습니다. 우리가 현재 지니고 있는 이 몸에는 항상 해결해야 할 문제들이 있습니다. 하지만 내면의 힘과 평화가 있다면 우리는 앞으로 닥쳐올 문제를 더 잘 처리할 수 있습니다. 내가 다른 사람을 위해 이 약속을 마음속에 품지 않는다면, 어튜먼트를 나눌 때 내 작업은 부족할 것입니다. 이 신뢰는 에너지에 대한 강요가 아니라 오히려 에너지의 해방으로 확장됩니다. 이것은 지난 오십년 동안 제 삶의 중심 주제였으며, 제 삶의 모든 측면을 채우는 선물이었습니다. 저 자신과 제가 축복을 전하는 사람들을 위한 이 기억의 요소 덕분에 많은 시련을 겪고 나이든 이 몸이 오늘날에도 여전히 활동하고 있다고 해도 과언이 아닙니다. 여러분과 저의 여정을 계속 공유하면서, 커져가는 영적 깨달음 속에 살면서 교감하는 가운데 전 세계에서 만난 많은 사람들에게 깊은 감사를 표합니다.

로슬린(Roslin)

킹뷰에서 모든 것이 기본적으로 앞으로 나아갈 준비가 되어 있었기 때문에 저는 몇 달 동안 토론토의 공공 어튠먼트 센터에서 일할 수 있는 여유가 생겼습니다. 저희의 첫 번째 어튠먼트 센터는 토론토의 로슬린 애비뉴에 있었습니다. 아파트 옥상에 적당한 크기의 회의실이 있었고, 무엇보다도 어튠먼트 센터로 사용하기에 완벽한 공간이었죠.

저는 일주일에 오일 동안 고객들과 이야기를 나누며 그들의 이야기에 항상 흥미를 느꼈습니다. 그들이 저를 찾게 된 상황은 무엇이었나요? 어튠먼트를 찾게 된 이유는 무엇이었을까요? 그들의 이야기는 그들의 얼굴만큼이나 다양하고 많았습니다. 몇 년 전부터 찾아온 분도 계셨고요. 친구의 친구로부터 소식을 듣고 온 분들도 있었고, 단순히 호기심과 문에 붙인 간판을 보고 온 분들도 있었습니다. 그러나 그들이 들어왔을 때, 압도적인 다수가 삼십분 동안의 어튠먼트에서 얻은 깊은 평화를 지니고 떠났고, 그 후에도 평화를 오랫동안 간직했습니다.

건강 문제가 있는 분들도 계셨어요. 저는 "치유"에 대한 약속은 없다는 점을 분명히 했습니다. 제가 제공하는 어튠먼트의 본질은 몸의 상태를 최적화하여 평화, 이완, 균형을 통해 자연적으로 발생하는 것을 돌볼 수 있도록 하는 것이었습니다. 또한 의료 분야에서 병을 치유하는 분들에 대한 존경심을 강조하면서 어튠먼트 프로세스는 의료 서비스를 경쟁하거나 대체하는 것이 아니라 보완하는 것이라고 강조했습니다! 제 겸손한 의견으로는, 새로운 양식들의 초창기에 "대체(alternative)"라고 부르는 것은 실수였습니다. 보완적이라는 단어가 훨씬 더 정확하고 전통적 사고방식을 가진 사람들에게 경보벨을 울리지 않습니다.

이 때 센터에서 다양한 사람들을 만나고 사람들의 삶이 어떻게 돌아가는지 알게 되면서 제 인식이 더 깊어지고 공감 능력이 더 커질 수 있었습니다. 특히 두 가지 이야기를 지금 여러분과 나누고 싶습니다.

존은 조용한 사람이었고 시내에서 남성용 고급 의류 매장을 운영하던 뛰어난 재단사였습니다. 그는 일주일에 한 번씩 저를 만나러 왔고, 우리 사이에는 아름다운 에너지가 만들어졌습니다. 저는 가끔 세션 중에 그의 뺨을 타고 눈물이 한두 방울씩 흘러내리는 것을 보곤 했습니다. 이야기를 나눌 기회가 있었을 때 그는 그 눈물은 사랑하는 사람을 잃은 슬픔의 눈물이라고 말했습니다. 그리고 그 눈물은 그가 살아온 삶에 대한 감사의 눈물이기도 했습니다.

존은 유대인으로 독일 강제수용소에서 3년을 보낸 적이 있습니다. 그의 팔에 문신으로 새겨진 수형수 등록번호를 보고 소름이 돋았습니다. 존은 다른 수감자들과 함께 화덕에 밀어 넣어지는데 단 세 명만이 제외되었던 이야기를 들려주었습니다. 운명적인 영혼들이 줄을 지어 서 있었는데, 거의 그의 차례가 되었을 때, 화덕의 수용 인원이 최대치에 도달해 넘쳐나자 존과 다른 사람들은 다른 날로 돌려 보내지게 되었습니다. 그 동안 그는 다시는 돌아오지 못할 친구들이 끌려가는 것을 지켜보았습니다.

또 다른 경우, 존은 한 수용소에서 다른 수용소로 이송되고 있었습니다. 존과 다른 유대인 군중은 기차로 이송되기 위해 지붕이 열린 소 칸에 밀어 넣어졌습니다. 그들은 그 추운 독일의 겨울 한가운데서 몸과 몸이 밀착된 채 서 있을 수 없을 정도로 꽉 채워져 있었습니다. 정말 자비였을까요? 어느 날 밤, 열차를 멈추고 절반의 사람들이 땅바닥에서 잠을 자도록 허용했습니다. 나머지 절반은 객차 안에 남아있었습니다. 기차 안에서 잠을 자던 사람들은 거의 모두 얼어 죽었고, 땅바닥에서 잠을 자던 사람들은 땅이 주는 최소한의 온기 덕분에 목숨을 건질 수 있었습니다.

따라서 그가 어튠먼트 중에 흘린 눈물은 죽은 이들을 위한 눈물이었고, 살 수 있게 된 놀라운 특권을 위한 눈물이었습니다. 존은 수많은 밤을 함께 울며 서로에게 절대 잊지 않겠다고 약속했던 이야기를 들려주었습니다. 절대 잊지 않겠다고요! 그 누구도 잊지 않겠다고요.

이 시기에 저에게 기억에 남는 또 다른 경험은 다운증후군을 가지고 태어난 네 살짜리 아들 호레이스와 함께 저를 찾아온 한 젊은 여성에 관한 것입니다. 아이는 말을 할 수 없었지만 그가 내는 소리는 저에게 매우 행복하게 들렸습니다. 아이는 걷지도 못했고 목이 심하게 뒤틀린 상태였습니다. 물론 저는 아이의 어머니에게 결과를 예측할 수 없다는 점을 분명히 밝히면서 기꺼이 아이와 함께 일할 수 있었습니다.

아이가 얼마나 활동적이고 꿈틀거리는지 보니 이 아이가 어튠먼트를 위해 가만히 누워 있지 않을 것임이 분명했습니다! 그의 어머니는 작은 장난감 몇 개와 함께 대기실 바닥에 아들을 내려놓았습니다. 아들은 기뻐했습니다. 아이는 기어 다니며 울고 웃기 시작했습니다. 저는 대기실 의자에 조용히 앉아 아이를 향해 손바닥을 펴고 가슴을 열어서 이 아름다운 영혼에게 사랑의 축복을을 보냈습니다. 그렇게 십분 정도 앉아 있자 호레이스가 제게 조금 더 가까이 다가왔습니다. 십분이 더 지나자 소년은 제 바로 앞 바닥에서 푹 자고 있었습니다.

그의 어머니는 저와 마찬가지로 그의 반응에 감동하여 눈물을 흘렸습니다. 우리는 호흡기 질환으로 이 아름다운 영혼을 이 땅에서 떠나보낼 때까지 사개월 동안 이 어튠먼트를 계속했습니다. 이 아이가 표현한 기쁨은 전염성이 있었습니다. 그의 어머니는 상심했지만, 아이가 살아 있는 오년 동안 자신의 삶에 가져다준 기쁨은 결코 사라질 수 없는 영원한 기쁨이었다고 말했습니다. 저는 지금도 그 만남의 광대함을 마치 어제 일처럼 생생하게 느끼고 있습니다. 이러한 경험은 제 개인적인 여정에서 큰 의미를 지니고 있습니다.

이 사람들을 비롯한 수많은 사람들을 만날 수 있다는 것은 얼마나 큰 특권인가요. 굳이 사람들을 끌어들이려고 노력하지 않아도 자연스럽게 끌립니다. 친구들과 이야기를 나누다 보면 제 인생에 색을 입힌 매력적인 사람들이 얼마나 많은지 놀라곤 합니다. "넌 정말 흥미로운 사람들을 많이 알고 있구나"라고 말하죠. 이런 순간에 제 삶이 평범하지 않다는 것을 깨닫습니다. 저에게는 정말 특별한 선물이 주어졌어요.

프레드, 존, 로빈과 함께 농장으로 이사하기 약 오개월 전인 72년 십일월, 토론토의 공동주택에 한 젊은 부부가 저녁식사를 하러 왔습니다. 론과 조이스는 우리를 다 알고 있는 친구로부터 우리가 농장으로 이주한다는 사실과 어튜먼트와 '에미서리에 대해 들은 적이 있다고 했습니다. 이 두 사람은 모두 농장에서 자랐고, 집을 짓고 영적 휴양지를 마련하며 직접 정원을 가꾸고 농사를 짓는다는 저희의 비전에 흥미를 느꼈습니다. 우리 중 몇 명은 정원 가꾸기에 대해 어느 정도 알고 있었지만 농사에 대해 아는 사람은 아무도 없었습니다. 그런데 오샤와에 있는 지엠(GM) 공장에서 정규직으로 일하고 있는 론이 일주일에 한 번씩 농장에 와서 일손을 보태겠다는 이 젊은 부부의 제안을 우리가 알 수 있었을까요. 그러나 저는 다시 한 번 창조적인 에너지가 어떻게 필요한 것을 펼치도록 하는지 직접 눈으로 확인했습니다. 론과 조이스 부부는 그 후 몇 년 간 큰 축복을 가져다 주었습니다.

73년 삼월 일일, 로빈, 존, 프레드, 저 이렇게 네 명의 친구들이 킹뷰로 이사를 왔습니다. 첫날에는 수십 명의 사람들이 농장을 둘러보고 있었어요. 원래 주인이 자신의 옛 농장에서 마지막을 보내는 경매가 열리고 있었죠. 론이 와서 그곳에서 농사에 필요한 소형 트랙터, 디스크, 써

레, 건초 마차 등 농사에 필요한 기계를 오천달러의 예산으로 구입할 수 있도록 안내해 주었습니다. 예산보다 몇백 달러 적게 들었을 뿐만 아니라 나이든 농부인 조지는 저지 젖소 한 마리까지 덤으로 얹혀주었습니다. 게다가 젖소를 돌보는 방법과 젖 짜는 방법을 가르쳐 줄 론이 있었습니다! 프레드는 그 일을 자원했고, 참을성 있는 젖소 덕분에 꽤 짧은 시간에 젖 짜는 법을 배웠습니다.

그 후 팔년 동안 우리는 대규모 건축 프로젝트에 전적으로 참여했습니다. 우리는 이 프로젝트에 적합한 사람들이 자신의 기술, 시간과 인맥을 동원하여 자원을 제공할 것이라고 확신하며 앞으로 나아갔습니다. 그리고 그들은 그렇게 했습니다.

본관 건물 디자인은 빌이 도시에서 본 아름다운 튜더 양식의 주택에 반한 결과 탄생했습니다. 그 집은 긴 중간 부분으로 연결된 두 개의 큰 헛간 모양의 건물로 구성되어 있었어요. 이 집은 튜더 양식 그대로 흰색 치장 벽토로 지어졌고 외관을 가로지르는 커다란 장식용 들보로 장식되어 있었지요. 저희는 이곳을 사진으로 찍어 아름다운 우리들 집의 모델로 삼았는데 풍경과 완전하게 어울렸어요. 당시에는 별채나 향후 프로젝트에 대한 허가를 받는 것이 불가능하다는 통보를 받았습니다. 하지만 기존 건물을 확장하는 것은 쉽게 허가를 받을 수 있었습니다. 그래서 우리의 원대한 계획이 시작되었습니다.

원래 건물은 지하실이 없는 이층에 천육백평방피트 규모였습니다. 이 프로젝트를 완료한 지 팔년이 지났을 때 나중에는 이만오천평방 피트였습니다. 이 최종 면적은 단계적으로 이루어졌으며, 그 사이에 다른 프로젝트가 진행되었습니다.

첫 번째 추가 작업을 진행하면서 우리는 창의적인 에너지의 마법, 진정한 우정과 목적의 마법이 펼쳐지는 것을 경험했습니다. 삼월부터 시월까지 칠개월 동안의 작업 일정을 통해서 살 수 있는 건물을 만들었는데 진정한 안락함은 먼 훗날의 일이었습니다.

난방 시스템을 설치하는 문제가 있었습니다. 당시 이 집에는 중앙 난방 시설이 거의 없었습니다. 따라서 우리는 난방로를 설치할 지하실을 파야 했습니다. 우리는 이미 일층을 천오백평방피트 확장한 상태였죠. 운 좋게도 정화조를 설치하는 사람이 무거운 목재로 집을 보강하자는 그의 제안을 따른다는 조건으로 지하실을 파는 데 동의해 주었습니다. 집 밑에 구피트짜리 구멍을 파는 임무를 맡은 로빈, 프레드, 존, 저는 교대로 곡괭이와 삽을 들고 딱딱한 흙을 파헤쳤습니다. 누가 체육관이 따로 필요했겠어요? 우리는 젊고 튼튼한 체력을 바탕으로 열심히 일했습니다. 닐스를 위해 지반을 준비하면서 우리는 오래된 구조물의 전면을 지탱하는데 필요한 네 개의 기둥을 위한 구멍을 만들어야 했습니다. 한 구멍을 파는데 네 시간이 걸렸고, 네 개의 구멍이 필요했습니다. 마지막 구멍을 마무리하고 있을 때 비가 내리기 시작했습니다. 온몸이 흠뻑 젖어 진흙투성이가 되었지만 그럼에도 불구하고 계속 작업을 진행했습니다. 이 진흙탕 모험을 마무리할 무렵, 저는 콜로라도 수업에서 제 멘토인 빌 베헌이 들려준 이야기가 떠올랐습니다...

옛날에 로마를 방문한 한 무리의 관광객이 깊은 구덩이에서 벽돌을 쌓고 있는 한 노인을 발견했습니다. 그들은 그에게 "기초를 쌓고 계신가요?"라고 물었습니다. "아니요." 노인은 "성당을 짓고 있습니다."라고 대답했습니다. 맞습니다! 성당을 짓는 것은 아니었지만, 많은 사람들이 영적 여정을 시작할 수 있는 공간을 만들기 시작했다는 것을 알았습니다. 그 힘들고 창의적이며 육체적인 작업은 삼년 전의 집중 수업만큼이나 저의 영적 성장에 큰 역할을 했습니다. 이러한 가슴과 가슴의 연결은 가장 긍정적인 결과를 가져왔습니다. 굴착기 기사 닐스는 집 밑을 파는 일이 위험한 일이라는 것을 알고 있었지만, 우리를 위해 그 일을 하는 것이 안전하다고 느꼈다고 말했습니다. 저는 그가 단지 편리한 기계 기술자가 아니라 한 인간이자 친구로서 '보여지는 것'에 응답한 것이라고 생각합니다. 제 생각에는 닐스와 다른 많은 업계 사람들이 어튠먼트의 흐름에 이끌려 우리 삶 속으로 들어온 것 같았습니다. 말들은 거의 사용하지 않았지만 그 실체는 느껴졌습니다. 그들은 자신이 인정받고 있다는 것을 알고 있었습니다. 제 친구 로저는 모든 사람들에게 보내는 초대장에서 이렇게 말했습니다: *당신은 사랑받고 있습니다. 당신은 필요합니다. 당신은 이 땅의 영적 가족의 일원입니다.*

구멍을 파고 나자 우리는 다시 지하실을 짓는 힘든 작업에 착수했습니다. 이천 개의 콘크리트 블록을 설치해야 했기 때문에 더 많은 도움이 필요할 것이라는 것을 금방 짐작할 수 있었고, 다시 한 번 조 박사와 그의 우연한 인맥이 구출해 주었습니다. 마리오는 거인이자 벽돌로 블록 쌓는 이 분야의 대가였으며, 약간의 돈을 벌 수 있는 새로운 기회에 항상 열려 있는 사람이었습니다. 그는 우리에게 모르타르를 섞고 시멘트 블록을 나르고 아침에는 커피를, 정오에는 점심 한 끼를 가져다주는 등 함께 일할 수 있는 절대적인 기쁨을 주었습니다. 마리오는 하루 일당 백 달러를 받고 마치 나무 블록을 가지고 노는 어린아이처럼 무거운 콘크리트 블록을 다루며 열심히 일했습니다. 마리오가 하루에 여덟시간 동안 삼백개의 블록을 쌓을 때면 저희는 그를 따라잡기 위해 정말 열심히 일해야 했습니다. 그가 자신의 일을 정말 사랑한다는 것은 분명했습니다. 그래서인지 마리오는 우리가 진행하는 프로젝트에 대한 열정을 느낄 수 있었습니다. 그는 우리와 함께 야근도 마다하지 않고 끝까지 버텨주었습니다. 어느 날 그는 환하게 웃으며 자신이 직접 만든 와인 한 병을 자랑스럽게 우리에게 선물했습니다. 정말 친절했지만, 와인 양조 기술보다는 벽돌 쌓는 기술이 훨씬 더 뛰어났어요! 이후 모든 프로젝트에 마리오를 참여시켰어요. 그는 유쾌한 사람이었고 우리와 함께 일하고 싶어하는 사람들의 자질과 본성을 잘 보여줬어요. 참고로, 저희를 위한 것이 아니라 **저희와 함께**라고 말씀드렸습니다. 우리는 이처럼 우리의 비전을 보고 듣고 진정으로 그 비전을 실행하는 데 참여하고 싶어하는 수많은 사람들을 연결했습니다. 이러한 상호 존중은 장애물이 발생할 가능성을 줄여주고 장애물이 발생했을 때 쉽게 극복할 수 있게 해줍니다. 진정한 우정은 그렇게 합니다. 킹뷰의 건축에 들어간 애정 어린 관심은 물리적 자재만큼은 아니더라도 그 이상의 가치를 지니고 있었습니다. 결국 아름다운 성소에 대한 우리의 원래 비전은 대규모 수련시설, 작업 농장외 그 이상으로 확장되었습니다.

제 생각에 킹뷰 건설에 참여한 모든 사람은 사랑의 날개를 달고 있었고, 그것을 작업에 반영했습니다. 그들은 '어튠먼트'라는 단어나 실습관행에 대해 아무것도 알 필요가 없었습니다. 그들은 사랑, 축복, 감사, 배려 등 모든 긍정적인 에너지로 어튠먼트 영성에 동참했을 뿐입니다. 이 프로젝트 전체는 영적 은행 계좌를 관리하는 배움이었습니다. 우리 개인 삶의 에너지는 은행 계좌와 같습니다. 긍정적인 감정은 긍정적인 계좌를 만듭니다. 반면에 부정적인 감정, 불평, 불만, 증오, 무례함은 계좌를 고갈시킵니다. 부정적인 감정이 여러분을 병들게 한다는 말은 아닙니다. 그저 길고 행복한 삶이 길고 화나는 삶보다 낫다는 것을 말씀드리고 싶을 뿐입니다. 우리는 모두 무언가와 조율(어튠먼트)하고 있습니다. 그 무언가가 무엇인지에 대한 선택은 여러분의 몫입니다.

저는 비전을 세우는 다음 단계를 케이크를 굽는 것에 비유합니다... 아주 큰 케이크를요! 이제 거대한 믹싱볼, 즉 기초가 마련되었고 목재, 난방 배관, 난방로, 전기용품, 배관 파이프, 비품 등 재료를 구입할 준비가 되었습니다. 그런 다음 적절한 물 공급을 만들어야 했습니다. 예산이 빠듯했습니다. 아무리 강조해도 지나치지 않지요? 그래서 저는 시내에 있는 철거업체를 찾아 재활용 자재이긴 하지만 더 저렴한 자재를 구할 수 있는지 알아봤어요. 존시를 만났습니다.

존시는 자신의 사업에 어울리는 퉁명스러운 노인이었고, 사슬 끝에서 짖어대는 못된 늙은 개가 있을 것 같은 사람이었습니다. 그는 사슬이 묶여 있는 문에서 저를 만났고 제 이야기를 들은 후 엄청난 양의 건축자재가 쌓여 있는 곳으로 저를 이끌었습니다. 제가 가진 열정을 그가 어떻게 거부할 수 있었겠어요? 존시는 좋은 목재를 가지고 있었고, 우리에게 사분의 일 가격에 팔았습니다. 지역 야드에서 청구하는 가격보다 훨씬 저렴했습니다. 물론 제 열정 때문이었지만, 그 순수한 흥분은 어튠먼트의 정신에서 비롯된 것이었죠. 닐스와 마리오, 그리고 다른 많은 사람들과 마찬가지로 그들은 자신의 시간과 에너지를 아낌없이 기부했습니다. 이것이 프로젝트가 진행되는 십년 동안 일관되게 이어진 경험이었죠.

오래된 농가를 현대화하고 배관을 추가할 때가 왔습니다. 닐스는 우리를 위해 헛간의 가압 시스템에서 집까지 구십 피트 떨어진 곳에 도랑을 파주었습니다. 그렇게 해서 곧 지어질 부엌과 욕실에 물을 공급할 파이프를 땅에 깔 수 있었습니다. 요리사들은 준비가 끝났습니다! 그 요리사들은 누구였나요? 당연히 저희였습니다!

우리는 일주일에 육일, 하루 열시간씩 일하면서 무한한 에너지를 쏟아 부었습니다. 저는 거친 공사를 할 수 있을 정도의 시력만 남아 있었고, 로빈과 프레드의 도움으로 난방 및 배관 설치 작업을 많이 했습니다. 존은 자재를 적시에 공급하는 데 가장 적합한 사람으로 밝혀졌습니다. 로빈은 전기 전문가였습니다. 저는 전반적인 관리를 맡았고, 아직 도시에 살고 있던 빌은 재정을 담당하고 농장에 와서 일손을 돕고 싶어 하는 많은 사람들을 관리했습니다.

현실적인 관점에서 볼 때, 우리는 식사, 약속, 휴일 등 많은 시간을 계획해야 합니다. 하지만 프로젝트의 첫 삼개월 동안은 원하는 시간에 원하는 대로 일할 수 있었습니다. 서로에게만 책임이 있었기 때문이죠. 따라서 우리 사이에 존재하는 자연스러운 에너지의 흐름에 맞춰 일할 수 있었습니다. 작업은 아침 일곱시에 시작되었고, 보통은 식사를 위해 휴식을 취하는 관습에 따라 자연스러운 에너지의 흐름이 이어졌습니다. 하지만 어떤 날은 마치 진흙탕을 헤쳐나가는 것처럼 느껴지기도 했습니다. 그런 날에는 한 시간 정도 후에 멈추고 함께 커피를 마시곤 했습니다. 하루의 부진에 대해 이야기하고 산책을 한 다음 다시 시작하곤 했습니다. 다시 일터로 돌아갔을 때 우리는 충전된 에너지의 흐름을 느꼈고, 진흙탕과 힘든 일은 더 이상 문제가 되지 않았습니다. 이런 날에는 오후 세시쯤 점심을 먹고 여덟시에 저녁을 먹으며 강을 밀어붙이는 것보다 훨씬 더 많은 것을 성취했다고 우리끼리 동의했습니다. 사실 강제로 밀어붙여야 하는 날도 있었습니다.

가끔 부엌에 있는 크고 낡은 식탁을 탁구 테이블로 개조하기도 했습니다. 탁구공을 앞뒤로 치는 것은 우리에게 많은 즐거움을 주었고 우리의 정신을 가볍게 해주었습니다.

고된 육체 노동을 통해 얻은 지식은 훗날 저의 어튜먼트 수련에 큰 자산이 되었습니다. 저는 모든 악기에 조예 깊은 위대한 조율사가 되려고 하기보다는 **에너지에 귀를 기울이고 흐름을 따라가는 것**의 가치를 이해하게 되었죠.

1973년 유월, 폴린은 우리를 위해 요리를 하러 농장에 오기 시작했습니다. 정말 큰 축복이었죠! 덕분에 우리는 건물에 더 집중할 수 있었을 뿐만 아니라 폴린은 기대보다 훨씬 더 훌륭한 요리사였습니다. 그녀가 농장에 머물기에는 여전히 현장이 너무 위험했습니다. 하지만 다시한 번 조 박사가 찾아와서 길에서 십분 거리에 있는 자신의 집에 여분의 방을 그녀에게 마련해 주었습니다. 그리고 그녀는 작은 정원을 만들어 허브와 꽃부터 맛있는 채소에 이르기까지 훌륭한 결과물을 만들어냈습니다. 주말에 추가로 도움을 받은 덕분에 그해 시월까지 살기 좋은 집을 완성할 수 있었습니다. 물론 조금 거칠긴 했지만 난방과 배관, 그리고 꽤 괜찮은 주방을 갖추는 호사를 누렸습니다. 우리는 존경과 감사의마음을 담아 오래된 장작 난로를 폐기했습니다. 좋은 친구였던 셈이죠.

사개월 후인 1973년 시월 이십삼일, 폴린과 저는 결혼했습니다. 친구와 가족들이 참석한 가운데 킹뷰 본관 일층에 마련한 큰 방에서 소박하고 간소하게 치러진 결혼식이었습니다. 우리는 단순한 플라토닉한 우정을 넘어선 관계를 맺었고 이제 매듭을 지을 때가 되었다고 생각했습니다. 많은 팡파르나 소란 없이 순식간에 우리는 폴과 폴린 프라이스가되었습니다! 하지만 결혼 생활에 필요한 에너지를 쏟을 시간은 어디서찾을 수 있었을까요? 상상할 수 있듯이 공동체 꿈을 이루는 초창기에는모든 것을 열정으로 소모하는 시간이었습니다. 신기하게도 인생은 우리에게 신혼여행을 선물했습니다. 영국에 사는 좋은 친구들과 가족 덕분에 폴린과 저는 영국에서 놀라울 정도로 편안한 두주간을 보냈습니다. 휴식을 취하고, 긴장을 풀고, 결혼 생활을 가꾸는 데 꼭 필요한 시간과거리였어요.

영국에 있는 제 막역한 친구 폴 G.가 기꺼이 저희를 호스트해 주었습니다. 영국으로 돌아가기 전에 토론토에 살았던 그는 맥과 제인의 좋은 친구였습니다. 폴은 진정한 익살꾼이었고 친구들이 웃는 모습을 보는 것을 좋아했습니다. 폴은 폴린과 저를 데리고 젊은 더들리 무어가 주연한 "섹스는 안 돼요, 우리는 영국인입니다"를 보러 갔는데, 저희는 소리를 지를수 밖에요. 런던에서 폴린과 며칠을 보낸 후, 우리는 북쪽에서 일주일을 보내며 런던의 번잡함 대신 목가적인 언덕, 풀을 뜯는 양, 안개가 자욱한 황무지 한가운데 자리한 오래된 돌로 만든 펍을 찾았습니다. 언제나처럼 은혜로운 가족들이 저희를 호스트해 주셨고 할머니 클레어는 저희를 계속 웃게 해주셨어요.

신혼여행을 마치고 캐나다로 돌아왔을 때 저희는 토론토의 로슬린 어튠먼트 센터에 있는 작은 아파트에 살게 되었습니다. 그곳에서 우리는 서로의 특이점, 성향, 단점을 발견하며 대부분의 신혼부부들이 그러하듯 견고한 결혼 생활을 만들기 위해 더듬거리며 지냈습니다. 꽃과 햇살만 있는 것은 아니었지만 우리는 서로 사랑하고 배려하는 영혼이었고 관계에 모든 것을 바쳤습니다. 우리의 작은 공간은, 정말 작은 공간이지만, 점점 더 많은 친구들을 위한 중심이였습니다. 물론 '디너 파티'는 벽에 붙어 있는 철제 테이블 주위에 세 명이 둘러앉는 것으로 구성될 때도 있었습니다. 하지만 그런 행사의 분위기는 마치 샹들리에와 웨이터가 있는 고급스러운 식당에 있는 것과 같았습니다. 따뜻함, 웃음, 친교가 우리 집에 스며들었습니다.

다시 한 번, 저는 매일 도시의 많은 사람들과 어튠먼트를 나눌수있는 기회를 가졌고, 제 인식능력을 연마하고 자신의 영적 추구에 따른 고통에 처한 사람들을 위해 "문을 열었습니다". 오늘날까지도 저는 그런 사람들 중 두 사람을 여전히 만나고 있습니다. 그들은 이제 제 삶의 일부가 되었습니다.

74년 봄, 우리, 프라이스 부부는 다음 단계의 꿈을 이루기 위해 다시 농장으로 돌아왔습니다. 같은 해 가을에는 농업 전문가 친구인 론과 조이스 부부가 어린 두 자녀와 함께 이사를 왔습니다. 그들은 이전에 농사

일을 돌봐주겠다는 제안을 따르기 위해 이 집을 선택했습니다. 그때까지 저희는 침실 여섯개, 욕실 세개, 거실 하나를 더 추가하여 이 젊은 가족을 수용할 수 있는 공간을 마련했습니다. 방이 늘어난 덕분에 폴린과 저는 훨씬 더 넓은 침실에서 호사를 누릴 수 있었습니다.

그리고 마빈과 메리도 있었습니다. 이 두 사람은 도시에서 에미서리가 소유한 건강식품 가게를 운영했습니다. 그들도 거의 같은 시기에 두 자녀와 함께 농장으로 이사를 오게 되었습니다. 그렇게 킹뷰와 홈의 정수에 두 젊은 가족이 새롭게 합류했고, 그 결과 가족은 더욱 빛을 발했습니다. 그들은 새로 지은 집을 진정으로 홈으로 만들었습니다.

고된 노동에서 고개를 들어 햇볕을 쬐며 스트레칭을 할 때면 제 내면과 각자의 역할을 수행하는 모든 사람들을 포함한 실제 프로젝트를 통해 웅장한 태피스트리가 짜여지는 것을 느낄 수 있었습니다. 시대가 확실히 변하고 있었고 킹뷰는 때를 잘 맞췄죠.

우리는 열심히 일했습니다. 그건 의심의 여지가 없습니다. 또한 우리는 열심히 일하면서 삶에 균형을 맞출 수 있는 방법을 찾았습니다. 속담처럼 일만 하고 놀지 않으면 잭은 바보가 되겠죠! 그래서 저희는 가끔 시내에 있는 요크빌, 예전에는 더 빌리지라고도 불렸던 곳으로 가곤 했어요. 좁은 거리, 펑키한 오래된 건물, 카페와 나이트클럽이 있는 요크빌은 열심히 일하는 네 명의 젊은이들에게 완벽한 휴식과 여유를 제공했습니다. 히피 운동은 여전히 신선했고 요크빌은 음악, 웃음, 향이 가득한 꿀 같은 곳으로 젊은이들이 파리떼처럼 몰려들었습니다.

그해 지역 건축 검사관으로부터 농장과 함께 물려받은 손으로 판 우물이 더 이상 킹 주(King County)에서 합법적이지 않다는 사실을 알게 되었고, 따라서 우물을 새로 뚫어야 한다는 사실을 알게 되었어요. 이제 아버지에게서 익힌 수맥 찾기 훈련을 실천에 옮길 수 있게 되었어요! 이

십년이 지난 후에도 마치 자전거를 타는 것과 같았어요... 타고난 기술을 발휘하기만 기다리는 것 같았죠. 수맥 찾는 막대는 우리를 집 앞의 한 장소로 인도했고, 우리는 확신을 가지고 전문회사에 위탁해서 그 지점을 시추했습니다. 그 우물은 일분에 삼십오 갤런의 물을 생산했고, 삼십사년 동안 단 한 번도 물이 떨어지지 않았으며 때로는 일주일 동안 칠십오명 이상이 어튜먼트 워크샵을 할 수 있는 물을 공급했습니다. 이러한 오래된 기술은 오늘날에도 여전히 그 가치를 인정받고 있습니다.

일요일에는 브리티시컬럼비아와 콜로라도에서 녹취된 마틴 세실의 설교를 공유했습니다. 일요일에 킹뷰에 오는 사람들의 수가 빠르게 증가하고 있었습니다. 그래서 그 해의 또 다른 큰 프로젝트는 헛간 L동에 대형 회의실을 짓는 것이었습니다. 축사의 더 큰 부분에는 여전히 다락방에 건초를 가득 쌓아놓고 동물들을 수용했습니다. 결국 오십명이 편안하게 앉을 수 있는 정말 아름다운 공간을 만들었습니다. 이 공간은 주일 예배에 적합했고 삶의예술 세미나 수업에 이상적이었습니다.

75년에 우리는 본관에 또 다른 건물을 추가할 계획을 세우고 있었는데, 여전히 유효한 오래된 조례가 부지에 두 번째 건물을 지을 수 있도록 허용한다는 사실을 알게 되었습니다. 완벽하죠! 하지만 잠깐만요, 그 부칙이 곧 폐지될 예정이었어요. 이 정보는 처음에 농장을 팔았던 부동산 중개인이 은밀하게 알려준 것이었습니다. 그래서 저희는 서둘러 신청서를 제출했고 실제로 킹 주에서 마지막으로 허가를 받을 수 있었습니다. 그렇게 해서 게이트하우스 개발이 시작되었는데, 그 목적은 점점 더 많은 게스트가 방문하고 수업에 참석하는 것과는 별개로 킹뷰의 직원과 주민들에게 더 많은 개인 공간을 제공하는 것이었습니다. 제가 여전히 전체 건축 관리자로 일하고 있었지만, 어튜먼트 분야에서도 제 존재에 대한 요구가 커지고 있었습니다. 저희의 숙박형 오일간 아트 오브 리빙 수업(Art of Living Class)은 어튠먼트를 나누고 어튠먼트에 대해 배우기 위해 현장에서 제 어튠먼트 테크닉이 필요했습니다. 새로운 구조물의 기초를 세우는 일을 돕던 중 장루 합병증(ostomy complications)이 발생했고, 저는 다른 수술을 위해 프로젝트에서 빠지게 되었습니다. 유능한 사람들에게 프로젝트를 맡길 수 있어서 감사하게도 저는 다시 병원으로 가서 매우 간단한 수술을 받았습니다.

두시간 동안 진행된 수술은 다섯시간 동안 견뎌야 했던 이전 수술에 비하면 정말 쉬워 보였어요! 그 후 기분이 꽤 좋았지만 그 작은 승리는 오래가지 못했습니다. 고열과 심한 복통으로 인해 내부 감염이 발생했고, 일요일 밤이라 치료를 받지 못한 채 침대에 누워 있어야 했습니다. 그 당시에는 그렇게 했죠. 다행히도 간호천사가 열을 낮추기 위해 시원한 물로 목욕을 시켜주었고, 단언하건대, 일시적 섬망상태에서 간호천사가 제게 노래하는 소리가 들렸습니다. 새벽 다섯시쯤 의사가 들어와 진통제를 줬어요. 정말 다행이었어요!

의사는 며칠 안에 괜찮아질 거라고 말했지만, 실제로는 그렇지 않았습니다! 통증은 극심했고 모르핀으로 부분적으로만 조절할 수 있었습니다. 며칠 동안 저는 먹지도 마시지도 못하고 위험할 정도로 쇠약해졌습니다. 정맥으로 철분제를 투여하고 몇 주 동안 항생제를 투여했습니다. 이러한 치료와 함께 저는 여전히 정맥으로만 음식을 섭취하고 있었고, 여러분이 상상할 수 있듯이 매우 걱정스러웠습니다. 수술은 논리적으로 다음 단계이었겠지만, 의사들은 제가 수술하기에는 너무 약하다고 판단했습니다. 그래서 저는 병원에서 모르핀과 다양한 종류의 항생제에 매달려 두 달을 더 보내야 했습니다.

이 모든 것은 제가 수술을 감당할 수 있을 만큼 몸을 만들려는 노력의 일환이었어요. 모르핀 때문에 생각이 흐릿하고 느려졌으며, 이를 보고 스스로 적극적으로 대처해야 한다는 것을 깨달은 저는 모르핀 정맥주사를 빼고 진통제를 투여하도록 요청했습니다. 효과가 있는 것 같았습니다. 충분히 잘했습니다. 그런 다음 저는 정맥주사 기둥을 끌고 한 번에 한 걸음씩 크게 전진하면서 운동에 매진했습니다. 처음에는 저의 방 문까지, 그 다음에는 복도 건너편 문까지 걸었습니다. 수액을 조금만 마시고 움직일 수 있을 정도로만 걸었을 뿐 그 이상은 할 수 없었습니다. 제 모든 노력으로 제 상황을 억제할 수는 있었지만 더 이상의 호전은 없었습니다. 수술 가능성은 여전히 남아 있었지만 의사들은 이 단계에서는 너무 많은 위험이 있다고 생각했습니다.

병원 침대에 누워 용감하게 일어나려고 시도하는 동안 저는 토론토에서 열리는 대규모 에미서리 심포지엄에 참석할 수 없을 거라는 것을 알았습니다. 정말 기대했던 행사였거든요. 마틴 세실과 저의 오랜 스승 로저가 함께 참석할 예정이었는데, 두 사람 모두 제가 정말 만나고 싶었던 분들이었죠. 의사들은 수술에 대한 최종 결정, 칼을 댈지 말지를 저에게 맡겼고, 최근 상황에 실망한 저는 이 병원에서 시름시름 앓으며 계속 버틸 수 없다는 것을 알았습니다. 수술은 피할 수 없을 것 같았습니다.

로저가 제 병실에 나타나 어튠먼트를 제안했을 때 얼마나 놀랍고 기뻤는지 상상해 보세요. 그의 모습만으로도 저를 고양시켰는데, 어튠먼트라니요, 이는 영혼을 위한 진정한 향유이지요. 그는 제가 그동안 어떤 일을 치뤄야 했는지 분명히 알고 있었으며 멀리서 저를 지켜주고 있었습니다. 그는 떠나는 순간에도 계속 "나와 함께" 있을 것이라고 저를 안심시켰습니다. 와아, 로저의 방문! 정말 놀라웠어요.

그리고 같은 주말 일요일에 마틴이 제 방으로 찾아왔어요. 우리는 몇 마디 이야기를 나눴고, 마틴은 어튠먼트를 시작하자는 뜻으로 "그럼 이

제 출발하는 게 좋을 것 같아요."라고 말했습니다. 그는 소매를 걷어붙이고 손을 흔들며 "내가 이걸 어떻게 하는지 기억했으면 좋겠어!"라고 농담을 던졌어요. 그 삼십분은 거의 초현실적이었습니다. 제게는 병원 전체가 조용해지는 동안 풍요롭고 아름다운 실체가 복도에 스며드는 것 같이 느꼈습니다. 그가 떠나기 전에 그는 제 눈을 똑바로 쳐다보며 명령이라도 하듯 "여기서 나가야 해요."라고 말했습니다. 그의 말에는 무게감과 권위가 있었습니다. 그 후 몇 시간 동안 말 그대로 움직일 수 없었습니다.

다음 날 저는 천천히 발을 끌면서 복도로 나가서 최대한 빨리 의사를 만나게 해 달라고 요청했습니다. 저는 다음 수술... 네번째 수술을 앞두고 있었습니다! 그날 밤, 저는 소변이 급하게 마려워 잠에서 깼어요. 저는 침대 옆의 작은 병을 들고 소변을 폭발적으로 쏟아냈습니다. 불쾌한 냄새와 함께 엄청난 양의 고름이 쏟아져 나와 감염을 알리는 신호였습니다. 이런 일이 몇 번 더 일어났습니다. 장에 있던 염증이 방광으로 퍼진 걸까요? "의학적으로 불가능합니다!"라고 그들은 말했습니다. 병원에 입원해 모든 가능성을 열어두고 검사를 받는 동안 방광이나 소변에서 염증은 전혀 나타나지 않았습니다. 이런 일이 있은 지 일주일 만에 퇴원한 저는 로저와 마틴이 없었다면 이런 일이 일어날 수 있었을까요? 이후 소변과 방광에 대한 정기 검진에서도 아무런 이상 징후가 발견되지 않았습니다. 저는 그 병원에서 퇴원하기 전에 부드러운 음식으로 바꿨습니다. 수술은 없었습니다.

병원에 입원해 있던 그 마지막 주, 저는 밤에 잠을 이루지 못하고 지금까지의 제 인생 여정을 되돌아보았습니다. 제 인생에서 만난 놀라운 사람들과 제 삶 자체에 대해 깊은 감사가 넘쳐났습니다. 저는 제 신체적 어려움이 저를 이 영적인 길로 이끌고 온전히 헌신하게 했다는 사실에

경이로움을 느꼈습니다. 또한 이러한 장애를 통해 수많은 아름다운 사람들을 만날 수 있었습니다. 궁극적으로 저는 제가 이 행성에 존재하는 목적이 있다는 결론을 내렸고, 그것은 바로 *세상에 기반을 둔 영성을 제공하는 것*이었습니다. 지금도 마찬가지입니다.

접지! 저는 영성 분야에서 유명한 연사들이 많이 발표하는 컨퍼런스에 참석한 적이 있습니다. 그 중 한 분은 원주민 원로였습니다. 영성과 깨달음에 대해 많은 이야기를 나누고 에테르같은 높은 경지에 도달한 후, 그는 "모든 것이 훌륭하고 좋은데, 그것이 옥수수를 키울까요?"라고 선언했습니다. 그 발언은 그 회의의 나머지 시간 동안 훨씬 더 접지된, 실제적 대화의 문을 열었습니다.

병원에 있는 몇 주 동안 집으로 돌아가기 전에 저는 제 삶, 특히 최근 몇 년 동안의 삶에 대해 많은 성찰을 했습니다. 제가 수강했던 강좌와 저를 영성 발견의 문으로 인도했고 그뿐 만 아니라 제가 그 문을 통과할 준비가 될 때까지 그 문을 열어준 사람들에 대해 생각했습니다. 그 사람들 중 저에게 어떤 영향을 미쳤는지 아는 사람은 거의 없을 것이고, 심지어 나로서도 그들의 이름조차 기억하는 사람이 거의 없을 것입니다. 그게 인생이죠. 또한 모든 위대한 선지자, 철학자, 영적 지도자들은 그들의 지혜와 창조적 원천에서 흘러나오는 사랑을 나눌 수 있는 육체가 있었기 때문에 인정받을 수 있었다는 생각이 들었습니다. 선지자 예수도 육체가 없었다면 결코 자신의 메시지를 전달할 수 없었을 것입니다.

가장 최근의 경험을 통해 저는 이러한 영과 형태의 결합이 파트너십이라는 것을 분명히 깨달았습니다. 우리는 함께 해야 할 일이 있었습니다. 이 깨달음은 저에게 매우 중요한 깨달음이었으며 앞으로의 진동적인 작업에서 매우 가치 있는 것으로 입증될 것입니다. 우리의 멘토와 선생님은 우리를 문까지만 데려다 줄 수 있습니다. 일단 그 문을 통과하면 그것은 우리만의 독특한 여정입니다.

부모님과 여동생은 제가 회복하는 데 있어 매일 방문하고 끊임없이 보살펴주었는데, 그것이 가장 큰 힘이 되었습니다.

킹뷰로 돌아와서 게이트하우스 프로젝트를 맡겼던 팀이 건물 외부 구조물을 완전히 완성하고 잘 마무리한 것을 보았습니다. 정말 아름다운 광경이었어요! 집에 돌아온 후에도 두 달 동안은 완전한 휴식이 필요했어요. 그 당시에는 내부 공사가 끝나서 바로 살 수 있는 상태였어요. 폴린과 저는 게이트하우스 단지의 일부인 다락방과 벽난로가 있는 아름다운 작은 샬레에 집을 마련했습니다. 메인 농가와 게이트하우스 두 건물을 완공하는 데는 사년이 더 걸렸습니다.

빌과 로이즈는 디자인에 대한 안목이 있었고 모든 것을 아름답게 결합했습니다. 사실 빌은 재능 있는 예술가였습니다. 예술에 대한 그의 열정은 대학 시절에 빛을 발했고, 그는 다시 예술계에 뛰어들었습니다. 킹뷰를 떠난 지 몇 년 후, 세계 최고의 석학들로부터 가르침을 받았습니다. 그의 초상화와 인간 형태에 대한 연구는 매우 뛰어나 세계적으로 권위 있는 전시공간 벽에 걸려 있습니다.

이 프로젝트에 기술과 애정을 더한 두 사람은 훌륭한 목수이자 캐비닛 제작자인 브루스와 버트였습니다. 우리는 최선을 다했고, 정말 훌륭한 작업을 해냈다고 말할 수 있습니다. 하지만 이 두 사람은 또 다른 차원의 전문성을 발휘하여 디테일을 다듬고 수준을 높였습니다. 그들은 또한 자신의 영성에 대해 더 많이 배우려는 건강한 욕구를 지니고 왔습니다.

킹뷰의 물리적 구조물이 늘어남에 따라 우리가 짓고 있던 시설도 상업적인 측면을 더 많이 고려하기 시작했습니다. 따라서 난방, 배관 및 전기 설비와 같은 측면에 훨씬 더 큰 규모로 접근해야 했습니다. 제가 여러 번 말씀드렸듯이 적절한 시기에 적절한 인재가 투입되었습니다. 짐이 현장에 나타났습니다. 그는 자동차 정비사이자 배관공이었습니다. 릭은 온수 난방 시스템 전문가였고 마티는 전기 기술자였습니다. 이 사람들은 모두 영적 소명에 응답하여서 왔고, 숙식을 제공하는 대가로 자신의 가장 뛰어난 기술을 제공했습니다. 그렇게 해서 우리는 모든 수준의 탁월함이 모여들어서 킹뷰의 실체를 더하고 고양시켰습니다.

오해하지 마세요. 저는 돈을 싫어하는 게 아닙니다. 돈은 일하는데 꼭 필요하고 재미있는 요소입니다. 하지만 사랑과 열정으로 무언가를 하는 것에는 많은 것이 있습니다. 관대한 정신은 분명하게 드러나며 킹뷰에서는 확실히 그러했습니다. 킹뷰를 방문하면 어느 정도 부유하다고 생각할 수도 있고, 그 말이 맞을 수도 있습니다. 하지만 사실, 이곳에서 느껴지는 것은 사랑과 우정의 풍요로움이었으며, 어쩌면 일부 사람들은 이를 물질적 풍요로 해석할 수도 있습니다.

이러한 후기 개발 단계가 진행되는 동안에도 오일간의 숙박형 아트 오브 리빙 수업을 진행할 수 있었습니다. 그리고 여전히 프로젝트의 개요를 파악하고 가끔 물리적인 도움을 주기는 했지만, 주로 어튠먼트를 나누고 강의를 제공하는 데 초점을 맞췄습니다.

킹뷰의 건립은 당시 전 세계에서 일어나고 있던 압도적인 에미서리에 대한 응답들을 수용하기 위한 노력의 일환으로 전 세계에 건설되고 있던 이러한 시설들과 함께 이루어졌습니다. 영국, 프랑스, 남아프리카 공화국, 호주 등 여러 곳에서 커뮤니티가 생겨났습니다. 전 세계 열두개의 커뮤니티와 여러 도시에 여러 개의 소규모 센터가 있었습니다. 덕분에 전 세계 여러 지역에서 사람들이 모여들었고, 여행을 떠나는 사람들에게는 안식처를 제공했습니다. 의사, 변호사 같은 전문직부터 요리사, 상인, 어린이까지 다양한 사람들이 킹뷰에 모여들었습니다. 예술가와 뮤지션이 등장해 풍성함과 감성적 질감을 더했습니다. 화려하고 환영하는 분위기가 빛처럼 반짝거리는 것 같았습니다.

크리에이티브 핸즈 사업은 번창하고 있었고, 아트 오브 리빙 수업과 마찬가지로 재정에도 큰 도움이 되었습니다. 계속 성장하고 새로운 것을 시도하고 싶었던 저희는 또 다른 새로운 프로젝트, 즉 거대한 규모의 수경 재배 온실에 착수하게 되었습니다. 이 프로젝트는 그 자체로 천재적인 헬무트의 지도 아래 이루어졌습니다. 그의 지도 아래 여섯명의 남성과 여성이 모여 본관 뒤편 계곡에 깔끔하게 자리 잡은 삼백 피트 길이의 온실을 만들었습니다. 이 아름답고 효율적인 구조로 연간 만 오천 포기 이상의 보스턴 빕 상추(Boston Bib Lettuce)를 생산할 수 있었습니다. 우리는 이 프로젝트를 상업화하여 토론토와 더 멀리 떨어진 지역의 여러 레스토랑에 공급했습니다. 온실은 매주 다양한 직원들이 수확에 참여하여 커다란 흰색 트럭에 신선한 채소를 싣고 고객에게 배달하는 킹뷰의 표준 업무 일과에 통합되었습니다. 한겨울에도 즐겁게 일할 수 있는 곳이었죠. 햇살이 쏟아져 들어오고 물이 졸졸 흐르고 사방에 초록이 우거진 이곳은 눈 덮인 계곡의 오아시스 같은 곳이었어요.

네에, 우리는 대중과 소통하고 있었기 때문에 좋은 공동체 관계를 유지하는 것이 중요했습니다. 그 당시에는 사람들이 뒷전에서 벌어지는 컬트나 공동체를 좋지 않게 생각하는 것이 너무 쉬웠습니다. 실제로 일어나지 않은 의식과 의례를 상상하기 쉬웠죠. 우리 아이들은 지역 학교에 다녔고 우리는 오픈 하우스를 개최하여 모두가 와서 실제로 무슨 일이 일어나고 있는지 볼 수 있도록 했습니다. 이는 우려를 불식시키고 실제로 이웃과 소중한 협력을 만들어가는 좋은 조치였습니다.

상황이 계속 발전하면서 저는 오타와와 몬트리올에서 어튠먼트 워크숍을 진행하기 위해 더 많은 여행을 하게 되었습니다. 몬트리올로 여행하던 중 한 여성으로부터 병원에 입원 중인 딸을 보러 가자는 요청을 받았습니다. 이 귀한 십팔세 소녀는 골암으로 인해 황폐화되고 있었습니다. 마리는 이미 한쪽 다리의 절반과 다른 쪽 다리의 발을 잃은 상태였습니다. 저는 마리와 한 시간 동안 대화를 나누며 그녀가 죽음을 두려워하지 않는다는 것을 알게 되었습니다. 그녀는 자신의 죽음이 어머니에게 어떤 영향을 미칠지 걱정하며 어머니를 위해 매달리고 있었습니다. 그녀가 겪고 있는 모든 고통과 왜곡된 몸은 어머니를 위한 것이었죠. 저는 어머니에게 이 사실을 설명했고, 어머니는 이타적인 사랑의 행동으로 딸을 놓아줄 수 있었으며, 마리는 어머니가 괜찮을 것이라고 확신할 수 있었습니다. *난 괜찮을 거야, 아가, 이제 가렴. 날으렴!* 마리는 자유롭게 갈 수 있게 되었습니다. 일주일 후, 마리는 몸에서 풀려났습니다. 매우 슬픈 일이었지만 축하할 만한 해방이기도 했습니다. 자유는 다양한 형태로 찾아옵니다. 다시 만났을 때 마리의 어머니가 저를 따뜻하게 안아준 것이 모든 것을 말해줍니다. 마리는 자유를 얻었고 그녀의 어머니도 자유를 얻었습니다.

같은 여행에서 우리는 또 다른 강연을 하기 위해 오타와 근처로 향했습니다. 그곳에서 저를 기다리고 있는 것이 바로 전에는 경험해 보지 못한 어튠먼트 체험이라는 것을 거의 알지 못했습니다. 강의가 끝나고 집으로 돌아갈 준비를 하고 있는데 한 여성이 저를 옆으로 끌어당기며 그녀에게 어튠먼트를 해주라고 강하게 요구했습니다. 그녀를 거절할 여지가 없었습니다. 어떻게 거절할 수 있겠어요? 저는 표준 방식으로 시작하여 제일경추와 제이경추의 균형을 맞추고 내분비계로 이동했습니다. 저는 그녀가 졸린 이완 상태에 빠지는 대신 점점 더 불안해하는 것을 느꼈습니다. 그 다음에 제가 알았던 것은 그녀의 몸이 뱀처럼 물결치면서 치료용 침대위에서 큰 파도를 일으키며 등이 굽어지고 흉곽이 침대에서 솟아오르는 것이었습니다. "무슨 일이에요?" 제가 물었습니다. "마치 뱀이 내 창자를 감싸고 있는데 당신이 그것을 잡아당기고 있는 것 같아요." 그녀의 대답이었습니다. "제발 멈추지 마세요". 그래서 저는 한 시간 동안 그녀의 복부 부위에 어튠먼트를 지속하였습니다. 천천히 물결의 강도가 약해지더니 멈췄고, 그 후 그녀는 깊은 잠에 빠졌습니다. 약 두시간 후에 그녀가 저와 다른 사람들이 있는 곳으로 내려왔을 때, 저는 그녀에게 어땠었는지 물었습니다. "아름다운 경험이었어요." 그녀는 뱀이나 몸의 물결침에 대한 기억이나 인식이 전혀 없었다고 말했습니다. 저는 그녀가 어떤 형태의 빙의에 걸렸다는 결론을 내렸고, 그녀를 사로잡은 것이 무엇이든 우리의 에너지에 놀란 것 같았습니다. 하지만 우리가 그 불청객(빙의)의 실체를 움직였다는 느낌은 들지 않았습니다. 나중에 이런 상황을 구체적으로 다룬 스콧 펙(Scott Peck)의 저서 '거짓말쟁이 사람들(People of the Lie)'을 읽었습니다. 제 직관과 개연성에 감사했습니다. 이 여성과 함께 조율하면서 제가 옳은 일을 한 것 같았어요. 저는 닫힌 에너지의 장에서 물러나 조용히 계속해도 되는지 물어보았습니다. 펙은 책에서 예수님께 안내와 도움을 구하는 것을 제시했습니다. 하지만 저는 저의 위대한 멘토인 로저와의 관계를 활용했습니다. 어둠을 걷어내는 위대한 하얀 빛을 상상하니 두려움은 사라졌습니다. 이 경험을 하기 전에는 빙의와 같은 개념을 비웃었을 것입니다. 하지만 이 경험을 통해 이전에는 보거나 듣지 못했던 많은 것들이 가능하다는 것을 깨달았습니다. 실제는 우리가 인식할 수 있는 것보다 훨씬 더 큽니다. 그것이 빙의에 대한 저의 유일한 경험이었습니다.

바이오 다이나믹스(BioDynamics)

삶은 계속 이어졌습니다. 특히 우리 농장과 교육을 위해 많은 것을 바친 론과 조이스 부부가 떠날 때가 왔습니다. 두 사람이 떠난 지 얼마 되지 않았을 때, 경험을 넓히고자 하는 열망에 불타는 성실한 청년 로드가 등장했습니다. 인생이 그러하듯, 로드는 농부 집안 출신으로 우리에게 필요한 기술과 정신을 가지고 있었습니다. 그는 농사를 챙기고 그 후로도 수년 동안 계속해서 땅을 관리했습니다.

70년대 후반, 킹뷰에 도날드라는 키가 크고 마른 체격의 한 남성이 찾아왔습니다. 영국에서 변호사로 일하던 도널드는 정원 가꾸기가 자신에게 훨씬 더 잘 어울린다는 것을 알게 되었습니다. 그는 대지에 대한 애정과 미소, 유머 감각으로 확장되는 정원을 개발하는 데 도움을 주었습니다.

도널드는 바이오 다이내믹 원예를 공부했고 태양과 달의 주기에 대해서도 잘 알고 있었습니다. 그는 토마토, 호박, 콩 등 지상 작물을 수확할 수 있는 씨앗은 보름달 직전에 심으면 훨씬 빨리 발아한다고 가르쳐 주었습니다. 그리고 감자, 당근, 비트와 같이 땅속에서 수확할 수 있는 작물은 보름달이 뜨고 이삼일 후에 심으면 더 풍성하게 수확할 수 있었습니다. 이러한 자연의 리듬에 따라 농작물을 심은 결과, 저희는 편의에 따라 바로 심었을 때와 뚜렷한 차이를 보았습니다.

도널드는 매우 흥미로운 부부가 농장을 방문하도록 주선했습니다. 존과 헬렌은 뉴잉글랜드의 오래된 저택에서 사십년 넘게 정원을 가꾸며 루돌프 슈타이너 농법에 대한 경험을 바탕으로 도널드에게 농법을 가르쳐 주었습니다. 저희는 노년의 활기차고 건강한 존과 헬렌과 함께 정원을 거닐면서 많은 것을 배웠습니다. 그들은 우리에게 허브의 세계를 소개하고 어떤 허브가 먹을 수 있는지, 어떤 허브가 바르는데 좋은지 알려 주었습니다. 그들은 각 허브의 건강상의 이점에 대해 지혜와 깊은 지식을 가지고 우리에게 말해 주었고 어떤 식물을 같이 심으면 좋은지, 어떤 식물은 독성이 있고 어떤 식물은 안전한지 보여 주었습니다.

우리 땅에는 지독한 병충해에 걸린 오래된 사과나무가 있었습니다. 그 나무를 고치려고 시도한 어떤 것도 도움이 되지 않는 것 같았습니다. 하지만 존은 나무 옆에 쭈그리고 앉아 흙과 오래된 나뭇잎을 퍼서 냄새를 맡았습니다. 그러고는 나무에서 몇 발자국 뒤로 물러나 주위를 둘러보며 미소를 지었습니다. "저기 썩어가는 울타리 기둥 보이지요?" 그 기둥은 병든 사과나무에서 약 삼십피트 떨어진 곳에 서 있었습니다. "저 기둥만 없애면 나무는 괜찮아질 거예요." 그리고 그는 옳았습니다. 썩은 기둥에서 나온 포자가 나무를 공격하고 있었죠. 놀랍습니다! 사과나무를 구하는 방법 외에 이 일로 무엇을 배웠을까요? 문제/상황에서 한 발짝 물러나 더 큰 그림을 보는 것의 가치를 배웠습니다. 관점입니다!

1979년, 저희는 테라피 터치 프로그램의 창시자인 전직 간호사였던 돌로레스 크리거라는 여성을 만났습니다. 그녀는 에너지 전문가들이 의료계와 함께 일할 수 있도록 문을 열어준 진정한 선구자였습니다. 그녀는 영적 에너지 기법이 어떻게 의학적 치료를 보완하고 사람들의 치유 과정에 더 많은 도움을 줄 수 있는지 보여줄 수 있었습니다. 돌로레스는 캐나다에서 일하는 간호사들을 킹뷰로 데려와 치유적 터치에 대한 모든 것을 가르쳤습니다. 당시 킹뷰에 매력을 느낀 사람들은 바로 이런 사람들이었습니다. 이들에게는 가정과 가족이라는 소재가 자연스럽게 어울렸죠. 저와 같은 실무자들이 병원과 응급실에 쉽게 접근할 수 있게 해준 돌로레스 크리거에게 큰 감사를 표하고 싶습니다. 어튠먼트 프로토콜은 수술 후 경험하는 충격 요인을 줄이는 데 놀라운 도움을 줄 수 있습니다.

한 번은 뉴욕 로체스터의 한 대학교수가 주말 휴가를 위해 가족과 함께 방문했습니다. 프랭크는 생물학을 가르쳤습니다. 이제 칠십대 후반이 된 그는 저녁에 오백 명의 학생들에게 요가와 명상을 가르치고 있었습니다. 오백 명이 모두 함께 명상을 한다고 상상할 수 있을까요? 줌(Zoom)이 등장하기 훨씬 전의 일입니다. 이 사람들은 실제로 물리적으로 함께 모였습니다. 어떻게 이 자리에 모이게 되었냐고 물었더니 이렇게 대답했습니다.

"저는 논문을 쓰기 위해 콜로라도 산맥에 올라갔습니다. 무엇보다도 특정 종류의 핀치에 관한 논문이었죠. 여름 내내 텐트에서 혼자 살면서 신선한 공기와 햇살을 받으며 작은 나무 테이블에서 작업했죠. 그곳에 앉아 이 작은 동물들을 관찰하며 시간 가는 줄 모르고 메모를 했죠. 자, 이제 정말 멋진 부분이 시작됩니다. 시간이 지나자 제가 관찰하던 작은 새들이 제 테이블에 가까이 다가와 저를 관찰하고 있다는 사실을 깨달았어요! 몇 주 후에는 제 테이블에 바로 내려앉기도 했어요. 우리는 서로 교감하고 있었죠."

그런 이야기에 회의적인 사람이 있을 수도 있습니다. 하지만 프랭크가 뒷마당에서 이야기를 나누는 동안에도 아름다운 작은 핀치 한 마리가 날아와 우리 테이블 위에 앉더니 고개를 살짝 끄덕이고 날아갔습니다. 이런 새는 처음 보는 새였어요. 제가 일어나 테이블에서 자리를 옮기자 같은 종류의 핀치 세 마리가 더 날아와 프랭크의 테이블에 앉았습니다.

"봤죠?" 프랭크가 말했습니다. "산에서 새들과 함께한 그 경험이 제 인생을 바꿨어요. 그때부터 요가를 시작했어요. 언젠가는 야생의 새와 동물들이 우리를 믿고 함께 조화롭게 살 수 있게 되는 것이 제 꿈입니다." 그는 부드럽게 미소를 지었습니다.

그때 저는 그에게 셰틀랜드(Shettleland) 조랑말 이야기를 들려줬어요. 선천적으로 비트러진 목으로 태어난 조랑말의 상태는 너무 심해서 머리가 몸 옆구리에 닿을 듯한 상태이기 때문에 매우 힘들게 움직일 수밖에 없었습니다. 저는 그 어미 말과 그 조랑말을 만나러 마구간을 찾아가기로 마음 먹었습니다. 그곳에서 저는 어튠먼트하는 자세로 손을 내밀고 한쪽에 조용히 앉아있었습니다. 처음에는 겁에 질리고 부끄러웠던지 조랑말은 어미 뒤로 숨어버렸죠. 이 처음 만난 어미 말이 저를 신뢰한다는 것이 놀랍지 않나요? 이 반복적인 일과를 몇 주 동안 계속하자 새끼는 점점 더 가까이 다가오기 시작했고, 어느 날은 제 손 사이로 머리를 밀어 넣었어요! 이것이 내가 그의 뒤틀린 양쪽 목에 에너지를 작동시킬 수 있게 해주었습니다.

짐작하셨겠지만 일주일 정도 지나자 목이 완전히 펴졌습니다. 제 무릎에 올라타려고 할 때 제 일이 끝났다는 것을 알았어요! 그 목이 어떻게 해서든 자연스럽게 펴졌을까요? 아마 그럴수도 있었겠지요. 하지만 저는 우리가 공유한 어튠먼트 에너지가 그에게 큰 변화를 가져온 것 같았고, 그렇게 믿기로 했습니다. 그는 이후 몇 년 동안 행복하고 건강한 조랑말이 되었죠.

존중하면서 마무리(Respectful Completion)

1981년이 되자 폴린과 저는 우리 결혼 생활이 제대로 되지 않는다는 사실을 깨달았습니다. 우리 둘 다 킹뷰 개발에 너무 많은 시간과 에너지를 쏟아 부었기 때문에 정작 결혼 생활을 가꾸는 데 아무것도 저축하지 못했습니다. 물론 어색하고 불편했지만 저희 둘 다 별거하는 것이 최선이라는 데 동의했습니다. 저는 농장에 계속 머물렀고 폴린은 백마일 하우스에서 몇 달 동안 시간과 공간을 확보했습니다. 그녀가 킹뷰로 돌아왔을 때, 우리는 노력 끝에 친구로서 가까운 거리에서 살 수 있었고, 비록 다른 건물에 있긴 했지만 둘 다 농장에서 계속 살 수 있었습니다. 인생(과 농장)이 그러하듯, 우리가 헤어진 지 약 일년 후 마크가 이사를 왔습니다. 프랑스 프로방스 지방 출신인 그는 정원 가꾸기와 요리에 대한 애정과 함께 프랑스 특유의 유머와 따뜻함을 가져왔습니다. 프랑스에서 온 진정한 블루 보이였던 마크는 라벤더 향을 좋아했고, 라벤더의 치유와 휴식의 효능을 좋아했습니다. 종종 정원에서 고된 하루를 보낸 후 마크는 뜨거운 라벤더 목욕을 하곤 했습니다. 장담하건대 카운티의 경계까지 라벤더 냄새가 날 것 같았어요! 거의 압도적이어서 우리는 그를 심하게 놀리기도 했죠. 시간이 지나면서 그와 폴린은 오늘날까지 지속되는 관계를 맺었습니다. 몇 년 후, 그들은 프랑스로 이주하여 가정을 꾸리고 큰 포도밭을 마련했습니다! 두 사람과의 우정은 여전히 굳건하고 진실하며, 수년 동안 바다 건너 양쪽을 오가며 방문하기도 했습니다.

변화
CHANGE

론과 준(Ron and June)

인생에서 유일하게 지속되는 것은 변화입니다. 1983년 빌과 로이스 부부가 B.C.(브리티시 콜롬비아)로 다시 돌아가면서 킹뷰에 또 다른 큰 변화가 일어났습니다. 그 부부는 온타리오 에미서리에 새로운 시대의 개척 정신을 여는 놀라운 업적을 남겼습니다. 그래서 교체가 이루어졌습니다: 빌과 로이스는 B.C.로 돌아갔고 론과 준은 B.C.에서 고향인 온타리오로 돌아왔습니다. 그들은 온타리오와 퀘벡의 지역 코디네이터 역할을 맡게 되었습니다. 그만큼 많은 사람들이 참여했습니다! 론과 준은 다섯 명의 자녀를 두고 있었고, 막내만 함께 이사를 왔지만 가족애를 확실히 느낄 수 있었습니다.

아름다운 튜더 양식의 건물과 넓게 펼쳐진 화단이 마치 웅장한 저택처럼 보이는 킹뷰의 건설이 완료되었습니다. 많은 사람들이 킹뷰를 홈이라고 불렀고, 보통 한 번에 일주일, 길게는 삼 주 동안 진행되는 삶의 예술세미나를 체험하기 위해 많은 사람들이 찾아왔습니다. 이는 방문객들에게 숙식을 제공하는 것을 의미했습니다. 다른 다양한 규율과 양식을 가진 사람들이 이 은혜로운 장소에서 발산되는 에너지를 즐기고 그 실체와 접목하기 위해 찾아왔습니다. 이제 저는 토론토 클리닉으로 돌아가 일주일에 이틀씩 그곳의 어튠먼트 센터에서 어튠먼트를 공유할 수 있는 자유를 얻었습니다.

프레드(Fred)

80년대 후반 어느 날 프레드가 저를 찾아왔어요. 그는 노련한 어튠먼트 전문조율사로서 킹뷰에서 서쪽으로 수백 마일 떨어진 곳에 있는 기숙학교에서 수년간 시간과 에너지를 쏟고 있었습니다. 그곳에서 그는 위험에 처한 아이들뿐만 아니라 주류 사회의 제약을 벗어나 이 세상에서 자신의 자리를 찾고 있는 성인들과 함께 일했습니다.

보통 킹뷰를 찾는 그의 여행은 트윈 밸리의 활기찬 에너지에서 잠시 벗어나 휴식을 취하기 위한 것이었습니다. 프레드는 강인하고 열심히 일하며 헌신적이었습니다.

그가 저를 찾아왔을 때 그는 목에 생긴 암의 일종인 악성 흑색종으로 투병 중이었습니다. 당시 그는 시한부 선고를 받은 상태였습니다. 프레드와의 이 경험은 앞으로 제가 암 고객과 함께 일하게 될 업무에 큰 영향을 미쳤다고 말씀드리고 싶습니다.

프레드와 그의 아내 아이린은 육개월 동안 킹뷰에서 우리와 함께 지냈습니다. 저는 매일 아침저녁으로 그와 함께 어튠먼트를 나누었습니다. 그는 용감한 사람이었고 종양이 퍼지고 자몽 크기까지 커져 움직임이 마비되고 많은 고통을 주는 상황에서도 꿋꿋하게 버텨냈습니다.

암 진단은 특별히 나에게만 해당되지 않더라도 우리 모두에게 어느 정도 영향을 미친다고 생각합니다. 저는 프레드의 몸 전체에 계속 퍼져 나가는 종양들을 정기적으로 어루만져주곤 했습니다. 몇 가지 이유로

이러 했습니다: 1) 종양의 괴기스러운 모습과 그 모습이 주는 잊혀지지 않는 징조도 나를 동요시키는 것이 아니라고 프레드를 안심시키기 위해서, 그리고 2) 널리 퍼져 있는 암 주변의 전반적인 에너지를 없애기 위해서였습니다. 우리 둘 다 우리가 무엇을 하고 있는지 알고 있었습니다. 환상은 없었습니다. 우리는 함께 울고 웃었습니다. 그가 병원에 도착할 때까지 진통제가 필요 없었다는 사실을 알게 된 것은 그가 병원으로 이송되어 사망한 후에서야 알게되었습니다. 하지만 그가 킹뷰에 머무는 동안 가능한 한 평화롭고 편안한 임종을 맞이할 수 있도록 함께 노력했기 때문에 진통제를 사용하지 않았습니다.

어느 날 밤 자정 무렵 프레드가 인터콤 시스템으로 저에게 전화를 걸었습니다. 우리는 서로 다른 건물에 살았고 휴대폰은 아직 먼 미래였습니다. 저는 옷을 입고 그의 방으로 향했습니다. 방에 들어섰을 때 백 개의 촛불이 방을 밝게 비추는 것을 보았습니다. 실제로는 양초는 없었고 백열등 같은 빛만 작열하고 있었습니다. 그날 밤 프레드가 전화했을 때 했던 말은 "내가 내 몸 안에 있는 것보다 몸 밖에 있는 것이 더 많아요!"라는 것이었습니다. 전에는 이런 경험을 한 적이 없었기 때문에 저는 이 빛이 프레드의 몸에서 떠나는 생명의 정수라고 추측했습니다.

저는 가까이 다가가 "프레드, 여기 앉아서 당신 목에 손을 얹고 있을게요"라고 말했어요. 우리는 두 시간 동안 이 믿을 수 없는 시공간의 순간에 침묵 속에 앉아 있었습니다. 천천히 그리고 꾸준히 시간이 흐르면서 프레드 주변의 찬란한 빛이 그의 몸 속으로 다시 녹아들었습니다. 우리는 또 다른 하루를 비추는 해가 떠오를 때 함께 앉아 형용할 수 없는 깊이로 서로를 껴안았습니다. 저는 윙크를 몇 번 하고 집으로 돌아갔지만, 사실 그 후에도 전혀 피곤하지 않았습니다.

제 소중한 친구는 이주 후에 세상을 떠났습니다. 그 힘겨운 과정은 때때로 정신이 아찔할 정도입니다. 자기 스스로 진정한 간병인이었던 프레드와 같은 좋은 친구를 잃게 되는 동안에, 다른 많은 사람들이 완전하고 완벽하게 회복하는 경험을 거의 알지 못했습니다! 하지만 앞서 말했듯이 프레드와의 경험은 말로 표현할 수 없는 축복이었으며, 앞으로 제 도움을 필요로 할 많은 사람들에게 도움이 될 인식과 이해의 질을 제공해 주었습니다.

저는 키를리안 사진(Kirlian photo)을 통해 인체의 에너지장을 실제로 보여주는 사진을 본 적이 있는데, 일반적으로 물리적 형태에서 약 일인치 정도 떨어져 있습니다. 하지만 프레드와의 경험, 한밤중 어둠을 뚫고 나오는 강력한 황금색 빛은 제가 앞으로 말기 암 환자들과 함께할 작업을 위한 준비 과정이었어요.

레이크필드(Lakefield)

론과 준의 합류와 함께 킹뷰에 새로운 인력이 유입되었습니다. 서부에서 이들과 친분이 있는 사람들이 많았기 때문이죠. 그들은 이 부부를 사랑하고 존경했으며 이들과 가까운 곳에 머물기를 원했습니다. 그래서 킹뷰로 이주하게 되었습니다. 이 중 한 명은 아름다운 젊은 여성 캐슬린으로, 많은 경험을 가지고 있었습니다. 공업용 주방에서 일했었고, 그녀는 또한 인상적인 사무 감각을 가지고 있었습니다. 캐슬린은 멋진 성격과 주위에 웃음을 전파시키는 특성을 지녔고, 캐슬린과 제가 가까워진 것은 그리 오래 걸리지 않았습니다. 캐슬린은 저의 편지업무를 도왔고 어튠먼트 업무를 보조하는 데 큰 도움을 주었습니다. 그녀는 서부 해안에 있는 에미서리들 사이에서 자랐기 때문에 이 과정이 낯설지 않았습니다. 결국 그녀는 저와 동행했고, 실제로 한 달에 두 번 레이크필드라는 작은 마을로 저를 데려다 주었습니다.

킹뷰에서 동쪽으로 약 구십마일 떨어진 레이크필드는 론의 여동생 엘리너와 남편 리처드가 살던 곳이었어요. 두 사람에게는 암을 앓고 있는 친구도 있었고, 그들도 친구들이 있었습니다. 어느새 캐시와 저는 한 번 방문에 스무 번 이상의 어튠먼트를 제공하였습니다. 이 레이크필드 여행은 오년 동안 진행되었는데, 그 기간 동안 단 한 명만이 사망했지만 모두 치료 중이거나 약물을 복용 중이거나 수술을 앞두고 있거나 회복 중이거나 하는 등 어떤 식으로든 암과 관련된 그들의 여정에 참여했습니다. 매우 큰 규모의 공동체였습니다. 그리고 이들 대부분은 의학의 세계를 통해 전통적인 치료를 받고 있었지만, 모두 어튠먼트 과정이 이 여정에서 중요한 요소라는 데 동의했습니다. 저도 동의합니다.

제가 정말 놀란 것은 무엇인지 아세요? 여전히 담배를 피우는 사람들이 많다는 사실입니다. 실제로 그들은 어튠먼트 침대에서 자신의 차례가 돌아오기 전에 부엌에 모여 즐겁게 담배를 피웠습니다. 그들은 세션이 끝난 후에도 담배 연기가 가득한 거실에 앉아 수다를 떨었습니다. 하지만 저는 이 긴 대화가 그들의 치유 여정에도 큰 역할을 했다는 것을 분명히 알 수 있었습니다. 그들은 완전히 비판이 없는 공간에서 긴장을 풀고 이야기를 나눌 수 있었습니다. 저는 절대 방해하지 않았습니다.

제 어튠먼트 경력에서 이 단계는 마치 대학원 과정처럼 느껴졌어요. 이전에 일했던 환경은 깨끗하고 언뜻 보기에도 업무에 도움이 될 것 같은 것이었어요. 하지만 어튠먼트를 담배를 피우는 암 환자들로 가득 찬 방에서 공유해야 한다는 생각에는 움찔했던 적도 있었습니다.

이곳에서 저는 창조 과정의 경이로움을 목격하면서 이해의 폭이 넓어졌습니다. 이들에게 흡연 의식은 서로를 위로하기 위해 서로를 더 가깝게 만들었습니다. 제가 추천하고 싶은 것은 아닙니다. 하지만 에너지의 본질과 이를 방해할 수 있는 판단에 대해 눈을 뜨게 된 것은 분명합니다. 저의 에너지에 대한 이해의 기반이 점점 더 강해지고 있었죠. 레이크필드에서의 그 날들은 제 에너지 은행계좌를 정말 꽉 채웠습니다!

저에게 있어 어튠먼트의 초기에는 주로 로이드 미커가 강조한 내분비 시스템에 초점을 맞추었습니다. 이 호르몬 시스템은 신체의 균형을 제공할 뿐만 아니라 축복과 친절의 긍정적인 표현에 의해 분명히 영향을 받습니다. 마찬가지로, 때때로 찾아오는 어두운 생각과 감정에 의해 부정적인 영향을 받기도 합니다. 다시 말해, 우리의 마음 상태와 영적 은행계좌의 레벨은 어튠먼트 작업의 효과에 직접적인 영향을 미칩니다.

당시 어튠먼트 세계에서는 차크라 시스템에 대한 관심이 거의 없었어요. 하지만 전 세계 수백만 명의 사람들이 차크라 시스템을 매우 중요하게 생각한다는 것을 알고 있었습니다. 그래서 저는 우리 몸의 에너지 장에서 회전하는 이 원반 에너지에 대해 자세히 알아보기로 마음먹었습니다. 분명 내분비계와 차크라 사이에는 상호 보완적인 관계가 있을 것입니다. 차크라를 어떻게 사용하면 내분비계만 사용하는 것과는 다르게 감정 분야를 진정시키는지 그 방법을 직접 알게 되는 데는 그리 오래 걸리지 않았습니다. 하지만 이 둘을 함께 사용하면 전반적인 어튠먼트 효과가 훨씬 더 높아졌습니다.

차크라 시스템은 달과 지구의 주기와 훨씬 더 관련이 있습니다. 내분비 계통만 다룰 때보다 손을 몸에서 얼마나 떨어진 거리에 놓아야 하는지가 훨씬 더 다양해졌습니다. 예를 들어 여름철에는 차크라를 작업하는 동안 손이 몸에서 육에서 팔 인치 정도 떨어져 있었어요. 가을에는 이, 삼 인치로 줄어들었습니다. 에너지에 귀를 기울이면서 저는 에너지 장이 어떻게 큰 파도처럼 진동하며 하지에 상승했다가 겨울이 되면 후퇴하는지를 알게 되었습니다. 저는 이 점에 매료되어 어튠먼트 수업에 차크라 시스템에 관한 가르침을 포함하기 시작했습니다.

뼈와 돌(Bone and Stone)

인체 안팎의 에너지의 레이어 케이크 모양의 진동 층을 보면 밀도가 높은 층과 섬세한 층을 쉽게 감지할 수 있습니다. 모두 신체적, 정신적, 정서적 그리고 영적 등 몸 전체의 편안함을 위해 끊임없이 서로 상호작용하고 있습니다. 이는 마치 *"대퇴골에 연결된 무릎 뼈와 엉덩이 뼈에 연결된 대퇴골…."*을 노래하는 그 오래된 노래와 같습니다. 부신은 감정과 연결된 차크라와 차크라의 균형을 맞추는 데 도움이 된다고 느꼈습니다. 부신은 큰 외상이나 수술 상황에서 발생하는 충격 요인에 정말 도움이 된다는 것을 알게 되었습니다. 모든 것이 어떻게 연결되어 있는지에 대한 증거가 제 주변에서 계속 늘어나고 있었어요.

이제 제 어튠먼트 작업의 본질은 탐구와 발견의 과정으로 바뀌었습니다. 저는 척추 문제로 저를 찾아오는 많은 사람들에게서 영감을 받아 골격계를 탐구하기 시작했습니다. 제가 개발한 기술은 척추, 무릎, 어깨에 큰 변화를 가져왔습니다. 또한 고객에게 또 다른 수준의 전반적인 이완을 제공했습니다. 차크라 시스템이 쉽게 균형을 찾지 못할 때가 있었어요. 그래서 저는 골격계의 균형을 맞추기 위해 기술을 바꾼 다음 차크라로 돌아가면 훨씬 더 쉽게 균형이 잡히는 것을 발견했습니다. *이 모든 것은 에너지에 귀를 기울이고 그 에너지가 당신의 지각을 이끌어가도록 허용하는 것입니다.*

벨리코프스키의 저서 <충돌하는 세계>에서 그는 *"뼈와 돌은 인류와 지구의 인종 기억을 간직하고 있다"*고 말합니다. 여기에서 나는 뼈, 즉 우리의 뼈들이 과거의 트라우마를 간직하고 있을지도 모르고 어떤 고대 트라우마

는 어튠먼트에서 어떤 수준의 이완과 치유를 차단할 수 있다는 생각을 했습니다. 따라서 골격계의 균형을 맞추는 이 새로운 기술은 단순히 몸의 균형을 맞추는 것 이상의 역할을 했습니다. 더 깊은 문제도 해결했습니다.

80년대에는 저는 킹뷰와 도시에서 어튠먼트 제공에 전념할 수 있는 몰입의 시간이 정말 감사했습니다. 또한 그 시기에는 캐슬린과 저의 사이도 좋았고 부부 사이도 돈독했죠. 우리는 서부 해안으로 여행을 가서 그녀의 부모님인 B.C.의 옛 에미서리들을 방문했습니다. 저는 캐슬린이 백마일 하우스에서 자란 곳을 둘러보고 다정한 이탈리아 가문인 그녀의 가족을 만나는 것이 즐거웠습니다. 백마일 하우스는 캐나다 최초의 이주민 정착지였고, 캐서린은 당시의 관습에 대해 잘 알고 있었습니다. 그후 우리는 영국 북부에 있는 친척을 방문하기 위해 여행을 떠났습니다. 캐슬린은 북미를 벗어나 본 적이 없었고, 그때까지만 해도 에미서리 맥락 속에서만 살아왔기 때문에 이것은 큰 도전이었습니다. 영국은 그녀가 알고 있던 것과는 거리가 멀었고, 무엇보다도 사람들이 우스꽝스럽게 말했어요! 북부 억양은 강하고 처음 접할 때는 집중해야 합니다. 그럼에도 불구하고 저희는 즐거운 시간을 보냈어요. 특히 할머니를 만날 수 있어서 기대가 컸고 실망하지 않았어요. 할머니는 우아함과 친절함 그 자체였어요.

그 모험을 마치고 캐슬린과 저는 킹뷰로 돌아왔어요. 어튠먼트에 대한 소문은 점점 더 널리 퍼져 나갔고, 이제는 저를 보러 오는 사람들이 너무 많아져서 문이 날아갈 정도이었죠. 아늑한 집안 안에서 전문 조율을 받을 수 있으니 훨씬 더 다양한 사람들이 모여들었고, 저는 완전히 새로운 다양한 고객을 수용하는 법을 배워나가고 있었죠.

한 번은 은퇴한 의사가 어튠먼트를 받으러 저를 찾아왔어요. 저는 대기실에서 빌을 맞이하고 제 사무실로 안내한 다음 손을 씻으러 그 자리를 떠났습니다. 세션을 시작하기 위해 사무실로 돌아왔을 때, 그는 속옷만 입은 채 어튜먼트용 침대 위에 죽 뻗어 있었습니다! 저는 그에게 다가가서 어튜먼트를 공유했습니다. 그 후 저는 그에게 조율 과정에서 옷을 벗을 필요가 없다고 말했죠. 그는 오래된 습관은 정말 없어지기 어렵다고 말하면서 우리 둘 다 한바탕 웃었습니다.

빌과 저는 몇 년 동안 좋은 우정을 나눴고, 실제로 빌은 저를 통해 몇 번의 어튜먼트 과정을 수강하기도 했습니다. 그 기간 동안 그는 제 인생에 다시 한 번 새로운 이해에 눈을 뜨게 해준 사람을 소개해 주었습니다. 빌은 오토바이 사고로 오른쪽 팔과 오른쪽 다리를 모두 잃은 절친한 친구가 있었습니다. 저는 그의 용감하고 긍정적인 정신에 깊은 감명을 받아 요양 병원에 있는 그를 방문했습니다. 처음에는 그냥 친해지기 위해 잠시 이야기를 나눴는데, 여기서 그의 이야기를 듣게 되었습니다. 마이클은 이탈리아에서 대규모 모터사이클 대회에 참가하기 위해 준비 중이었습니다. 구불구불한 산길을 따라 오토바이를 타고 달리던 중 반대 방향으로 달리던 트럭과 마주쳤습니다. 그는 오토바이 핸들을 꺾었지만 트럭은 그대로 그를 덮쳤습니다. 이로 인해 그의 오토바이는 꽤 빠른 속도로 달리던 중 밑으로 미끄러졌습니다. 그의 부상은 극심한 충격의 결과였습니다.

제가 그를 만났을 때 그는 어튜먼트 과정에 가장 개방적이었고 세션에 쉽게 편안해했습니다. 어튜먼트를 시작한 지 약 이십분 후, 그는 큰 한숨을 내쉬며 "감사합니다!"라고 말했습니다. 저는 그에게 "뭐 때문에요?"라고 물었습니다. "드디어 팔을 펴게 되었어요." 그의 대답이었습니다.

마이클은 자신이 잃은 팔을 언급하고 있었습니다. 팔은 사라졌지만 팔을 움켜쥐고 말았을 때의 긴장과 불편함은 여전히 남아있었습니다. 조율하는 동안 그 느낌, 그 유령 같은 팔이 이완되었습니다. 그는 오토바이를 타고 도로를 달릴 때 반사적으로 팔을 가슴 앞으로 말아 보호하려고 했던 것입니다. 우리는 더 많은 세션을 함께 나누었고 얼마 지나지 않아 그는 퇴원했습니다. 마이클은 살아 있다는 사실에 깊은 감사를 느끼며 자신의 기계 공장으로 돌아가 작업을 계속할 수 있도록 자신을 위한 직립형 신체 지원 시스템을 만들었습니다. 마치 내가 영의 번쩍임에 대한 더 많은 증거가 필요했던 것처럼, 그것이 다시 그 역할을 했었지요.

리더십(Leadership)

마틴 세실이 세상을 떠난 것은 1988년이었습니다. 마틴은 삼십사년 동안 전 세계에 퍼져있는 에미서리 커뮤니티와 가족들의 정신적 지주로서 사시면서 에미서리의 최고지도자 역할을 해왔습니다. 그의 죽음은 전 세계 네트워크에 큰 변화를 가져왔습니다.

지난 몇 년 동안 마틴의 리더십 기간 동안 성장하는 조직을 총괄하기 위해 최고집행위원회(Executive Council)가 구성되었습니다. 앞서 말씀드렸듯이 전 세계에 열두개의 공동체가 있었고, 각 공동체는 조직의 관점과 영적인 측면 모두에서 귀중한 의견을 제시할 수 있는 이사들을 임명했습니다. 마틴의 타계로 그가 전체 운영을 하나로 묶어주는 접착제 역할을 했다는 사실이 분명해졌습니다. 마틴은 모든 사람이 자신의 영적 성장에 대해 개인적으로 책임감을 갖도록 끊임없이 독려했지만, 많은 사람들은 항상 하향식 모델에 따라 조직을 구성해왔고 이에 만족해왔습니다. *자신의 힘으로 서라는 것*이 그의 메시지였습니다.

처음에 리더를 잃은 에미서리는 조심스럽게 전진했습니다. 많은 사람들은 마틴의 아들인 마이클이 아버지가 떠난 자리를 이어받아야 한다고 생각했습니다. 하지만 마이클은 리더십 스타일에 변화가 필요한 시기가 무르익었다는 것을 알았기 때문에 다른 생각을 한 것 같았습니다. 마이클은 기꺼이 자신의 역할을 하고 싶었지만, 아버지의 자리 그대로를 계속 이어가는 것은 자신에게 맞지 않는다고 생각했습니다. "패러다임이 바뀌면 모든 것이 원점으로 돌아간다"는 속담이 있듯이 말입니다.

이러한 변화는 분명 에미서리 조직에만 국한된 것이 아니었습니다. 다양한 관행과 철학을 가진 많은 그룹에 영향을 미치는 전 세계적인 변화처럼 보였습니다. 오래된 경계와 전통이 바뀌고 있었고, 많은 사람들이 어려운 시기를 맞이하고 있었습니다. 기본적으로 "이제 어떻게 해야 할까?"라는 오래된 질문에 직면하게 됩니다. 제가 에너지를 보는 것처럼, 이 불안한 시기를 좋거나 나쁜 것이 아닌 단지 변화가 필요한 시기라는 신호로 보았습니다.

변화의 물결이 거세지자 에미서리 일원이었던 사람들은 자신의 역할을 잘 살펴봐야 했습니다. 어떤 사람들은 자신에게 잘 맞았던 안락하고 오래된 구조에서 벗어나지 않기로 결정했습니다. 다른 사람들은 새롭고 창의적인 장소를 찾았습니다. 그리고 새로운 흐름이 형성되는 데 기여하기 위해 남아 있기로 한 사람들도 있었습니다. 우리 중 상당수는 어튠먼트에 대한 이해와 가르침, 그리고 적용 사례 모두에 대해 정착과 확장이 필요하다고 강하게 느꼈습니다. 우리 중 많은 사람들이 여전히 공동체 생활을 지속하는 데 관심이 있었습니다. 그래서 무엇보다도 먼저 우리 기반을 안정화해야 했습니다.

마틴이 떠나면서 그가 매주 진행하던 강연도 사라졌습니다. 이 강연은 여러 센터가 영감을 얻을 수 있는 통일된 기반을 제공했습니다. 사람들은 정기적으로 모여 그의 메시지를 공유하고 묵상했습니다. 또한 킹뷰에서 진행된 아트 오브 리빙 클래스에서도 큰 역할을 했습니다. 모든 변화가 진행되면서 수업 인원이 줄어들었고, 킹뷰에서 계속 생활하려면 스스로를 지원할 수 있는 다른 방법을 찾아야 했습니다. 그 수업이 진행되는 동안 많은 사람들을 호스트하면서 우연찮게도 원활하고 효율적인 컨퍼런스 비즈니스를 개발하게 되었습니다. 전환은 순조로웠어요. 우리는 비영리 단체였기 때문에 다른 비영리 영성 단체의 사업을 장려하면서 기본 헌장을 존중하는 데 주의를 기울였습니다. 킹뷰는 개인의 영적 여정을 돕는 수단으로서 어튠먼트가 항상 지배적이었기 때문에 조직 개편의 핵심 요소로 남아있었습니다.

킹뷰 컨퍼런스 센터에 대한 소문이 퍼지면서 곧 많은 새로운 사람들을 맞이하게 되었습니다. 요가 그룹, 전사 그룹, 자기 계발, 깊은 내면 작업, 불교 승려, 작가, 음악가 등 다양한 사람들이 찾아왔습니다, 이들 중 상당수가 어튠먼트를 알게 되어 매우 만족스러워하며 머무는 동안 세션을 즐겼습니다.

킹뷰는 그곳에 살았던 저희에게는 은혜롭고 편안한 집이었지만, 고객들의 재방문을 유도하기 위해서는 약간의 리노베이션이 필요하다는 것을 금방 알 수 있었습니다. 그래서 우리가 잘하는 일인 건축, 리모델링, 재창조로 다시 돌아갔습니다. 공용 화장실로는 안 되겠다고 생각했습니다. 전용 욕실을 설치해야 했습니다. 전 킹뷰 거주자였던 머레이가 다시 돌아와 자신의 전문성을 발휘한 덕분에 공사를 완료할 수 있었습니다. 여섯개의 욕실을 새로 설치하고 보다 세련되고 효율적으로 운영되는 주방을 위해 일부 주방을 개조하여 전문적인 기준에 부합하도록 했습니다.

또한 웅장한 옛 헛간의 또 다른 넓은 공간을 인수하여 그 안에 대규모 그룹을 수용할 수 있는 새로운 회의실을 만들었습니다.

이 모든 일이 진행되는 동안 킹뷰는 어떤 리더십 모델을 원하는지 스스로 정리해야 했습니다. 회의는 끝없이 이어졌고, 그 과정에서 많은 노력이 필요했습니다. 결국 몇몇 사람들은 자리를 옮겼습니다. 그들은 이러한 분류 과정을 충분히 겪었거나, 앞으로의 방향에 동의하지 않았거나, 단순히 너무 많은 다른 그룹이 오고 가는 것에 익숙하지 않았기 때문입니다. 이 모든 것이 정리되는 동안 모두가 자신에게 맞는 다음 단계를 결정하는 과정에 있었습니다. 서툴고 어색한 순간도 있었지만 모두가 최선을 다했습니다. 제 입장에서는 모든 것을 좋은 것도, 나쁜 것도 아닌 그저 있는 그대로의 에너지로 바라보았습니다.

우리가 내려야 했던 어려운 결정 중 하나는 아름다운 수경 재배 온실을 폐쇄하는 것이었습니다. 그 모든 상추가 우리의 수익에 크게 기여했습니다. 하지만 계급 내 변화, 종교 단체 및 영적 단체들 세계 내의 변화와 마찬가지로 상추에 대한 수요에도 변화가 있었습니다! 우리의 보스턴 빕이라는 풍성하고 푸짐한 양상추 한 종류만 제공하는 데 주력했습니다. 세상은 변하고 있었습니다. 취향과 가용성이 높아지고 있었습니다. 사람들은 더 다양한 제품을 원했지만 우리는 이를 제공할 준비가 되어 있지 않았습니다. 상추의 종류에 따라 숙성 비율이 달랐습니다. 우리의 컨베이어 벨트 시스템으로는 이러한 요구를 충족시킬 수 없었습니다. 그래서 다른 모든 변화의 소용돌이 속에서 우리는 온실을 닫았고, "상추야 행복해", "상추야 고마워"와 같은 유행어와 한겨울의 햇살 가득한 오아시스에 대한 추억만 남게 되었습니다.

이 엄청난 변화의 물결 속에서 그대로인 것은 아무것도 없는 것 같았습니다. 캐슬린과의 관계는 칠년의 좋은 세월이 지나고 나서 풀리기 시작했습니다. 다시 한 번, 우리가 커뮤니티에 투자한 시간이 건강한 관계를 형성하는 데 필요한 시간을 넘어섰습니다. 게다가 캐슬린은 B.C. 시대의 옛 에미서리인 가족에 대한 애착도 있었습니다. 그들도 우리와 같은 혼란을 겪고 있었고, 캐슬린은 마음이 이끌려 가족을 찾아갔습니다.

91년 늦여름에 제가 B.C.로 가서 그녀와 함께 시간을 보내고, 그곳에서 우리 관계를 재평가하는 시간을 갖기로 합의했습니다. 사려 깊고 배려심 깊은 고민 끝에 우리는 서로의 상황이 변했다는 데 동의할 수밖에 없었고, 무거운 마음으로 헤어지게 되었습니다. 혼자 온타리오로 돌아가는 길에 다시는 그런 일이 일어나지 않겠다고 다짐했습니다. 저는 캐슬린과 함께한 시간에 대해 매우 감사하게 생각합니다. 그녀는 정말 좋은 친구이자 파트너였습니다. 그녀가 수년 동안 행복하게 결혼 생활을 하며 자신이 자란 아름다운 브리티시 컬럼비아에 다시 한 번 정착했다는 소식을 들었기 때문에 저도 그녀의 정착에 행복합니다.

1993년 론과 준도 가족들과 더 가까이 지내기 위해 B.C.로 돌아갔습니다. 론과 저는 2023년에 론과 준이 모두 세상을 떠날 때까지 관계를 계속 이어갔습니다. 두 사람이 킹뷰를 떠난 후 남은 우리는 경영에 대한 새로운 접근 방식, 특히 킹뷰를 어떻게 관리할 것인지에 대한 새로운 접근 방식을 모색해야 했습니다. 우리는 경영진을 구성하기로 결정했습니다. 경영진에서는 어튠먼트를 전면에 중심으로 내세워 어튠먼트를 교육하고 우리 고객들에게 어튠먼트를 나누는 것은 물론, 농장에서 생활하는 사람들의 일반적인 라이프스타일로서도 그 중심에 있게 했습니다. 저희는 음식의 질부터 시설의 전반적인 분위기, 전문 조율사와 함께 보내는 성소에서 성화 시간에 이르기까지 모든 수준에서 이러한 치유 분위기를 제공하면서 어튠먼트가 필요한 고객을 돌보기 위해 우리 스스로를 새롭게 변화했습니다. 또한 웰니스에 기반을 두고 영적 성장에 관심이 있는 단체라면 더 큰 규모의 그룹도 수용하기로 합의했습니다. 그러기에 정말 아름다운 시설이었어요. 좋은 회의실, 다양한 숙박 옵션, 어튠먼트의 정신으로 재배, 준비, 제공되는 훌륭한 유기농 음식이 있었습니다. 경내는 아름답게 관리되어 사람들이 들판과 나무 사이를 오래 산책하고 말과 염소와 교감하거나 바위 옆에서 달콤한 꽃향기를 맡으며 책장을 넘길 수 있었습니다. 저희는 게스트를 위해 열심히 일했고, 그 대가로 게스트들은 저희의 재정 기반에 큰 기여를 해주었습니다.

이 기간 동안 또 한 가지 큰 변화가 있었습니다. 처음에는 사십오년 동안에 걸쳐 이들 에미서리 공동체를 통해 들어온 모든 사람들이 숙식을 해결하고 개인적인 필요를 위한 약간의 급여를 받는 대가로 머물며 일했습니다. 이것은 실제로 꽤 잘 운영됐습니다. 또한 이러한 공동체 중 한 곳에서 은퇴할 수 있다는 확신을 가지고 미래를 바라볼 수 있었습니다. 다소 근시안적이긴 했지만 합리적인 비전이었죠. 당시까지만 해도 킹뷰는 비교적 젊은 커뮤니티였기 때문에 아직 고령화 및 은퇴 문제에 대해 고민할 필요가 없었습니다. 노인이 없었죠.

하지만 경력을 뒤로하고 킹뷰에 온 사람들이 있었습니다. 그들이 다시 세상으로 나가 새로운 삶을 살아야 할 때가 되었을 때 문제가 생겼습니다. 돈도 없었고 신용 등급도 없었습니다. 킹뷰에서 보낸 몇 년의 세월은 그들을 다른 세상의 경제적 상황과 분리시켰죠. 저는 나머지 팀원들에게 이 문제를 제기했습니다. 킹뷰에서 적절한 임금을 지급하고 고용 보험과 정부 연금에 적절한 기여금 계획을 세워야 했습니다. 이를 통해 사람들은 특정 필수 요소를 갖추고 세상으로 나아갈 수 있습니다.

또한 직원 수가 줄어들었기 때문에 추가 인력을 채용할 필요도 있었습니다. 행사 규모와 횟수가 점점 커지고 있었죠. 우리는 킹뷰 건물을 헐값에 매입했고, 지금쯤이면 부동산 가치가 급격히 상승한 상태였습니다. 따라서 필요한 변화에 필요한 자금을 조달하기 위해 상당한 규모의 주택담보대출을 쉽게 받을 수 있었습니다. 이 정도면 우리가 실행 가능한 비즈니스를 구축하고 있는지 확인하기에 충분했습니다.

1986년, 낸시는 킹뷰에 살게 되었습니다. 그녀는 몇 년 전에 트윈 밸리를 거쳐 온 적이 있었는데, 그곳의 거친 흙냄새와 무엇보다도 먼지가 많은 도로와 지오데식 돔(geodesic domes)에서 나오는 어튠먼트의 기운에 이끌렸습니다. 제 오랜 친구 프레드는 열정을 가지고 그 흐름을 전달하고 들을 귀가 있는 사람들에게 방향을 제시했습니다. 낸시는 꿀에 빠진 파리처럼 그 매력에 빠져들었고, 프레드는 금세 친구가 되어 멀리 떨어진 어튠먼트 정식 수업에 참석할 수 있도록 주선해 주었습니다. 그렇게 낸시는 길고 구불구불한 길을 따라 킹뷰에 도착했습니다.

하지만 그건 몇 년 후의 일이었습니다. 낸시는 몇 년 동안 도시에서 살다가 건강 문제로 고민하던 중 누군가가 저희를 연결해 주었습니다. 복부에서 비정상적인 이물질이 커지고 있음을 발견하였고, 얼마 전 어머니를 잃은 낸시는 난소암일지도 모른다는 두려움에 떨었습니다. 그녀의 산부인과 의사는 수술을 하기 전까지는 어떤 것도 장담할 수 없다고 했습니다. 암이 아니라 양성 난소 낭종, 그것도 아주 큰 낭종이라는 것이 제 생각이었죠. 그것이 그렇게 밝혀졌습니다. 그녀는 수술 후 빠르게 회복되었고 그해 봄에 킹뷰로 이사했습니다.

다른 사람들과 마찬가지로 그녀는 킹뷰 커뮤니티의 여러 측면에 참여했고, 결국 주방에서 수석 요리사이자 병 세척하는 일을 하게 되었습니다. 그녀는 수년 동안 주방을 훌륭하게 운영했고, 훌륭한 요리사라는 것을 스스로 증명했습니다. 낸시가 도착했을 때 저는 캐슬린과 함께 부부였는데, 우리 셋이서 아주 잘 지냈어요. 항상 좋은 우정이었어요. 캐슬린이 떠난 후 낸시와 저 사이에는 에너지의 변화가 생겼고, 92년부터 삼십이년 동안 이어져온 관계가 시작되었으며 우리 사이의 사랑과 케미는 여전히 지금도 성장하고 있습니다. 제 인생에 낸시가 있다는 것이 가장 감사한 일이죠.

투루키에(Turkiye)

92년 봄, 낸시와 저는 돈과 리타와 함께 투루키에로 여행을 떠났습니다. 우리는 우리가 어떤 상황에 처하게 될지 전혀 알지 못한 채 맹목적인 믿음으로 떠났습니다. 돈과 리타는 여행 경험이 많았고 이전에도 투루키에를 여러 번 다녀온 적이 있었습니다. 그들은 투루키에의 매력에 푹 빠져 있었습니다. 그래서 우리는 그들의 안내에 따라 지중해 저편으로 향하는 비행기에 몸을 실었습니다.

놀라웠습니다! 그것이 투루키에가 우리를 강타한 방법입니다... 완전히 놀랍습니다. 우리는 거의 때묻지 않은 히사로누 마을에 머물렀는데, 세상물정에 물들지 않음에 매료되었습니다. 비포장 도로, 임시 바, 사이프러스 나무, 푸른 하늘이 전부였습니다. 하루에 다섯 번, 기도의 부름이 언덕을 통해 잊혀지지 않는 작은 음색으로 울려 퍼졌습니다. 염소들이 거리를 돌아다니고, 아기를 배에 업은 여인들이 허브를 수확하고, 남자들은 길가의 테이블에서 도미노 타일을 두드렸습니다. 저희 호텔은 기본적이긴 했지만 고급 식당에서 맛있는 음식을 제공했고, 주변을 둘러보는 사이사이에 아름다운 수영장에서 물놀이를 즐길 수 있었습니다. 무엇보다도 친절한 직원부터 선하고 신뢰감 있는 현지인들 까지 만났던 사람들이 가장 좋았습니다.

우리는 애씀과 변화를 겪고 있는 곳, 겨울은 혹독하고 여름은 너무 짧은 곳, 킹뷰에서 왔습니다. 그리고 우리는 산, 야자수, 모래사장, 아름다운 낯선 사람들로 둘러싸인 집에서 수천 마일 떨어진 터콰이즈 코스트

(Turquoise Coast)에 도착했습니다. 물론 우리는 사랑에 빠졌죠. 히사로누의 중심가를 걷고 있는데, 다정하고 피부가 까무잡잡한 투루키에인들이 부지 바(Boozy Bar) 밖에 서서 우리를 향해 이렇게 불렀어요. "헤이, 백인양반들 들어와요!" 그래서 우리는 화덕 주변에서 라키를 마시고 밥 말리(Bob Marley)의 감미로운 톤을 배경으로 당구를 치러 갔습니다.

투루키에는 우리의 영혼까지 감동시켰어요. 저희 둘 다 나무, 고대 유적과 무덤, 그만의 분위기가 느껴지는 신선한 산 공기, 매매우는 염소, 웃는 얼굴에서 신비로운 유대감을 느꼈어요. 우리는 깊은 유대감을 느끼면서 마을의 보석 가게에 과감히 들어가서 결혼 반지를 샀습니다. 히사로누에서 우리는 서로에게 서약을 했습니다. 돈과 리타는 이보다 더 잘 어울릴 수 없는 증인이었습니다. 그 후 몇 년 동안 우리는 두 사람과 함께 많은 멋진 모험을 했습니다.

낸시와 저는 수년 동안 많은 여행을 해왔지만, 여행이 얼마나 가치 있는 일인지 깨닫게 해준 것은 이번 여행이었습니다. 저녁 뉴스는 이 먼 땅에서 일어나는 일의 단편적인 모습만 보여줄 뿐입니다. 만약 우리가 그 단편만을 유일한 현실로 받아들였다면 우리는 아무데도 가지 못했을 것입니다! 고유한 관습, 고유한 음식, 사랑스러운 영혼을 가진 다양한 문화 등 발견해야 할 것이 훨씬 더 많습니다. 우리가 닿은 곳, 아니 우리를 감동시킨 곳들에 대해 진정으로 축복을 받았다고 느낍니다. 투루키에를 처음 방문했을 때 우리는 우리가 아는 모든 사람들이 이런 기회를 가질 수 있기를 바랐습니다.

그 후 몇 년 동안 킹뷰는 많은 우여곡절을 겪으며 새롭고 흥미로운 사람들을 만나게 되었습니다. 어튠먼트에서 계속해서 가르치고 공유하면서 다양하고 창의적인 방식으로 다른 사람들의 개인적인 성장을 돕고자 하는 사람들을 만나면서 우리의 세계는 더욱 확장되었습니다. 이러한 방식은 우리와 다른 방식이었지만 경쟁 의식을 유발하지 않았습니다. 그 대신 진정한 상호 보완이 이루어졌습니다. 이것이 바로 어튠먼트가 작동하는 방식, 즉 상호보완입니다. 많은 그룹 리더들이 스스로 그 가치를 발견한 후 참가자들에게 어튠먼트를 함께 경험해 보자고 권유했습니다. 특히 사람들이 자신의 영혼을 깊숙이 파고 들면서 꽤 새로운 것을 만날 때 어튠먼트는 보이지 않게 안락한 포옹과 편안함을 제공했습니다.

많은 공동체가 적응하고 생존하기 위해 스스로를 재구성하면서 에미서리 몸체 전체도 변화가 계속되고 있었습니다. 저와 일부 어튠먼트 동료들은 이러한 변화 속에서 어튠먼트가 정당한 인정을 받지 못하고 있다는 사실을 확실히 깨달았습니다. 결국 그것이 전체 에미서리 조직의 근본적인 설립 원칙이었습니다. 그렇게 1995년, 어튠먼트 길드가 시작되었습니다. 길드의 초기 조정팀은 웬디, 데이비드, 주디, 주드, 그리고 저로 구성되었습니다. 우리 모두는 어튠먼트 과정과 수년간의 참여에 대해 깊은 존경과 감사함을 가지고 있었습니다. 이제 일관성 있는 커리큘럼을 짜는 것은 저희의 몫이었으며, 교육 기간은 얼마나 될지, 누가 가르칠 자격이 있는지 등을 결정해야 했습니다.

다년간의 어튠먼트 경력을 가진 래리 제이가 재능을 기부하여 저희와 함께 프로그램을 개발했습니다. 이 핵심 커리큘럼에는 어튠먼트의 역사, 라이프스타일에 적용되는 원칙, 기술, 그리고 매우 중요하게는 윤리가 포함되어 있습니다. 실제 교육 모듈은 모듈당 이틀씩 총 네 개의 모듈이 일년 동안 진행되는 방식으로 구성되었습니다. 저희는 주말 한 번으로 끝나는 속성 인증에는 관심이 없었습니다. 가족이나 반려동물과 함께라도 모듈 사이에 정보를 접하고, 기초를 다지고, 전문적 조율을 연습하는 시간이 필요하다는 것이 저희의 확고한 신념이었습니다! 어튠먼트는 연습을 통해 성장하는 것입니다.

반응은 뜨거웠고 더 많은 교사가 필요하다는 것을 금방 알 수 있었습니다. 따라서 이에 대한 자격 요건을 규정해야 했습니다. 합의된 요건은 전문조율 교사는 프로그램의 네 가지 모듈을 모두 이수하고 최소 3년 이상의 실무 경력이 있어야 한다는 것이었습니다. 윤리 과정은 절대적이었습니다. 이러한 자격을 갖춘 사람은 길드 리더십 팀에 지원할 수 있으며, 여기서 자격증을 취득할 수 있습니다. 데이비드, 웬디, 주드, 주디와 제가 첫 번째 교사였고 다른 많은 교사들이 그 뒤를 따랐습니다.

제 친한 친구 로저는 콜로라도에 있는 랜치에서 일대일 멘토링을 계속 제공했습니다. 그는 자신의 시간을 매우 아낌없이 내어주었고 많은 사람들에게 큰 축복을 선사했습니다. 선라이즈에서 일어난 모든 변화 속에서도 로저는 어튠먼트의 정신에 변함없이 충실했으며, 주변에서 벌어지는 행정적인 측면과 혼란에 대해 눈에 띄지 않은 낮은 자세로 임했습니다. 그는 우리가 신성하게 여기는 것에 충실했습니다. 저는 로저와 어튠먼트 과정에 헌신한 다른 사람들이 폭풍우 속에서도 전체 함정인 에미서리 함정, 그리고 어튠먼트 산하 소속대원들이 무사히 항해하는 데 중요한 역할을 했다고 개인적으로 믿습니다.

'*결과에 구애됨 없이 사랑을 발산하는 것*'이 어튠먼트 과정의 핵심적 이해입니다. 자신의 영적 현실로 더 깊이 들어가서 얻은 평화와 자유의 층위를 발견하게 되면, 그 선물을 모든 사람과 나누고 싶은 충동을 느끼게 됩니다!

국제 어튠먼트
전문조율사 협회

IAAP

길드가 시작될 무렵, 미국의 또 다른 친구들 그룹이 캔자스시티에서 보다 대중적인 어튜먼트를 시작했습니다. 크리스, 앤드류, 조셉, 래리 등 이들도 오랫동안 어튜먼트에 관여해 왔으며, 이 새로운 단체를 국제 어튜먼트 전문조율사 협회(International Association of Attunement Practitioners) 또는 줄여서 IAAP라고 불렀습니다. 이 단체는 우리 길드와 동일한 기본 원칙을 바탕으로 사업을 운영하며 경쟁보다는 확장에 중점을 두었습니다. 크리스와 그의 아내 도나는 어튜먼트 역사와 테크닉을 제공하는 훌륭한 교육 매뉴얼을 만들었고, 이는 실용적이고 많은 사람들이 환영하는 교육에 도움이 되었습니다.

이 시기는 우리 어튜먼트 역사에서 멋진 시기였습니다. 세상은 마침내 요가와 명상과 같은 동양의 방식을 환영하면서 이러한 가르침과 수행에 대해 더 많은 것을 받아들이는 것처럼 보였습니다. 이제 병원에서도 채플과 명상실을 제공하고 있었고, 대기업에서도 직장 내에 명상실을 마련하고 있었습니다. 많은 사람들에게 이 문을 열어준 돌로레스 크리거(Dolores Krieger)에게 다시 한 번 경의를 표합니다. 독특한 특성을 지닌 어튜먼트는 이 활기찬 주기의 일부였습니다. 전 세계적으로 자신의 영성에 대한 주인의식을 갖고, 배운 것을 받아들여 자신만의 진동적 발자취을 남기며 앞으로 나아가는 사람들의 수가 명백히 증가했습니다.

저 역시 이 많은 사람들과 함께 협력하며 날개를 펼치는 시간을 보냈습니다.

그 후 몇 년 동안 저는 진정으로 영감을 주는 사람들을 만나고 제 영혼의 깊은 곳을 들여다보게 되었습니다. 자연과의 관계에서 느끼는 모든 아름다움과 경이로움은 저를 겸손하게 만들었고 감사하는 마음으로 가득 차게 했습니다.

여기서 잠시 멈추고 지금 이 순간으로 넘어가야겠습니다... 2024년 3월 26일, 저희는 사랑하는 골든 리트리버 블루를 잃었습니다. 그 훌륭한 녀석은 무조건적인 사랑의 표본이었습니다. 그 녀석은 빛의 존재였지요. 너무 밝아서 지나가던 사람들을 가까이 오게 만들었죠. 그들은 그의 아름다움에 이끌린 것입니다. 하지만 우리는 그 아름다움이 그의 눈에 띄는 북극곰 외모와 웅장한 털보다 훨씬 더 깊은 곳에 있다는 것을 알고 있습니다. 그것은 그의 친절하고 자애로운 본성보다 더 깊은 곳에 있었습니다. 그것은 그의 에너지, 그의 주파수, 그의 편안한 사랑의 존재 자체에 있었습니다. 블루는 어튠먼트를 사랑했습니다. 한 살이 되었을 때, 그는 낸시와 제가 우리끼리 공유하든, 우리 집 안식처에서 고객을 돌보든 상관없이 우리의 어튠먼트에 참여하고 싶다고, 아니 참여해야 한다고 우리에게 알려주었습니다. 그는 우리를 따라 계단을 내려오더니 그 많은 인형 중 하나를 입에 점잖게 물고 어튠먼트 전용 침대 근처에 자리를 잡았습니다. 그곳에서 그는 전체 세션 동안 머물면서 평화롭게 자신의 역할을 수행했습니다. 짖거나 킁킁대지도 않았고 방해하지도 않았어요. 그는 이 행사의 신성함을 즐기며 총 십일년이라는 긴 시간 동안 행사에 참여했다고 말할 수 있습니다. 우리가 그에게 "우리는 어튠먼트하러 내려갈텐데 돕고싶으면 오렴."이라고 하면 그는 계단을 뛰어 내려오곤 했죠. 뒷마당에서 옆집 개와 수다를 떨고 있을 때 "블루, 들어올 시간이다!"라고 부르면 움직이지 않았죠. "애야, 저녁 먹으러 오렴." "아, 괜찮아요, 조금 있다가 올게요." 하지만 우리가 어튠먼트 하러 간다고 말하면 그의 반응은 즉각적이었습니다. 자신의 일이었고, 그는 매우 진지하게 받아들였습니다. 지금 우리가 겪고 있는 슬픔 너머, 눈물 너머에는 언제나 블루는 어튠먼트 실체로 존재합니다. 이제 우리는 그의 아름다운 영혼이 여전히 자신의 역할을 다하며 우리와 함께하고 있다는 인식을 지속적으로 연마하고 있는 때라고 할까요. 최상의 선물. 그는 또한 낸시의 매주 명상 세션에 참석하기를 고집했습니다. 드물게 입장이 거부되었을 때 그는 눈에 띄게 슬퍼했습니다. 슬픔을 딛고 일어설 때 우리는 감사로 가득 차게 됩니다. 블루는 우리도 그처럼 깊이 사랑할 수 있다는 것을 매일 가르쳐 주었고, 항상 가슴과 가슴을 잇는 진정한 연결을 위해 노력하도록 영감을 주었습니다. 고마워요, 블루. 수고했어요.

아, 이제 왔어요, 내가 어디에 있었죠? 네, 맞아요! 어튠먼트 길드요.

내가 말했듯이, 어튠먼트는 처음에 에미서리들을 통해 폭넓은 영적 교육을 제공하기 위한 분명한 목적을 가진 다른 가르침과 함께 가르쳤습니다. 따라서 많은 사람들이 어튠먼트에 대한 개념과 일부 기술을 접했습니다. 어튠먼트에 대해 더 깊이 탐구하고 싶어 하는 사람들도 있었습니다. 이 사람들은 우리가 공유하고 있는 교육 모델에 대한 피드백을 줄 수 있는 이상적인 사람들이었습니다. 저는 다른 사람들과 함께 집단 학습 과정의 일부를 가르치고 멘토링하는 특권을 누렸습니다. 이 박 삼일간의 워크숍을 위해 여러 에미서리센터에 삼십~사십명의 참가자가 모이는 경우가 많았습니다. 참가자들은 전 세계 각지에서 왔으며 특히 북미 전역의 도시에서 왔습니다. 워크숍은 참가자들이 서로 배우고, 탐구하고, 통찰을 공유하는 쌍방향 방식으로 진행되었습니다.

이 기술은 중요했고, 원래 프로토콜이 그랬던 것처럼 여전히 내분비계에 많은 초점이 맞춰져 있었습니다. 하지만 각 개인의 에너지 체에 대해서도 많은 강조가 있었습니다. 그 에너지 체가 없으면 기술은 무의미합니다. 어튠먼트는 삶의 방식에서 나온다는 삶의 깊이와 뿌리내림은 필수적입니다. 따라서 사람들은 다양한 장기와 홀몬샘에 관해 읽으며 지각을 연마하는 동시에, 수년에 걸쳐 어튠먼트를 주면서 얻은 평화와 평온함이라는 더 깊은 내면의 조율 감각을 개발하고 배양했습니다.

얼마 지나지 않아 우리는 다른 양식으로 확장하기 시작했습니다. 차크라 시스템을 다루는 데는 많은 장점이 있었습니다. 차크라는 다른 양식에서 널리 인정받고 활용되고 있기 때문에 어튠먼트 과정에 차크라를 통합하는 것이 당연한 일이었습니다. 결국 차크라는 수세기 동안 잘 알려진 시스템이었으니까요. 그래서 저는 어튠먼트 세션에서 이를 구현했습니다. 앞서 언급했듯이 인체에는 많은 차크라가 있지만, 저는 일곱개의 내분비선과 아름답게 정렬된 일곱개의 차크라로 관심이 좁혀졌습니다. 내분비계와 차크라 두 시스템을 모두 사용하기 시작했을 때 송과선에서 성선까지 내분비샘을 위에서 아래로 작동하는 저를 발견했습니다. 그러자 자연스럽게 아래에서 위로 차크라를 작동하는 경향이 생겼습니다. 루트 차크라에서 크라운까지. 그것은 마치 신성한 춤과도 같아서 세션에 더욱 깊은 이완과 평화, 평온함을 가져다 주었습니다. 많은 전문조율가들이 고객들에게 놀라운 결과를 보고했습니다. 그래서 어튠먼트에서 우리는 더 넓어지고 성장하기 시작했습니다.

여행
TRAVEL

그 후 몇 년 동안 저는 여행의 특권을 누렸습니다. 여러 나라에 초대받아 어튠먼트를 가르치고 영적 인식을 넓히는 데 관심이 있는 사람들과 함께 시간을 보냈습니다. 킹뷰에 있던 컨퍼런스 사업이 꽤 잘 되고 있었기 때문에 낸시는 계속 남아 있어야 했습니다. 주방을 운영하려면 낸시가 필요했거든요. 그래서 말하자면 낸시가 요새를 지키는 동안 저는 전 세계를 돌아다녔죠.

저는 히드로 공항과 런던 지하철에서 친절한 낯선 사람들의 도움과 랜드마크를 이정표로 삼아 갈 수 있는 능력을 발휘해 길을 찾을 수 있었어요. 건설공사나 업그레이드로 인해 랜드마크가 바뀌었을 때는 정말 난감했어요!

저의 첫 해외 수업은 영국, 특히 코츠월드(Cotswolds)의 미클턴(Mickleton) 마을에 있는 에미서리 센터에서 진행되었습니다. 이 센터에는 약 이십명의 사람들이 살고 있었는데, 가장 그림 같은 마을에 있는 아름다운 오래된 집이었습니다. 정육점 창문을 통해 갓 잡은 꿩이 도살한 새끼 돼지와 나란히 연결된 소시지와 함께 걸려 있었습니다. 오래된 교회 묘지와 맞닿은 들판에는 커다란 마차용 말들이 풀을 뜯고 있었습니다. 역사가 깃들은 곳의 세월이 느껴졌습니다.

익숙한 환경에서 멀리 떨어진 새로운 곳에서 가르치게 되어 가슴이 벽찼어요! 물론 영국에서는 영어를 사용하지만 그 밖의 많은 문화, 심지어 말투까지도 북미에서의 생활과는 많이 달랐고, 그 시절에는 더더욱 그랬죠. 영국 사람들과 소통하는 데는 그리 오래 걸리지 않았어요. 저는 수년간의 여행을 통해 새로운 문화와 상황에 귀를 기울이고 관찰하며 유연하게 적응하는 방법을 터득했습니다. 관계가 없던 다른 사람들에게 자신이 터득한 방식을 적용하는 것은 틀림없이 청중을 잃지 않는 좋은 방법입니다. 그들이 어디에 살고 있는지, 무엇이 그들과의 공명을 불러 일으키는지 파악하는 것이야 말로 그들의 마음을 얻는 지름길입니다.

미클턴의 첫 수업에서 저는 세레나라는 여성을 만났습니다. 세레나 로니-두갈(Serena Roney-Dougal)은 초심리학(parapsychology) 논문을 통해 박사 학위를 취득한 영국에서 몇 안 되는 사람 중 한 명입니다. 지식과 경험, 마술로 가득 찬 그녀는 두 권의 책을 저술한 여성입니다. 한 권은 '과학과 마술이 만나는 곳'이고 다른 한 권은 '동화적 믿음'입니다: 과학과 영성의 통합. 그녀는 성인 생활의 대부분을 고대 영국 역사, 멀린(Merlin) 이야기, 성지, 인도의 동양 전통 및 기타 이와 유사한 모든 길을 연구하고 탐구하는 데 바쳤습니다.

사실 세레나를 만난 지 얼마 지나지 않아 낸시와 함께 스톤헨지를 방문할 기회가 있었어요. 세레나는 글래스톤베리에 있는 자신의 집에서 저희를 초대해 성배의 우물, 토르(Tor), 아서왕이 묻혔다고 전해지는 교회 유적지 등 마을 곳곳을 안내해 주었죠. 저는 그곳의 전체적인 분위기가 마음에 들었지만 낸시는 그곳의 에너지에 겁을 먹었습니다. 물론 제가 느낀 놀라운 빛과 낸시가 느낀 어둠의 기운이라는 두 가지 측면이 존재하긴 하죠. 하지만 제가 말했듯이 스톤헨지는...

세레나는 영국 헤리티지 협회에 그녀, 낸시, 저, 그리고 다른 한 명과 함께 일출 시간에 돌 원에 들어가 돌과 함께 앉을 수 있도록 신청해 주었습니다. 세레나는 이 성스러운 장소의 한가운데로 바로 들어가지 말고 원 바깥쪽을 조용히 돌아다니며 초대를 기다리라고 권유했습니다. 우리는 그렇게 했고, 각자 돌 사이를 통과할 순간과 장소를 쉽게 알아챘습니다.

스톤헨지 경비원들이 지켜보는 가운데 우리만 그곳에 있었습니다. 우리는 드루이드(Druid)역사에 정통한 세레나가 일출 시간에 태양 광선이 들어오는 출입구를 만들기 위해 거석들이 어떻게 정확하게 배치되었는지 보여 주면서 엘더베리 와인을 마셨어요.

하지때 ...매번, 매년! 그녀는 또한 우리에게 제단 돌이 무엇인지 보여주었고 수년에 걸쳐 일어난 다양한 의식과 축하 행사에 대해 이야기했습니다. 세레나는 이런 것들에 대해 잘 교육받은 것만이 아니었어요. 그녀는 연결되어 있었습니다. 그녀의 존재에는 깊이가 있어서 귀를 기울이게 하고, 편견 없이 그녀의 정보를 받아들이도록 강제한 셈입니다. 예를 들어, 그녀는 멀린이 직접 스톤헨지 돌을 잘라 제자리에 올려놓았다고 확고한 신념을 가지고 말했습니다. 누군가는 그런 생각을 비웃을 수도 있지만, 세레나 앞에서는 그것이 복음처럼 들렸습니다. 세레나는 실제로 차를 멈추고 돌이 나온 정확한 지점을 보여줬습니다. 지금까지 그 누구도 이론과 추측을 넘어 그 돌이 어떻게 그곳에 있는지 설명할 수 없었습니다. 왜 안 될까요?

그녀는 영국의 이교도 역사에 대해서도 이야기했습니다. 이교도들은 암흑 에너지의 소유자로 여겨졌죠. 그들은 비방을 받았고 화형에 처해졌습니다. 실제로 그들은 지구의 에너지 패턴을 깊이 이해하고 지구의 리듬과 주기를 이해하는 사람들이었습니다. 물론 그들의 지식은 당시 교회 내부의 권력자들에게 위협이 되었습니다. 교회는 사람들이 두려움에 떨고 강력한 존재로서의 진정한 잠재력을 깨닫지 못하도록 막아야 했습니다. 그래서 사람들이 복종하고 의존하게 만들었죠. 저는 가끔 멀린과 같은 시대에 다른 삶을 살았을지도 모른다는 생각이 들지만, 제가 지금 시대에 태어나서 정말 다행이라고 생각해요. 분명 세레나와 저는 둘 다 화형을 당했을 거예요!

저는 다우징(dowsing) 막대를 스톤헨지 원 안으로 가져갔습니다. 저는 원 안을 조용히 돌아다니며 막대의 움직임을 관찰했습니다. 원 중앙에 다다랐을 때 다우징 막대가 헬리콥터 날개처럼 미친 듯이 회전하기 시작했습니다. 이것은 저에게 에너지의 장이 크게 높아졌다는 신호였습니다. 저는 그 막대가 제 손 안에서 돌아가는 것을 보고 깜짝 놀랐습니다.

나는 그 이후로 신성한 장소로 추정되는 다른 원 안에서 수맥을 찾았는데, 막대가 자연적으로 발생한 것이든 시간을 통해 개발되었든 두가지 모두 때문이든 땅의 힘의 지점을 찾아낼 수 있다는 것을 알게 되었습니다. 인간의 개입 또는 둘 다일 수 있습니다. 어떤 서클에서는 전혀 반응이 없었는데, 이는 에너지가 사라졌거나 아예 존재하지 않았다는 것을 암시하는 것이었습니다. 제 삶은 에너지와 그 흐름과 패턴에 관한 것이었기 때문에 세레나와 함께 영국에서 보낸 이번 시간이 제 인식을 크게 향상시켜주었고, 저는 그것에 대해 영원히 감사하고 있습니다.

저녁에 세레나의 집으로 돌아와 뒷마당에서 모닥불을 피워놓고 이야기를 나눴어요. 다음 날, 그녀는 우리를 스톤헨지보다 훨씬 오래된 아베베리 서클(Avebury circle)로 안내했습니다: 아베베리. 낡고 오래된 아베베리는 수 세기 동안 영국에서 내린 비에 돌이 닳아서 꽤 낡아 있었습니다. 큰 원(가로 약 구백피트)의 한쪽에 작은 집 몇 채가 있었는데, 이상하게도 아주 심술궂은 사람들이 살고 있었어요. 저는 그 에너지가 스톤헨지보다 훨씬 덜 활기차다는 것을 느꼈는데, 세레나는 그 주변에 사는 불행한 사람들의 직접적인 결과라고 말했습니다. 세레나의 말대로 이 성지는 의도적으로 자력선 교차로에 지어졌으며 특히 영적인 모임과 의도를 위해 에너지를 높이는 데 탁월했습니다. 하지만 영주권자로서 그 옆에서 사는 것은 수면이나 휴식에 그다지 도움이 되지 않는 좋은 생각이 아니었습니다. 전 세계 곳곳에 의식하지 않은체 그런 자력선 위에 지어진 집들이 있습니다. 이런 집들은 항상 매물로 나오거나 다소 불행한 사람들이 거주하는 것을 볼 수 있습니다.

아베베리 서클을 벗어나면서 세레나는 앞서 지나쳤던 흥미로운 구조물인 케넷 롱 배로우(Kennet Long Barrow)를 향해 차를 운전했습니다. 돌로 만든 이글루가 언덕에 자리 잡고 있었고, 잔디와 풀, 잡초로 덮여 있어 무덤을 보호하고 있었습니다. 언덕 옆에는 넓은 곡식밭이 있었습니다. 아베버리로 가는 길에 밀이 바람에 일렁이는 모습을 본 적이 있었죠. 무덤으로 향할 때 저와 세레나의 눈에 들어온 것이 있었습니다. 불과 몇 시간 전까지만 해도 물결치는 곡식밭이 있던 곳에 기하학적으로 완벽한 농경지가 정교하게 그려져 있었습니다. 우리는 차를 세우고 기존 작물을 밟지 않도록 주의하며 조심스럽게 그쪽으로 걸어갔습니다. 원 안에 원이 있고 특정 비율의 큰 소용돌이가 있었습니다.

원은 지름이 오십피트에서 이백피트까지 다양했습니다. 정말 장관이었죠. 앞서 말했듯이 저희는 농부의 재산과 농작물 서클의 희귀성을 존중했기 때문에 주변으로만 들어갔습니다. 그게 우리에게 필요한 전부였습니다. 제 눈을 믿을 수 없었지만 그곳에 있었습니다. 구부러진 줄기는 하나도 부러지지 않았고 패턴에 맞게 구부러졌을 뿐이었습니다. 세레나는일,이주 후면 곡식이 다시 하늘을 향해 뻗어 구부러진 지점에서 위로 자랄 것이라고 말했습니다. 세레나가 들려준 또 다른 이야기는 이 작물 서클 중 상당수가 대피라미드 왕의 방에서 발견된 고대 이집트 상형문자 모양을 하고 있다는 것이었습니다.

세레나가 한마디도 말하지 않거나 암시하지 않았는데도 저는 경외감과 경이로움과 함께 고대의 지혜가 작용하고 있다는 느낌에 사로잡혔어요. 인류의 진동이 다시 올라가기 시작했을 때만 인식할 수 있는 청사진이 고대 문화에 의해 자기 패턴으로 내려져 있었을 수도 있지 않을까 하는 의문이 들었습니다.

무덤에 들어섰을 때 저는 다시 한 번 고대의 강력한 무언가가 느껴져 압도되었습니다. 잔디로 덮인 작은 돌 오두막은 약 이십피트 깊이에 뒤쪽 끝에 방이 있었습니다. 이 구조물 안에서 쉽게 일어설 수 있었고, 이런 부분에 경험이 많은 세레나는 이 특별한 무덤이 고대에는 명상과 텔레파시 통신을 위해 사용되었을 것이라고 추측했습니다. 이는 가장 기억에 남는 경험이었습니다.

낸시가 선두에 서서 우리 둘이 안쪽 복도를 따라 끝에 있는 방으로 향했습니다. 복도 중간 쯤에서 낸시가 저를 보려고 고개를 돌렸고, 바로 그 순간 저는 단단한 벽에 부딪혔습니다. 파앙! 저는 그 벽의 힘에 갑자기 제 발걸음을 멈추고 뒤로 튕겨져 나왔어요. 낸시는 방금 그 벽을 뚫고 지나갔어요. 사실 벽은 전혀 보이지 않았어요... 아무것도 없었습니다. 저는 그 충격과 공간으로 나아갈 수 없다는 사실에 깜짝 놀랐습니다.

다시 첫 번째 출입구로 나오면서 자세히 살펴보니 돌에 희미한 여자의 머리 윤곽이 보였습니다. 이 무덤이 여성에 의해, 여성을 위해 사용되었을지도 모른다는 생각이 들었고, 남자 인 제가 여전히 무덤을 지키는 것처럼 보이는 보이지 않는 힘에 허락을 구하면 어떨까 생각해 보았습니다. 들어가도 되는지 허락을 구하면 어떨까? 저는 경건함과 존경심을 담아 그렇게 했고, 다음 번에 무덤에 들어가려고 했을 때 길은 분명했습니다. 출입이 허락된 거죠.

이 만남이 이상하다고 생각할 수도 있습니다. 하지만 그날의 마법이 작용했다고 말해야 할 것 같습니다. 낸시와 저는 세레나를 가이드 삼아 마법과 신비, 가능성의 실체에 푹 빠져들었습니다. 오래된 신념 체계를 버리고 상자 밖의 무언가에 자신을 개방할 수 있는 멋진 시간이었습니다. 저는 창의적인 에너지의 힘이 우리 모두에게 있다는 것을 강하게 느꼈습니다. 하지만 공짜로 주어지는 것은 아닙니다. 우리가 해야 할 일이 있고, 그 일의 가장 큰 부분은 우리가 시작한 에너지적 과정에 충실하는 것입니다. 예, 우리는 영적인 존재이지만, 우리의 몸조차도 끊임없이 존재하고 우리를 만지고 있는 에너지에 공명할 것입니다. 이러한 에너지의 흐름에 시간과 노력을 쏟을 때, 더 큰 지각이 분명해지고 숨겨진 선물이 드러납니다. 수년 동안 인식력을 높이는 데 전념한 덕분인지 저에게 이 도전이 주어졌습니다. 같은 시간에 참석한 다른 남성들은 아무 문제 없이 곧바로 통과했습니다. 우리는 기꺼이 신축적이어야 합니다. 고대 지혜의 에너지는 어디에도 사라지지 않았습니다. 다만 그 에너지에 접근하는 방법을 잊었을 뿐입니다. 우리가 더 많이 알게 될수록 우리에게 더 많은 것이 요구되는 것 같습니다.

세레나와 함께 고대 지식과 마법 같은 이벤트에 발을 담그며 놀라운 시간을 보낸 후 낸시와 저는 캐나다로 돌아왔고, 총 석 달을 떠나있었죠. 영국의 이 지역으로 다시 돌아가고 싶지도 않았고, 방문 당시의 마법을 되찾고 싶지도 않았습니다. 저는 그 시간을 놀라운 선물이자 제가 가고자 하는 곳으로 가는 디딤돌로 생각했습니다.

빡빡한 일정이 잡혀있는 집으로 돌아왔습니다. 킹뷰 수련회와 컨퍼런스 사업이 잘 진행되고 있었습니다. 우리 시설을 이용하는 다양한 그룹이 개인적인 문제를 깊이 파고드는 데 매우 도움이 되는 환경이었지요. 하지만 사람들이 스스로를 가두는 깨끗하나 제한된 틀에서 벗어나 자유롭게 탐색할 수 있는 안전한 분위기를 제공한 것은 바로 우리 팀이었죠. 손님들은 대부분 유기농, 일부는 직접 재배한, 영양과 웰빙 측면에서 시대를 앞서가는 음식에 대해 항상 극찬을 아끼지 않았습니다. 또한 사람들이 여러 수준에서 느끼는 영양을 대표하기도 했습니다. 킹뷰의 전체 분위기는 안전과 영양을 중시하는 분위기였습니다.

저는 거의 풀타임으로 일하는 어튠먼트를 나누지 않을 때는 쌓인 눈을 삽질하고, 나뭇잎을 긁어모으고, 풀을 베는 등 제 게 매우 중요한 활동을 했어요. *저는 이런 집안일을 결코 평범하다고 생각하지 않습니다. 집안 일은 어튠먼트를 전달하는 또 다른 수단일 뿐이며, 특히 많은 시간을 더 미묘한 영역에서 소통하는 데 보내기 때문에 대지와 계속 연결될 수 있는 훌륭한 방법입니다. 설거지를 할 때도 의식을 치루는 것입니다.*

1999년에 저는 다시 한 번 해외로 향하게 되었습니다. 이번에는 영국에서 강의를 하고 세계 종교 의회에 참석하기 위해 남아프리카공화국으로 떠나는 것이었습니다. 정말 멋진 경험이었습니다. 전 세계에서 온 수천 명의 사람들이 케이프타운의 울창한 대학 캠퍼스에 모였습니다. 다양한 분야의 사람들이 모인 이곳 분위기는 사랑과 친절이 넘쳤습니다. 전통 종교의 세계에서부터 다른 독특한 영적 길을 걷는 사람들까지 다양한 사람들이 모였습니다. 경쟁이나 모집하려는 느낌은 전혀 없었습니다. 저는 이 수천 명의 사람들이 무언가를 팔기 위해서가 아니라 모든 것을 경험하기 위해 그곳에 온 것 같았습니다. 저와 남아프리카 어튠먼트 그룹에 속한 몇 명은 어튠먼트를 체험해보고 싶은 모든 사람과 어튠먼트를 공유할 수 있는 방을 제공받았습니다. 우리는 열두개의 의자를 힐링 서클의 형태로 배열하여 의자에 앉게 하고 어튠먼트를 주었습니다. 이 동작은 경추에 주의를 기울여 시행하며 시작했습니다. 앉은 사람의 목 양쪽을 닿지 않고 양손으로 감싸듯이 전류의 균형이 느껴질 때까지 안정적으로 유지합니다.

이 어튠먼트 제공은 축복을 전하기 위한 것이었고, 어튠먼트에 참여하러 온 사람들도 모두 그 사실을 알고 있는 듯했습니다. 무언가를 고치려는 것이 아니었습니다. 위대하고 마법 같은 치유를 구하는 것도 아니었습니다. 감사와 축복의 분위기를 확장하는 것이 전부였습니다. 어느 날 아침, 이탈리아에서 온 수녀님들이 들어와 의자를 가득 채웠습니다. 사랑과 빛의 실체가 존재하는 아름다운 광경이었죠. 결국은 종교가 아니라 에너지에 관한 것이었습니다.

이틀에 걸쳐 아침마다 다른 사람들이 진행하는 워크숍에 참석했습니다. 하나는 명상 가이드였습니다. 정말 좋았어요! 하지만 그들이 어떤 언어로 말했는지는 묻지 마세요!

저는 조레이 세션을 직접 경험하게 되어 기뻤습니다. 이 일본의 치유 방식과 그 힘에 대해 들어본 적이 있었거든요. 조레이 치유자와 저는 서로 이피트 정도 떨어진 의자에 마주보고 앉았습니다. 그런 다음 그는 손바닥을 저를 향해 뻗고 팔을 쭉 뻗었습니다. 그는 천천히 제 몸의 한쪽을 따라 공기를 따라 내려갔다가 다른 쪽을 따라 내려갔어요. 정말 편안했어요. 그는 영어를 할 줄 몰랐고 저는 일본어를 할 줄 몰랐지만, 우리 둘은 사랑과 축복의 언어를 사용했고 그 안에서 긴밀히 연결되었습니다.

평생 넬슨 만델라와 달라이 라마의 강연에 모두 참석했다고 말할 수 있는 사람이 있을까요? 하지만 저는 그곳에서 이 두 유명 연사의 연설을 들으며 그들 세계의 일부가 되었습니다. 넬슨 만델라가 무대에 등장하자 관중들은 박수와 감탄으로 열광했습니다. 군중이 자리를 잡자 넬슨의 입에서 나온 첫 마디는 "이십칠년간의 독방 수감 생활이 내게 가르쳐준 것을 위해 단 일분도 포기하지 않겠다"는 말이었습니다. 이 남자는 아주 좁은 감방에 갇혀 있었습니다. 일반 가정집 화장실보다 더 작은 공간에서 하루에 한 시간만 신선한 공기를 마시며 다리를 뻗을 수 있었습니다.

그는 처음에는 자신의 상황에 대해 화가 났다고 말했습니다. 하지만 시간이 지나면서 그는 감옥과 인종분리정책에서 벗어나 자유를 누릴 수 있는 공간을 스스로 찾을 수 있었습니다. 그의 존재, 그의 태도, 그의 승리는 *사람은 처한 환경으로 부터가 아니라 그 안에서 자유를 찾을 수 있다는* 사실을 더욱 확고히 해주었습니다. 그것이 바로 어튠먼트의 선물입니다. 만델라는 또한 그가 내면의 평화와 자유를 찾자 감방을 감시하던 간수들의 태도에 변화가 생기는 것을 보았습니다.

우리는 달라이 라마와 함께 대형 야외 원형 극장에 앉았습니다. 다시 말하지만, 칠천, 팔천 명의 사람들이 푸른 언덕에 모여 이 장난꾸러기의 연설을 듣고 있었습니다. 사프란 옷을 입고 우리 앞에 나타난 그는 엄청난 박수를 받으며 활짝 웃었습니다. 그의 말은 모두 평화와 사랑, 빛과 서로에 대한 친절에 관한 것이었습니다. 하지만 그것은 그저 말뿐이었습니다. 우리 모두를 감동시키고 더 많은 것을 말해주는 것은 그분의 존재, 사랑과 빛과 평화의 빛나는 존재였습니다. 그것은 정말로 가져갈 수 있는 것이었습니다. 그는 청중이 그에게 다양한 질문을 던질 때 청중과의 상호작용에서 탁월했습니다. 그 중 한 가지가 제 눈에 띄었습니다.

한 미국 남성이 말했습니다. "저는 뉴욕에 살고 있습니다. 그곳의 범죄율은 매우 심각합니다." 그는 영적 지도를 구하며 "그런 상황에서는 어떻게 해야 하나요?"라고 물었습니다. 달라이 라마는 조용히 앉아 그 남자의 질문을 묵상했습니다. 잠시 후 달라이 라마는 고개를 들어 얼굴에 활짝 웃으며 그 남자에게 "아주 큰 개를 키우는 게 좋겠소."라고 말했고, 군중들의 웃음소리가 터져 나왔습니다. 달라이 라마가 표현한 것은 기쁨이었습니다.

인생은 이 경험을 통해 저에게 또 다른 멋진 선물을 주었습니다. 위대함의 존재, 사랑의 실체와 함께 있다는 것만으로도 제 길에 큰 의미가 있었습니다. 그 순간은 마음속에서 자리를 찾아 그곳에 안착합니다. 그것들은 여러분 자신의 실체의 일부가 됩니다. 제게도 그랬죠.

미로(The Labyrinth)

킹뷰로 돌아와서 저는 제 뒷마당을 탐험할 시간이 조금 더 있었어요. 저는 세레나로부터 자력선과 그 중요성에 대해 많은 것을 배웠습니다. 물론 지구는 거대한 자력선 격자로 이루어져 있으며, 자력선이 교차하는 곳에는 자력선이 방출하는 힘이 강화되는 지점이 있습니다. 자연에서 사슴은 겨울철에 더 많은 온기를 받기 위해 종종 자력선을 따라 잠을 잔다는 연구 결과가 있습니다. 마찬가지로, 많은 이교도 유적지들이 이러한 자력선과 그 교차점 위에 세워진 것도 자력선이 힘을 제공한다고 믿었기 때문입니다. 옛날 농부들은 곡물의 영양가를 높이고 비옥도를 높이기 위해 자기 자력선 위에 지어진 곡물 통에 곡물을 저장했습니다. 이 모든 것은 지구와 달의 주기와 가장 밀접한 관련이 있는 고대의 관습입니다. 그래서 저는 다우징 막대를 꺼내서 오래된 농장을 탐사하고 싶은 충동을 느낄 수밖에 없었습니다.

다행히도 저는 부지를 관통하는 두 개의 선로를 찾을 수 있었습니다. 하나는 축사와 곡물창고를 직접 통과했고, 다른 하나는 대회의실 뒤쪽을 스치듯 지나 부지 한가운데를 통과했습니다. 길 위에서 한 노인 농부와 이야기를 나누면서 저는 농사와 관련된 자력선에 대한 그의 현명한 이해를 배웠습니다. 세레나가 말한 모든 것, 그리고 그 이상이었죠. 이 농부는 또한 옛날에는 축사를 짓는 사람들이 자신의 작업을 식별하기 위해 자신이 지은 축사 측면에 자신의 흔적을, 즉 자신의 서명을 새겼다고 말했습니다. 그리고 우리 축사에는 항상 그곳에 있었지만 그 의미를 몰랐던 켈트 십자가가 있었습니다.

아주 멋진 회의실 두 곳이 있었습니다. 하지만 가장 많은 요청이 들어온 것은 자력선 위에 위치한 회의실이었어요.

이 무렵 킹뷰의 오랜 친구인 릭이 미로에 대한 관심과 그에 따른 연구를 공유해 주었습니다. 프랑스의 샤르트르 대성당 등에는 유명한 미로가 있었습니다. 유럽 곳곳에 다양한 디자인의 미로가 있습니다. 이 미로는 영적 명상을 위한 도구로 만들어졌습니다. 미로의 유일한 입구를 통해 들어가서 앞에 놓인 코스를 천천히 의식적으로 걸으며 명상을 하는 것이었습니다. 미로 속으로 걸어 들어가는 시간은 더 이상 내 삶에 속하지 않는 것들을 생각하고 그것들을 놓아주는 시간이었습니다. 이 코스는 이리 저리 구불어졌지만 결국 원의 중앙으로 이어졌습니다. 중간에 도착하면 잠시 멈춰서 여기까지 걸어오면서 의식 속에서 일어난 일들을 되돌아볼 수 있습니다. 그리고 나서 빠져나오면서 새롭게 삶에 적용해야 할 것이 무엇인지 인식할 수 있는 기회를 가졌습니다. 한 발짝 물러서서 다른 사람들이 차례대로 미로를 걷는 모습을 지켜보는 것도 흥미로웠습니다. 어떤 사람들은 십분 만에 들어왔다 나간 반면, 어떤 사람들은 한 시간 이상 오래 걸리기도 했습니다.

이 미로들 중 일부는 작고 아주 단순했습니다. 다른 미로들은 웅장하고 조경이 화려하며 복잡한 디자인으로 만들어졌습니다. 캘리포니아에 사는 친구 조이스는 라벤더 덤불로 길을 구분하여 미로를 만들었습니다. 명상하는 사람이 걸을 때 라벤더의 차분한 향기가 영혼을 진정시키고, 덤불 꼭대기를 가볍게 쓸어 향기를 공기 중으로 방출했습니다.

이 미로가 어떻게 될지 그녀가 결정한 걸까요, 아니면 안내를 받은 걸까요? 어느 쪽이든 결과는 부인할 수 없는 것이었습니다.

그래서 저희는 킹뷰 본관 바로 뒤쪽의 자력선 위에 미로를 만들었습니다. 우리가 선택한 디자인은 스위스에서 칼 융이 사용했던 것과 동일한 모델인 발틱 휠(Baltic Wheel)이었습니다. 이 미로는 꽤 큰 규모였고 코스 중앙에 도달하면 발걸음을 되돌릴 수 있고, 원한다면 더 짧고 직접적인 경로를 통해 미로를 빠져나갈 수 있도록 설계되었습니다. 저희는 이 아름다운 시설을 개인적으로 묵상할 때 사용했고, 일요일 모임에서 이를 공유했습니다. 여러분도 상상하시겠지만, 미로는 어튠먼트 수업에도 자연스럽게 어울렸습니다. 우리 시설을 이용하러 온 단체들도 미로를 프로그램에 포함시키고 싶어하는 것을 보는 것은 참으로 즐거웠습니다.

바깥쪽 원 한 쪽에서 다음 쪽까지 오십 피트 길이의 미로를 만드는 데는 많은 사람의 손길이 필요했습니다. 잔디를 걷어내고 그 자리에 빽빽한 석회암 층을 깔았습니다. 거기서부터 릭은 길을 설계한 다음 제자리에 두드리는 작업을 훌륭하게 해냈습니다. 그 작업이 끝나면 코스를 묘사하기 위해 새 잔디를 깔았습니다. 정말 아름다웠습니다. 미로 바로 옆에는 성숙하고 광활한 허브 정원이 자리 잡고 있어 더욱 정취와 아름다움을 더했습니다. 그리고 그것만으로는 충분하지 않다는 듯이 바위와 언덕 위로 부드럽게 흘러내리는 시냇물과 폭포를 설치했습니다. 영국에서의 추억을 농장으로 가져올 수 있어서 정말 기뻤습니다. 그곳에서 불타오른 경이로움이 제 안에 자리 잡았고 점점 커져가고 있었죠.

길드로 돌아가기(Back to the Guild)

어튠먼트 길드는 여전히 강력하고 빠르게 성장하고 있었습니다. 오리지널 팀인 저희는 기꺼이 다른 사람들을 리더로 영입하고, 그들이 교육을 받고 길드에 쉽게 적응할 수 있도록 합의된 커리큘럼을 제공했습니다. 이에 대한 반응은 더 큰 규모의 어튠먼트 모임에 대한 요구로 이어졌습니다. 웃음과 진심 어린 공유와 탐구를 통해 같은 생각을 가진 다른 영혼들과 깊은 교감을 나눌 수 있는 시간이었습니다. 정말 많은 사람들이 모였습니다! 그렇게 국제적인 감각을 지닌 길드 모임의 몇 년 간의 시즌이 시작되었습니다. 많은 모임이 킹뷰에서 열렸고, 다른 모임은 랜치와 캘리포니아의 작은 유토피아, 글렌 아이비라는 또 다른 에미서리 커뮤니티에서 열렸습니다. 모임은 보통 주말을 걸쳐 열렸으며 때로는 조금 더 길게 열리기도 했습니다. 이러한 워크샵에서는 우정과 협력이 빛났으며 세계 각지에서 온 다양한 사람들이 많은 팁과 요령을 공유했습니다. 모두가 교육을 받았습니다.

우리 모임 중 하나에는 한국에서 온 대표도 있었습니다. 득희라는 인상적인 이름을 가진 여성 중 한 명이 우리를 위해 한국 다도를 진행하겠다고 제안했습니다. 정말 특별했습니다. 이 성스러운 의식을 위해 방에 들어서자 한국의 전통 예복인 한복을 입은 여성이 우리 모두를 맞이하고 자리로 안내했습니다. 이 의식은 그 자체로 어튠먼트이었습니다. 이 책 전체에서 어튠먼트 테크닉에 대해 이야기했습니다. 하지만 이 의식은 또 하나의 '테크닉'이었다고 말하고 싶습니다. 찻잔을 나눠주는 것부터 다도의 모든 면에 신성한 분위기가 느껴졌어요. 모든 것이 경건하고 존중하는 마음으로 이루어졌습니다. 예, 그것은 진정한 어튠먼트이었으며 길드 모임에서 우리가 경험한 풍요로움은 바로 이런 것이었습니다.

길드에 국제적인 인원이 많았기 때문에 우리 중 일부는 다른 나라의 그룹을 방문하라는 요청을 받는 것은 자연스러운 일이었습니다. 낸시와 제가 이 그룹에 참여하게 된 두 나라는 프랑스와 멕시코였습니다. 두 워크숍 모두 프랑스어와 스페인어를 전혀 구사하지 못하는 저에게 큰 영향을 미쳤습니다. 두 경우 모두 몇 문장이 나올 때마다 통역사가 개입했습니다. 조금 힘들 것 같지만 실제로는 영어에서 불어로, 영어에서 스페인어로의 번역이 아주 매끄럽게 이루어졌습니다. 번역을 맡은 두 여성과 이미 친분이 있었기 때문일 수도 있고, 두 사람 모두 어튠먼트 프로세스에 익숙하고 열정을 가지고 있었다는 점도 큰 도움이 되었을 것입니다.

이 모든 것에서 흥미로운 점은 두 경우 모두 둘째 날에는 번역이 훨씬 덜 필요했다는 것입니다. 우리 그룹과 저는 가슴과 가슴을 연결했고, 그것이 말보다 메시지를 전달하기 시작했습니다. 실제로 두 경우 모두 모임이 끝날 무렵 참가자 중 한 명이 제게 다가와 제 가슴에 손을 얹었습니다. 감사하다는 말 이상의 의미가 담겨 있었습니다. 그것은 우리가 경험했던 가슴의 연결을 기리는 것입니다. 때로는 말이 방해가 될 때도 있습니다.

아, 심장은 몸 전체의 혈류를 조절하는 펌프 그 이상입니다. 심장은 빛을 받아들이고, 지성이 있으며, 위대한 지혜를 품고 있고, 진정한 사랑의 정신을 키우고 움직이게 합니다. 눈이 영혼의 창이라면 심장은 영적 성장과 궁극적인 깨달음으로 가는 관문입니다. 하트매쓰(HeartMath) 연구소가 발견하고 개발한 것을 살펴보세요. 하트매쓰는 가슴의 힘과 지성, 즉 가슴의 직관을 활용하여 최고의 자신을 일깨우는 데 도움을 줍니다. 심장 활동의 패턴에 따라 생각과 행동에 미치는 영향이 달라집니다. 우리는 때때로 다른 사람에게 선물을 줄 때 "이것은 내 가슴의 선물입니다."라고 말하곤 합니다. 무슨 뜻일까요? 이것은 내 영혼이 주는 진정한 사랑의 선물입니다! 2024년에 이 글을 쓰고 있는 지금, 심장은 단순한 기관이 아니라는 사실이 최근 밝혀지고 있습니다. 사실 심장은 내분비계의 일부로, 신체의 호르몬 시스템을 조절하는 호르몬샘의 일종입니다. 이런 의미에서 심장은 제가 어튠먼트로 조율할 때 고려하는 중요한 내분비샘입니다.

심장의 아름다움은 그의 유일한 관심사가 온몸을 위하는 것이라는 점입니다. 심장 자체에 문제가 생겼을 때에도 심장은 자신이 뛰고 있는 몸을 위해 온 힘을 다해 노력합니다. 그리고 인류의 본보기로, 심장은 당연하게 여기거나 신체의 다른 부위에 이상이 생겨도 움츠러들지 않습니다. 심장은 "이건 말도 안 되는 소리야. 이제 그만해!"라고 말하지 않습니다. 아니, 심장은 계속 뛰고 있습니다. 심장은 계속해서 온몸에 혈액을 공급합니다. 이 세상의 수많은 돌보는 이들이 자신의 고립된 관심사보다 전체의 안녕을 더 걱정하는 것처럼 말입니다. 이 글에서 저는 여든여섯의 나이로 돌아가신 어머니의 위대하고 사랑 가득한 가슴을 기리기 위해 잠시 호흡을 가다듬으려 합니다. 어머니는 평화롭게 떠나셨습니다.

부두
VOODOO

저주와 주문은 어떤가요? 전 남자친구가 자신에게 부두교 저주를 걸었다는 사실 때문에 어려움을 겪고 있는 한 여성과 어튠먼트로 조율해 주어야 할 도전적 상황이 있었지요. 남미 출신인 남자친구는 분노에 가득 찬 영혼이었고, 관계를 끝낸 그녀에 대해 극도로 분개했습니다. 그는 그녀에게 저주를 걸었다고 솔직하게 말했습니다. 저주가 그녀를 "추하게 만들 것"이라고 말했죠. 페넬로페는 매우 매력적인 여성이었습니다.

페넬로페와 함께 일한 첫 두어 달 동안 저는 그녀에게 변화가 일어나는 것을 보았습니다... 좋은 방향으로의 변화는 아니었습니다. 예, 예쁜 얼굴이지만 저는 그녀의 이마에 잡티가 무리지어 퍼지는 것을 발견했습니다. 그런 다음 볼이 이상하고 매력적이지 않게 가라 앉는 것을 보았습니다. 그녀는 실제로 얼굴 피부가 매우 불편하게 조여지는 것을 느낄 수 있다고 말했습니다. 그녀의 얼굴은 서서히 일그러지고 있었고, 몇 달 후 저는 제가 제공하던 어튠먼트가 이런 상황에서 충분하지 않다는 결론을 내릴 수밖에 없었습니다.

전에는 이런 상황을 겪어본 적이 없었어요. 부두교의 저주? 처음부터 그 사실을 알려주는 것이 중요했습니다. 저는 저주에 대한 경험도 없고 정신적 또는 심리적 상황을 다루는 전문적인 교육을 받은 적도 없습니다. 어튠먼트는 제가 하는 일이고, 그것은 에너지가 어떻게 나타나는

지, 어떻게 읽히는지에 전적으로 의존합니다. 그것은 보장할 수 없는 협력적인 경험입니다. 하지만 제가 확실히 알고 있는 한 가지는 빛은 항상 어둠을 이긴다는 것입니다. 그것은 당연한 사실이며, 그 안에 어둡고 부정적인 경험을 바꿀 수 있는 우리의 힘이 있습니다. 그러던 중, 어튠먼트 과정에 대한 우리의 확고한 의지가 주는 순수한 은혜로 인해 한 가지 아이디어가 떠올랐어요. 의식을 치르자는 것이었습니다.

저주나 부정적인 에너지를 다른 사람에게 강요하는 것은 상징을 통해 이루어진다는 것이 제 이해였습니다. 따라서 부두 인형의 이미지가 그렇습니다. 반지, 십자가, 의복 등 특정 에너지에 대한 헌신의 상징이 모두 있습니다. 그러니 페넬로페, 우리만의 상징으로 작업해 봅시다. 저는 그녀에게 자신에게 저주를 내린 남자의 사진을 가져와서 우리가 어튠먼트를 나누는 동안 들고 있으라고 했습니다. 세션이 끝나고 우리는 그 사진을 의식적으로 불태웠습니다. 그런 다음 태운 사진의 재를 가져다가 화분용 흙과 섞은 다음, 그 혼합물을 사용하여 제 성소 창턱에 놓아둔 작은 화분에 수선화 구근을 심었습니다.

수선화가 피면 저주가 풀릴 거다 그게 거의 다였어요. 조금씩 왜곡이 사라지고 그녀의 예쁜 얼굴이 다시 나타나기 시작했습니다. 그녀의 얼굴은 결코 이 모든 일이 시작되기 전의 모습으로 돌아갈 수 없었습니다. 하지만 저주에 시달리던 페넬로페는 내면의 평화를 찾았고, 부두교의 저주에 대한 공포를 백미러에서 떨쳐버릴 수 있었습니다.

저는 더 이상 일반적인 경험에서 벗어난 상황에 대한 제 본능을 의심하지 않는 자리에 도달했습니다. 또한 이상하거나 믿기지 않거나 심지어 우스꽝스러워 보이는 사건도 외면하지 않습니다. 제가 판단할 자격이 있을까요? 빛 속에서 일하고 그 빛을 필요로 하는 사람에게 빛을 비춰주는 것이 제가 할 일입니다.

죽음과 임종과정
DEATH AND DYING

오랜 세월 동안 어튠먼트를 제 인생의 중심에 두고 살아오면서 얼마나 다양한 사람들을 만났고 얼마나 많은 독특한 상황을 겪었는지 짐작하실 수 있을 겁니다.

2000년 초에 제 친구가 아버지인 크리스를 데리고 저를 찾아왔습니다. 크리스는 말기 췌장암으로 투병 중이었는데, 아들은 제게 어튠먼트를 받는 것이 임종에 위안을 줄 수 있을 거라고 생각했고, 물론 실제로 그렇게 되었습니다. 크리스와의 대화를 통해 저는 그가 죽음을 두려워하지 않는다는 것을 알게 되었습니다. 나치 수용소에 수감된 적은 없지만 열두 살의 어린 나이에 나치에 의해 징집된 크리스는 오븐에 쌓인 시체를 긁어내어 처리하는 일을 도왔습니다. 상상조차 할 수 없는 일이었죠! 내 친구인 그의 아들은 크리스가 죽기 직전 침대에 앉아 "히틀러는 절대 나를 못 잡을 거야!"라고 외쳤다고 말했습니다. 그래도 그는 캐나다로 이주한 후에는 감사하게도 좋은 삶을 살았습니다. 하지만 제가 그를 만났을 때 그는 우울해 보였습니다. 제가 그 부분을 조금 더 파고들자 그는 무엇이 자신을 괴롭히는지 말해주었습니다. 그는 의사와의 모든 대화, 즉 자신과 임종 과정과 직접적으로 관련된 대화에서 소외되고 있었습니다. 그의 아들과 가족은 최선의 의도로 모든 것을 다루고 있었으나 그들이 인식하지 못한 것은 이것은 아버지만의 과정이었다는 것입니다. 그는 여전히 살아있었고 스스로 결정을 내릴 수 있는 능력이 충분했습니다. 그는 자신도 대화의 일부가 되고 싶었을 뿐입니다.

이것은 중요한 포인트입니다. 종종 말년에 슬퍼하거나 좌절하는 사람을 보면 죽음을 두려워하거나 괴로워하는 것이라고 생각하곤 합니다. 하지만 저는 종종 그들이 아직 살아있다는 사실을 인정받고 싶어 하고, 자신의 죽음의 과정에 대해 발언권을 갖고 싶어 한다는 사실을 발견했습니다. 전문가를 포함한 많은 사람들이 눈앞에 있는 환자에 대해 마치 없는 사람처럼 이야기합니다. 저도 그런 경험을 해봤지만 죽어가는 것도 아니었습니다!

제 절친한 친구인 한 남자가 암 말기로 병원에 입원해 있었습니다. 짐은 평생을 대장장이로 일한 강인하고 건장한 사람이었습니다. 저는 병원에 있는 그를 찾아가서 그와 함께 어튠먼트를 나눴습니다. 어튠먼트 도중에 저는 그의 얼굴에서 눈물이 흐르는 것을 발견했습니다. 저는 일반적인 가정을 하는 대신 "무슨 일이에요, 짐?"이라고 물었습니다.

짐은 가족들이 자신의 장례식에 친한 친구들을 초대하지 않고 말할 기회도 주지 않을지도 모른다는 생각에 괴로워했습니다. 짐과 그의 가족은 한동안 소원해져 있었습니다. 저는 짐에게 킹뷰에서 그의 많은 좋은 친구들이 우정에 충실한 방식으로 그를 사랑스럽게 배웅할 수 있는 기회를 가질 수 있도록 장례식을 준비하겠다고 약속했습니다. 이 말을 듣고 짐은 완전히 긴장을 풀었습니다. 그날 늦게 그는 의사에게 그를 집으로 보내달라고 이야기했습니다. 그곳에서 짐은 모두 라벨이 붙은 주문한 옷을 여행 가방에 싸서 나갔고 아내와 함께 멋진 식사를 한 후 잠자리에 들었습니다. 그렇게 짐은 완전히 평화롭게 이 세상을 떠났습니다. 그의 가족들이 그의 유언을 존중해준 덕분에 모든 불안감이 사라진 것이 마지막 축복이었습니다.

테레즈 슈뢰더 - 셰커(Therese Schroeder-Sheker)

이 두 분과 함께 일하며 그들의 떠남을 돕고 얼마 지나지 않아 저는 콜로라도 볼더(Boulder)에서 열린 컨퍼런스에 참석할 기회가 있었습니다. 이 모임은 임종 간호에 관한 것이었고 백명의 사람들이 참석했습니다. 훌륭한 연사들 중에는 테레즈 슈뢰더 셰커라는 매력적인 여성도 있었습니다.

테레즈는 몬태나의 한 대형 병원을 위해 안식의 성배 프로그램을 개발했습니다. 가수이자 하피스트, 자비로운 영혼이었던 그녀는 미소울라에서 임종 단계에 있는 환자들과 함께 일했습니다. 젊은 간병인으로서 그녀는 마지막 시간을 힘겹고 두려움에 떨고 있는 한 남성을 돌보고 있었습니다. 테레즈는 무엇이 적절한지 생각하지 않고 본능에 따라 행동했습니다. 그녀는 침대 위로 기어 올라가 죽어가는 남자에게 다가가 그가 죽을 때까지 부드럽게 노래를 불러주었습니다. 그녀는 이 행위가 그에게 위안을 주고 피할 수 없는 일에 고통 없이 받아들이는 데 도움이 된다는 것을 직접 목격했습니다. 이를 계기로 그녀는 연구를 시작했습니다.

고대 수도원에서는 수도사들이 죽어가는 형제의 곁에 모여 저승으로 보내는 노래를 불렀다는 사실을 알고 계셨나요? 수도사들은 죽어가는 사람에게 이야기를 들려주고 노래를 불러주며 그들의 가는 길을 응원했습니다. 이 생을 순조롭게 떠난다는 것은 다음 생을 순조롭게 시작한다는 의미일 수도 있습니다. 어떤 경우이든, 의식적인 죽음에는 큰 이점이 있고 출구까지 우아하게 동행하는 것에는 헤아릴 수 없는 이점이 있는 것 같습니다.

따라서 안식의 성배(the Chalice of Repose)는 훈련된 하피스트가 죽어가는 환자와 함께 앉아 그들이 떠날 때 연주하고 노래하는 프로젝트입니다. 어튠먼트에서 우리는 에너지에 귀를 기울인다고 말씀드린 적이 있습니다. 테레즈와 그녀의 팀도 마찬가지입니다. 환자의 생체 신호에 맞춰 리듬과 음색을 맞추고 심장 박동과 호흡을 기록하여 하프에 맞춰 연주합니다. 테레즈는 이 연주에 에고가 개입되면 효과가 없다고 말합니다. 죽어가는 사람의 요구를 수용하려면 자신의 에고는 완전히 버려야 한다는 것이죠. 연주를 하는 동안 조사관이나 상급자가 방에 들어와야 한다면, 잘 보이기 위해 연주 하고 싶은 유혹이 생길 수 있습니다. 하지만 이는 여러 면에서 잘못된 행동입니다. 그들의 관심사이자 유일한 관심사는 환자와 함께 있고 환자가 떠날 때까지 이미 매우 느린 속도를 늦추는 것입니다. 정말 대단한 선물이죠! 가장 평화로운 방법임에 틀림없습니다.

세상에는 인정받기를 바라지 않고 묵묵히 헌신하는 간병인 등 훌륭한 사람들이 정말 많습니다. 저는 정말 운이 좋게도 많은 분들을 만났습니다. 제 아내가 웃으며 "어! 왜 그럴까?"라고 말하곤 합니다.

알고 보니 테레즈와 저는 테사라는 공통의 친구가 있었어요. 아일랜드의 영혼과 시적 정신을 지닌 테사. 테사는 킹뷰에서 차로 그리 멀지 않은 곳에 자폐증을 앓고 있는 청년들을 돌보는 시설에서 일하고 있었습니다. 그녀는 테레즈에게 이 학교 사람들을 위해 연주해 달라고 부탁했고, 저는 운 좋게도 그녀의 연주에 함께 참석할 수 있었습니다. 테레즈의 배려심 깊은 영혼과 사랑스러운 음악은 이 행성을 떠나는 사람들뿐만 아니라 그 이상의 사람들에게 위안을 주었습니다. 그녀는 좌석에 앉은 많은 관중들 외에도 맨 앞줄에 앉은 열다섯 명 남짓한 자폐 청소년들에게도 연주를 들려주었습니다. 이 아이들은 몸을 앞뒤로 흔드는 것을 좋아합니다. 그것은 아이들을 진정시키는 동작입니다. 하지만 테레즈의 하프 연주가 오분 정도 흐른 후 흔들림이 멈췄습니다. 아이들은 가만히 앉아 조용히 이 사랑스러운 음악에 매료되었습니다. '공연'이 끝날 무렵, 자폐증을 앓고 있는 한 젊은 여성이 무대에 올라와 테레즈에게 꽃다발을 건네며 한 곡만 더 연주해 달라고 부탁했습니다. 그 젊은 여성은 테레즈가 연주하는 동안 가만히 곁에 서 있었습니다. 홀 전체에 눈물이 흘렀습니다.

테레즈는 월드 와이드 웹의 안식의 성배(the Chalice of Repose.)에서 찾을 수 있습니다.

맥스(Max)

2000년대 초반, 저는 시내 클리닉을 그만두고 대신 시내를 돌아다니며 다양한 사람들의 집을 방문하는 것을 선택했습니다. 또한 대중교통으로 쉽게 갈 수 있는 시내 중심가에 스튜디오를 운영하는 마사지 테라피스트인 사랑스러운 여성과도 인연이 닿았죠. 야스민과 저는 어튠먼트를 함께 나누었는데, 그녀는 자신의 공간을 매우 관대하게 내주었어요. 어느 날 그녀는 저에게 토론토의 한 가족을 소개해줬어요. 열네 살짜리 아들이 척추에 생긴 악성 흑색종(malignant melanoma)으로 큰 치료를 받고 있었습니다. 치료는 혹독했고, 치료가 끝난다는 보장도 없었습니다. 맥스의 상황은 매우 심각했습니다. 인터페론 치료를 받고 있었는데 부작용이 심해 현재로서는 학교에 갈 수 없는 상황이었죠. 이번에도 저는 약속은 하지 않았지만 일주일에 두 번씩 맥스와 어튠먼트를 함께 하기로 동의했습니다. 맥스와 저는 곧바로 친해졌고 일주일에 두 번씩 방문하던 것이 일년으로 늘어났습니다. 저는 통근하는 도시에서 기차를 타고 도시를 가로질러 맥스와 그의 부모님인 지오프리와 롤린을 방문하곤 했습니다. 종종 부모님은 저를 위해 멋진 점심을 대접해 주셨죠. 그들은 우리가 하는 일에 대해 정말 고마워했어요. 우리의 어튠먼트 계약은 약 이십년이 지난 지금까지도 아름다운 우정을 이어가고 있습니다.

저와 맥스가 함께 어튠먼트를 나누면서 가장 먼저 눈에 띄는 것은 맥스의 치료 부작용이 줄어든 것이었고, 결국 맥스는 완치되었습니다. 맥스의 부모님은 맥스의 회복이 저희가 나누었던 어튠먼트 덕분이라고 말했고, 저는 그것이 큰 변화를 가져왔다고 확신합니다. 하지만 저는 그의 가족이 제공한 사랑스러운 환경을 잘 알고 있었고, 그것은 아무리 강조해도 지나치지 않습니다. 그 사랑과 어튠먼트, 그리고 의학적 치료 사이에서 사랑하는 맥스는 승리를 거두었습니다. 그는 이제 삼십대의 남자로 강하고 건강한 삶을 살고 있습니다.

이 젊은 남자와 어떻게 그렇게 잘 어울릴 수 있었을까요? 스포츠! 맥스의 모든 세상은 암을 중심으로 돌아가고 있었고, 그를 도울 수 있는 사람이라면 누구나 그런 식으로 그와 관련되어 있었습니다. 항상 병과 치료법에 대한 이야기만 있었죠. 실제 병만큼이나 그를 지치게 했던 것 같아요. 맥스를 처음 만났을 때 저는 스포츠에 대해 이야기를 하면서 그의 마음을 편안하게 열 수 있는 방법을 찾았습니다. 팀과 움직임, 승리와 패배, 팀에 대한 예측과 희망에 대해 이야기했습니다. 이러한 접근 방식은 그를 완전히 편안하게 만들었고 우리 관계를 견고하고 쉽게 만들었습니다.

저의 거친 농담도 아주 유용하게 사용되었습니다. 낸시는 이를 아빠 농담이라고 부릅니다. 낸시가 눈살을 찌푸릴 수도 있지만, 농담은 상대방을 편안하게 해주고 암울한 현실에서 마음을 돌릴 수 있는 티켓이 될 수 있습니다. 맥스는 정말 용기 있는 청년이었으며, 저는 그의 승리에 박수를 보냅니다. 잘했어요, 맥스!

그는 지금 서부에 살면서 그곳에서 삶을 꾸려가고 있습니다. 가끔 그를 만나곤 하는데, 우리 둘 다 각자의 삶에서 진전을 이루었지만, 연결은 여전히 존재합니다. 앞으로도 그럴 거라고 확신합니다. 그의 부모님은 여전히 좋은 친구이고, 우리는 종종 함께 도시를 산책하고, 뒤쪽 데크에서 마티니를 마시며 우리의 영적 여정에 대한 새로운 통찰을 나눕니다. 제 삶과 우리의 삶은 훌륭한 사람들과 함께 풍성한 축복을 누리고 있습니다. 수년 동안 제가 어튠먼트를 나눈 수천 명의 사람들 중에는 호기심 많은 사람들, 절망적인 사람들, 다른 분야의 치유자, 간병인, 영적 인식을 넓히려는 사람들, 그리고 여러분이 읽은 것처럼 훨씬 더 많은 사람들이 있었습니다. 그중에는 제프리와 로린처럼 더 큰 그림에 대한 깊은 이해를 공유하고 그 안에서 성장하기 위해 노력하는 사람들, 즉 좋은 친구가 된 사람들도 많습니다. 따라서 우리의 친구 컬렉션은 전 세계에 걸쳐 방대하고 풍부합니다. 네, 우리는 정말 큰 축복을 받았습니다!

내어 맡기기
LETTING GO

▲ 도슨 크레센트 마을

▲ 성 프란체스코의 고향 중세도시 Assisi

◀ Assisi에 있는 성 프란체스코가
　성흔 체험을 했던 곳

성벽으로 둘러싸인
중세도시 Assisi ▶

스톤헨지 앞에서
드루이드 전설을
하지 의례로 봉헌하는 장면 ▶

▲ 역사 이전의 성스러움을 담지하고 있는 스톤헨지

2006년이 되자 삼십오년 동안 지속적으로 확장하고 발전시켜온 킹 뷰를 놓아야 한다는 사실이 분명해졌습니다. 변화... 다시 시작합니다.

이 세상의 다른 많은 조직과 마찬가지로 우리도 정체성의 위기에 직면했습니다. 수년 동안 쌓아온 우정과 화합이 흔들리는 시기를 맞았습니다. 어떤 일이 있더라도 제게는 변화가 필요하다는 증거였습니다. 재정 상황과 함께 적은 직원 수는 늘어났고, 고객도 더 이상 우리가 원하는 대로 되지 않았습니다. 그래도 계속 운영하려면 수입이 필요했습니다. 이는 이상적인 상황이 아니었습니다. 그래서 농장을 매물로 내놓고 규모를 줄이기로 합의했고, 그 동안의 경험을 바탕으로 어튠먼트에 초점을 맞춘 더 작지만 세련된 휴양 센터를 만들기로 했습니다.

흥미로운 과정이었어요. 현지에서 세 명의 부동산 중개인을 불러서 각자가 생각하는 집값에 '입찰'을 하도록 했습니다. 나쁘지 않은 금액이었지만 입찰 금액은 천차만별이었습니다. 당연히 린이 선택되었습니다. 그녀는 가장 높은 입찰가를 제시했을 뿐만 아니라 우리가 구축한 것에 대해 큰 존경심을 보였습니다. 심지어 그녀는 진심을 담아 "정말 우리가 이 장소를 유지할 수는 없을까요?"라고 물었습니다.

저는 우리의 구불구불한 언덕, 정원, 들판, 숲, 신성한 미로가 중장비에 짓밟혀 포장된 구획으로 바뀌는 것을 보고 싶지 않았습니다. 정말 가슴이 아팠을 겁니다. 다행히도 나이아가라 절벽에서 심코 호수(Lake Simcoe)까지 이어지는 정부 보호 구역인 오크 릿지스 빙퇴석산(Oak Ridges Moraine)에 위치한 팔십 칠 에이커의 주요 부동산이 있었습니다. 따라서 누구도 그곳을 구획분할 할 수 없었습니다. 개발업자에게 팔 수 있었다면 훨씬 더 많은 돈을 받았을 것입니다. 하지만 우리는 모두 정신을 중요시했습니다. 그것이 모든 결정에서 가장 중요했습니다. 당연히 다음 단계에 영향을 미칠 것입니다. 결국 한 종교 단체가 약물 남용과 힘든 생활 환경에 처한 젊은 여성들의 재활을 위한 시설로 킹뷰를 매입했습니다. 완벽하죠!

우리는 킹뷰의 모든 주민들과 회의를 열고 새로운 곳으로 이사하고 싶은 사람이 누구인지 물었습니다. 비전을 계속 이어가고 싶은 사람은 누구였나요? 이를 통해 다음 장소가 어떤 모습이어야 할지 결정하는 데 도움이 될 것입니다. 놀랍게도 새로운 장소와 새로운 비전을 계속 이어가겠다고 답한 사람은 단 네 명뿐이었어요. 바로 저와 낸시, 팸, 그리고 친구이자 오랜 킹뷰 동료였던 하비였습니다. 오랫동안 킹뷰에 거주했던 머레이도 첫해에 와서 리모델링이나 수정이 필요한 부분을 도와주기로 했습니다. 그는 이 분야에서 탁월했고 자신의 존재감과 기술로 상당한 재능을 제공했습니다. 우리에게는 이전해야 할 동물들과 수백 명의 사람들이 지나가면서 기부한 수년간의 축적된 엄청난 양의 '옮길 물건'이 있었습니다. 가구, 골동품, 농기구, 파일, 서류, 카펫, 그림, 주방 가전제품 .... 킹뷰는 엄청나게 컸고, 정리할 사람이 거의 남아 있지 않았어요. 솔직히 말해서 모든 것이 그냥 물건이었어요. 우리가 움직이거나 이동하는 에너지가 대단했죠. 어쨌든 우리는 해냈어요.

낸시는 에이전트 린과 함께 새 집을 찾으러 다녔어요. 아마 삼십번은 더 보았을 거예요. 모든 조건을 충족하는 곳을 찾았을 때 이사회에 최종

승인을 요청했습니다.

우리가 선택한 새로운 장소는 킹뷰 숙소에서 동쪽으로 불과 십마일 떨어진 요크 지역 숲에 자리 잡고 있었어요. 넓은 다년생 정원, 우뚝 솟은 바위와 폭포가 있는 대형 잉어 연못, 정자, 물고기를 관찰하고 간식을 던질 수 있는 작은 일본식 다리 등 부지는 아름다웠어요. 키 큰 침엽수 나무로 둘러싸인 바닷물 수영장과 취미용 크기의 헛간이 있는 작은 방목장이 있어서 우리가 옮겨갈 네마리 말들을 수용할 수 있었어요.

나무들 사이에는 어튠먼트용 베드와 성소로 딱 알맞은 작은 캐빈도 있었어요. 길 건너편과 사방으로 숲의 산책로가 이어져 있어 특히 반려견 윌슨과 함께 산책하기 좋았지요. 저희는 이곳이 손님을 맞이하고 어튠먼트 케어를 확장하기에 완벽한 장소일 뿐만 아니라, 영적인 교류를 위해 함께 모이고 싶은 사람들의 모임을 수용하기에 이상적인 장소라고 생각했습니다.

집 내부도 인상적이었어요. 넓지만 불규칙하게 넓어져 프라이버시를 보장할 수 있는 공간이 여러 개 있었어요. 우리의 필요 이상으로 침실이 세개나 더 있어서 손님을 초대하기에 딱 좋았지요. 아늑한 일광 욕실이 집 밖으로 나무를 향해 돌출되어 있어 숲 한가운데에 있다는 것을 알려주었습니다. 눈이 내리는 밤에는 장작 난로에서 따스한 온기가 뿜어져 나오고, 바깥에는 눈송이가 땅에 떨어지는 마법 같은 풍경이 펼쳐졌습니다. 넓고 약간 웅장한 이 집의 많은 부분이 저희의 비전에 잘 맞아떨어졌기 때문에 저희는 큰 아이디어를 떠올렸습니다.

우리의 비전은 진정한 안식처 공간을 만들고, 사람들이 이곳에 와서 광범위한 치료를 받고, 잘 먹고, 모든 편의시설을 갖춘 경내에서 휴식을 취하고, 도시와 모든 걱정에서 벗어나 지친 머리를 쉴 수 있는 공간을 마련하는 것이었습니다. 사람들이 우리가 이름 붙인 그레이스우드를 자신의 공간으로 인식하기 시작하길 바랐습니다. 이 사업을 개발하는 동시에 일요일이나 다양한 행사를 위해 킹뷰에 오던 사람들이 이곳을 더욱 환영하는 장소로 만들고 싶었습니다. 그들도 이곳을 자신의 공간이라고 생각했으면 했습니다. 수영장 데이, 바베큐 파티, 사람들이 모여 수다를 떨고 함께 식사를 나누는 모습을 상상했습니다. 이것이 우리가 수용하기 위해 노력한 비전이었습니다. 하지만 모든 사람이 이 비전에 동의하는 것은 아니었습니다. 사실 그 이면에는 불안한 기운이 감돌고 있었습니다. 우리는 그 사실을 인지하지 못한 채 열심히 일하면서도 왜 일이 계획대로 풀리지 않는지 궁금해했습니다. 우리 중 누구도 열심히 일하는 것에 익숙하지 않은 이는 없었습니다. 하지만 이것은 마치 둥근 돌을 굴려 오르막길을 올라가는 것과 같은 느낌이었습니다. 둥근 돌이 굴르면 뒤로 굴러가 발가락을 짓눌리게 됩니다. 안개가 자욱하고 에너지가 넘치는 장이 그렇게 될 수 있습니다.

이 모든 사실은 어느 이사회 회의에서 고통스럽게 밝혀졌고, 삼년이라는 짧은 시간 만에 그레이스우드는 매각되었습니다. 무거운 마음으로 깨진 유리창을 정리하며 우리는 다음 단계로 나아갈 방향을 모색했습니다.

저는 이러한 모든 것이 비록 도전적일지라도 나쁜 것이라고 생각하지 않습니다. 때로는 변화의 필요성을 깨닫기 위해 인생이 우리의 머리를 때려야 할 때도 있고, 때로는 아플 때도 있습니다. 하지만 저는 그 힘든 시기를 어렵사리 이겨내고 나면 항상 저에게 딱 맞는 자리로 나아갈 수 있다는 것을 몇 번이고 경험했습니다. 저는 제가 성공했을 때 온 우주가 축하해준다는 것을 압니다.

그레이스우드로 이사한 지 약 팔개월 후에 마지막으로 킹뷰를 방문한 적이 있습니다. 저희로부터 킹뷰를 매입한 단체인 틴 챌린지에서 일하는 유지보수 담당자의 요청으로 갔었죠. 우물과 펌프가 수요를 따라 가지 못해 물 공급에 문제가 있는 것 같았어요. 깜짝 놀랐죠. 제가 직접 우물을 파서 그곳에 살았던 삼십오년 동안 주민과 손님이 끊이지 않았기 때문에 우물은 우리에게 충분한 물을 공급해 주었거든요. 우리가 떠날 당시에는 그 시스템에서 분당 이십오 갤런에서 삼십오 갤런의 물을 공급받고 있었죠. 샤워, 설거지, 세탁, 정원 물주기를 모두 해도 물이 부족하지 않았어요. 우리가 떠난 후 어떻게 문제가 생겼나요? 당황스러웠어요. 틴 챌린지에는 열두명도 채 안 되는 사람들이 살고 있었거든요. 저는 원조 우물 파는 사람인 빌에게 물어봤지만 그 역시 상황을 설명할 길이 없었습니다. 그럼에도 불구하고 빌과 저는 새 주인을 위해 더 큰 저장 탱크를 설치하자고 제안하며 해결책을 제시했습니다. 틴 챌린지의 지킴이들은 기뻐했습니다.

그곳에 있는 동안 저는 뒤로 슬쩍 돌아가서 우리의 오래된 미로에게 인사해야겠다고 생각했습니다. 그런데 놀랍게도 미로가 사라져버렸어요! 새로운 주민들이 모든 것을 불도저로 부숴버렸어요... 그냥 그 공간을 지워버렸죠. 그것은 내장을 발로 차버리는 것이었어요. 하지만 생각하게 되었습니다.

킹뷰의 새 주인은 독실한 근본주의 기독교 신자였습니다. 저는 그들이 이교도적이라는 의미 때문에 미로를 철거한 것이 아닌가 하는 생각이 들었습니다. 그것은 그들이 옹호하는 기독교적 가치를 대표하지 않았기 때문입니다. 하지만 미로는 미로에서 앞 목초지의 상수도까지 곧장 이어지는 매우 구체적인 자력선 위에 지어졌습니다. 땅과 자연에 대한 깊은 배려로 지어진 것이죠. 땅과 땅을 이용하는 사람들에게 혜택을 주기 위한 것이었죠. 그렇다면 대자연이 반란을 일으켰을까요? 어쩌면 우리가 심어놓은 선물을 파기해버려 물 공급이 중단된 것일지도 모릅니다.

저는 그들의 신념과 관행을 존중하는 마음으로 이 말을 합니다. 제가 어떻게 판단할 수 있을까요? 제가 아는 것은 두 사건이 서로 밀접한 관련이 있는 것 같다는 것뿐입니다. 물론 이런 생각은 제 혼자만의 생각이었죠. 저는 제가 할 수 있는 한 많은 도움을 주고 추억과 감사로 가득 찬 마음을 가지고 킹뷰를 영원히 떠났습니다. 정말 놀라운 사이클이었죠.

그레이스우드로 이전하면서 많은 변화가 일어났습니다. 그 중 일부는 저와 낸시에게 개인적인 차원의 변화였습니다. 다른 변화는 지역 자선 단체와 더 큰 모체인 에미서리의 업무와 직접적으로 관련된 것이었습니다.

가장 개인적인 변화는 제 인생의 멘토이자 생명의 은인, 가장 친한 친구였던 아버지가 돌아가신 것이었습니다. 2008년 삼월 중순에 뇌졸중으로 쓰러지신 아버지는 끝내 의식을 회복하지 못하셨습니다. 여동생 팻과 저는 아버지가 돌아가신 사월 초까지 병상을 지켰습니다. 아버지는 죽는 데는 문제가 없다고 말씀하셨어요. "사는 게 힘든 거지."

팻과 저는 모두 아버지의 임종 기간 동안 곁에 있는 것이 중요하다는 것을 잘 알고 있었습니다. 팻은 성경을 좋아했고 혼수상태에 있는 아버지에게 성경 구절을 읽어주며 많은 시간을 보냈습니다. 제 차례가 되자 저는 앉아서 우리가 함께 나눴던 다양한 이야기와 멋진 인생 경험을 떠올렸습니다. 그가 떠났을 때는 평화로웠어요. 저는 그 점이 가장 감사했습니다.

아버지는 매주 도시에서 농장으로 운전해 오셔서 농장을 짓는 일을 돕고 그곳의 다양한 프로젝트에 자신의 힘과 기술을 빌려주셨죠. 아버지는 팔십이 넘은 나이에도 강하고 활기찬 분이셨어요. 아버지가 올라오는 날은 농장의 많은 사람들에게 하이라이트였습니다. 아버지는 항상 커피 타임을 위해 도넛 한두 상자를 가지고 오셨는데, 유기농 곡물을 먹는 우리의 생활 방식에 정말 좋은 간식이었죠. 진짜 간식! 그리고 커피와 도넛을 먹으며 소방서에서 일했던 이야기와 그 밖의 재미있는 이야기를 들려주셨고, 모두의 마음을 사로잡았죠. 아버지는 많은 사랑을 받으셨던 분이셨고, 장례식에 많은 사람들이 찾아와 주셔서 감동했습니다.

물론 그가 그리워요. 하지만 우리 관계가 너무 충만하고 완전했기 때문에 그가 떠나는 것에 대해 슬퍼할 일이 별로 없었다고 말하고 싶습니다. 저는 축복을 받았다는 것을 압니다.

길드 변경 사항

더 이상 킹뷰에서 대규모 길드 모임을 진행할 수 없게 되자, 콜로라도의 선라이즈 랜치와 캘리포니아의 글렌 아이비에서 모임을 진행했습니다. 대규모 그룹에서의 발표 및 토론과 함께 일대일 시간이 가능한 분과 별도 시간도 많이 마련되었습니다. 이 시간들은 매우 소중하고 평생에 걸쳐 깊고 진실한 우정을 쌓는 데 큰 도움이 되었습니다. 이번에도 전 세계 각지에서 이 행사에 참여하기 위해 사람들이 모여들었습니다.

그 중 한 명은 호주에서 온 조나단입니다. 그와 저는 깊은 영적 고찰과 함께 종종 웃음이 터져 나오는 우정을 쌓았습니다. 너무 진지해진다고 코믹한 면을 볼 수 없을 정도는 아니니까요! 이 우정으로 인해 낸시와 저는 호주로 날아가서 어튠먼트 워크숍에 참석해달라는 제안을 받았습니다. 이 아름다운 나라를 보고 멋진 사람들과 교류할 수 있는 또 다른 멋진 기회입니다.

아일랜드에서 온 존을 통해서도 같은 일이 일어났습니다. 저도 어튠먼트 워크숍을 진행하기 위해 그곳을 방문했습니다. 아일랜드 사람들의 정신과 자연 그대로의 푸른 언덕, 흥겨운 펍에서 큰 감동을 받았어요. 얼마나 많은 사람들이 이런 기회를 얻나요?

다른 두 친구 테드와 도나는 인디애나에 있는 또 다른 에미서리 커뮤니티인 오크우드 농장(Oakwood Farm) 오랜 거주자이자 이사였는데 어튠먼트 워크숍에 관심이 많았습니다. 넓은 시골 부지에 위치한 이곳은 저희 집에서 차로 아홉시간이나 걸리는 곳이었죠. 우리는 그곳에서 친구들의 친절한 호스트 아래 여러 차례 모임을 열었고, 어튠먼트에 참여하기 위해 먼 곳에서 온 많은 사람들에게 음식을 제공하고 숙소를 제공했습니다.

이런 새로운 장소가 생겨난 것은 참으로 운이 좋았습니다. 어튠먼트의 가르침과 어튠먼트 전문조율사가 되기 위한 자격증과 관련하여 우리가 합의했던 것과는 다른 일들이 더 큰 조직에서 나타나기 시작했습니다. 길드 지도부 모두는 이 배의 방향이 우리에게 잘못된 방향으로 향하고 있다는 것이 분명해졌습니다. 그래서 우리는 한 발 물러서서 글렌 아이비에서 마지막 모임을 하고 몇 년 동안 모임을 하지 않았습니다.

결국 선라이즈의 사람들은 저와 제 동료들의 접근 방식과는 매우 다른 그들만의 스타일로 어튠먼트 가르침을 부활시켰습니다. 그래서 그들은 그들의 방식으로 어튠먼트를 전파하고 우리는 우리 방식대로 계속 전파하고 있습니다. 모두가 같은 북소리를 듣지는 않으니까요! 저는 현재 어튠먼트 분야에 존재하는 다양성, 어튠먼트의 실천과 가르침에 대해 감사하게 생각합니다. 그것은 가장 놀라운 선물입니다. 우리는 또한 그레이스우드에서 어튠먼트를 계속 진행했고 그곳에서 소규모 워크숍을 열었습니다.

아씨시(Assisi)

인생은 우리가 가장 기대하지 않을 때 아주 특별한 선물을 건네는 것 같습니다. 이번 선물은 오랜 친구인 마이클이 낸시와 저를 이탈리아 아시시에서 일주일 동안 성가와 명상을 할 수 있도록 초대하는 전화 한 통이 날개를 타고 왔습니다. 마이클과 바바라는 오리건 주에 있는 명상 그룹에 참여하고 있었는데, 총 이십오명 정도가 모여 동물의 수호성인 아시시의 성 프란치스코의 고향으로 여행을 떠난다고 했습니다. 저희는 초대를 흔쾌히 수락하고 이탈리아행 항공편을 예약했습니다.

아씨시는 성벽으로 둘러싸인 오래된 도시를 보존하고 있어요. 고치거나 업그레이드 하는 모든 것은 이곳의 역사적 아름다움을 그대로 유지하기 위해 엄격한 가이드라인에 따라 이루어졌어요. 그래서 마치 시간을 거슬러 올라간 듯한 느낌을 받았습니다. 좁은 돌길이 미로처럼 마을을 가로지르며 돌 아치 사이를 지나고, 잘 닦인 돌 계단을 오르면 소박한 마을 광장으로 이어집니다. 아씨시는 로마 가톨릭 신자들의 영적 성지이기도 하지만, 모든 종류의 영적 여행자를 위한 등대이기도 합니다. 이곳의 공기에는 깨끗한 산들바람과 튼튼한 올리브 나무 외에도 매우 특별한 무언가가 있어 아씨시의 전체적인 성스러움을 더합니다.

우리 그룹은 마을 한가운데에 있는 아름다운 홀을 예약했습니다. 사실 그곳은 성 프란시스가 젊은 시절 다양한 범죄와 경범죄로 재판을 받았던 바로 그 법원이었습니다. 우리는 매끄럽게 문질러 닦은 나무 바닥에 둥글게 놓인 쿠션에 앉아 매일 여러 번 만났습니다. 그곳에서 그룹의 감독인 데이비드 라샤펠(David LaChapelle)이 성가나 노래를 부르며 모두를 이끌었습니다. 우리의 목소리는 침묵으로 앉아있는 동안, 때로는 한 시간 이상 앉아 있는 동안에도 부드럽고 푹신한 벨벳 쿠션처럼 우리를 뜨게 해 주듯 홀을 가득 채웠습니다. 가끔은 가볍고 경건한 대화가 오가기도 했는데, 방금 함께 한 풍부한 경험을 나누기도 했습니다. 매우 심오하고 삶을 변화시킨 사건에 대해 이야기하는 경우도 있었습니다. 저는 다시 한 번 집단의 힘에 대한 경외감. 혼자서 명상을 하면 어떤 사람은 큰 경지에 도달할 수 있습니다. 하지만 집단으로 명상을 하면 그 경험은 훨씬 더 강력해집니다. 용감하게 깜빡이는 촛불 하나가 아니라 스물다섯개의 밝은 불빛이 어둠 속에서 빛나는 것과 같습니다.

저는 아씨시에 있는 동안 기회를 얻어 성흔 예배당(the Stigmata Chapel)을 방문했습니다. 아씨시는 성 프란치스코가 성흔 체험을 한 곳입니다. 예수님이 십자가에 못 박히셨을 때처럼 그의 손바닥과 이마에서 피가 자연스럽게 흘러내렸습니다. 글쎄요, 피를 흘리지는 않았어요. 제가 경험한 것은 손바닥 중앙에 매우 특정한 압력이 느껴지는 것이었습니다. 제 추론은 바로 이 방에 에너지가 축적되어 있었고, 그것이 제 손에서 감지되었다는 것이었습니다. 실제 성흔이 아니라 그것을 경험하고 싶은 바램이라고 할까요. 전 세계에서 온 사람들이 자신의 가치에 대한 증거와 신앙의 검증을 받기 위해 이 예배당에서 수많은 시간을 보냅니다. 피가 흐르기만 한다면! 제 호기심은 진정되었습니다.

아씨시에서의 그 한 주는 낸시와 저 모두에게 정말 큰 의미가 있는 시간이었습니다. 이 밝은 빛, 헌신적인 영혼들, 성장, 우정 등은 지금도 제 마음속에 간직하고 있습니다. 다시 한 번 제 삶을 돌아보며 "나는 얼마나 큰 축복을 받은 사람인가?"라고 생각하게 됩니다.

그럼에도 불구하고 인생은 계속해서 제게 굴곡진 길을 던져주었습니다. 그레이스우드에서 사개월을 지내던 어느 날, 갑작스럽고 완전히 예기치 않게 오른쪽 눈의 남은 시력을 잃게 되었습니다. 바로 그렇게요! 60년대에 처음 시력을 잃었을 때 처럼요. 아무런 경고나 징후도 없었죠. 시력이 갑자기 사라졌어요. 저는 바로 전문의를 찾아갔지만 요즘 상황과 마찬가지로 최소 두 달 동안은 아무도 저를 볼 수 없었습니다. 두 달이라니! 그 사이에 응급실에 갔더니 홍채 염(iritis)이라는 진단을 내렸고, 병원에서는 제가 홍채 염을 앓고 있다고 추측할 수밖에 없었습니다. 그래도 더 많은 지식과 전문성을 갖춘 의사를 만나려면 두 달을 기다려야 했습니다. 앞서 말씀드렸듯이 그레이스우드는 우뚝 솟은 나무와 멋진 산책로로 둘러싸여 있습니다. 낸시는 윌슨을 데리고 소나무가 우거진 산책로를 따라 정기적으로 산책을 나갔어요. 그곳에서 그는 자유롭게 뛰어다니며 다른 개들을 만날 수 있었습니다. 어느 날 낸시는 강아지를 산책시키는 수잔이라는 여성을 만났습니다. 개를 산책시키는 사람들이 흔히 그러하듯 둘은 이야기를 나누다가 제 눈에 대한 주제가 떠올랐습니다.

지금 당장 말씀드리자면, 지금까지 만족스러운 안과 의사를 만난 적이 없습니다. 저에게 시간을 내어 주지 못했던 상황에서 "좀 더 빨리 오셨으면 좋았을 텐데!"라고 한탄하던 그 의사를 기억하시나요? 안과 의사에 대한 제 경험은 별로 좋지 않았습니다. 우리 사이에 교감이 이루어졌다는 느낌도 없었고, 저에게 무슨 일이 일어나고 있는지 이해해준다는 느낌도 없었습니다.

낸시는 우연히 숲에서 수잔을 만나면서 모든 것이 바뀌었습니다. 수잔은 자신이 정말 좋아하는 훌륭한 시력측정의사(optometrist)가 있다고 말했습니다. 그녀는 낸시에게 모든 정보를 알려주었고 우리는 그와 예약 일정을 잡기 시작했고 일주일도 안 되어 저는 그와 만날 수 있었습니다.

반가워요, 만나고 싶었던 친구! 그동안 어디에 계셨었나요? 맥디 박사(Dr. McD)는 몇 가지 검사를 실시한 결과 문제가 홍채염이 아니라 녹

내장이라고 판단했고, 더 이상의 손상을 막기 위해 안약을 주었습니다. 오른쪽 눈에는 할 수 있는 게 아무것도 없었습니다. 배는 이미 떠난 뒤였습니다. 하지만 그는 제 왼쪽 눈은 살릴 수 있다고 생각했습니다. 십팔 년 동안 정기적으로 맥디 박사를 찾아갔고 왼쪽 눈은 여전히 멀쩡합니다.

이 분을 만나게 되어 정말 감사해요. 그는 친절하고 배려심이 많으며 자신이 하는 일을 잘합니다. 맥디 박사는 *국경없는 의사회*와 함께 아프리카의 빈곤 지역을 매년 방문하고 있습니다. 그 중 어떤 사람들은 그에게 진찰을 받고 검안 치료를 받기 위해 사흘 동안 걸어서 온다고 하더군요. 제게는 이것이 바로 행동하는 사랑이며, 그는 제가 진정으로 유대감을 느낀 첫 번째 안과 의사입니다. 그는 환자 한 명 한 명에게 세상 모든 시간을 할애해 그들의 이야기를 들어주고 설명을 해 줍니다. 옛날 방식이죠. 고마워요, 맥 박사님! 고마워요, 수잔! 고마워요, 인생!

시력을 잃은 사람은 시력을 잃은 것에 대해 씁쓸하고 화가 나는 것이 일반적입니다. 어떤 사람들은 그것을 결코 극복하지 못하지만 이해할 수 있습니다. 그런 상실에 대해 어떻게 감사할 수 있을까요? 저에게는 방법을 찾는 것이 중요했고, 그 답은 쉬웠습니다. 저는 볼 수 있는 것에 대해 깊이 감사하고, 볼 수 없는 것에 대해서는 신경 쓰지 않습니다. 제 안에는 그런 것에 대해 생각할 공간이 없습니다.

한쪽 눈만 있으면 깊이를 지각하는데 큰 영향을 미칩니다. 그래서 저는 크림을 커피 컵 이인치 뒤에 따르지 않고 바로 컵에 따르는 작은 요령을 개발했습니다! 사람이 많은 곳에서는 벽에 가까이 다가가 걷는 법을 배웠어요. 창의력을 발휘해야 합니다!

사랑과 빛에 헌신하는 삶을 살아온 사람에게 왜 이런 일이 일어났는지 의문을 가질 수 있습니다. 어떻게 이럴 수 있냐고요? 하지만 앞서 말씀드렸듯이 영적인 길을 걷는 데는 공짜 통행권이 없습니다. 우리는 유전적 요인, 환경적 영향 등을 가진 몸을 가지고 있습니다. 우리는 자동차처럼 이 몸을 새것으로 바꿀 수 있는 사치를 누리지 못합니다. 우리는 더 이상 갈 수 없을 때까지 운전하고, 도중에 수리를 하고, 때로는 새 부품을 넣기도 합니다. 하지만 공회전이 조금 느려지고, 경사로에서 숨이 막히고, 너무 세게 운전하면 차체가 뒤로 젖혀지기도 합니다. 이것이 바로 우리가 해결해야 할 문제입니다.

하지만 저는 감탄할 수밖에 없었습니다. 그날 낸시와 수잔이 함께 모인 이유는 무엇이었을까요? 왜 그들은 저와 제 눈에 대해 이야기했을까요? 그리고 왜 그렇게 좋은 의사를 그렇게 빨리 만날 수 있었을까요? 운이 좋았나요? 그건 아닌 것 같아요. 그 안에는 영에 진실되게 실제로 살아내는 마법이 있다고 생각합니다. 그리고 거기에는 연금술의 탁월한 서술이 있다고 생각합니다.

이 세상에는 자신에게 닥친 질병의 책임이 자신에게 있다고 생각하는 사람들이 있다는 점을 말씀드리고 싶습니다. 내가 뭘 잘못했나요? 내 몸에 암이 생기도록 내가 무엇을 했나요? 아무것도 안했다고 말하겠어요.

당신은 아무것도 안 했어요. 그런데 일이 터졌어요. 이제 어떻게 대처할까요? 그게 중요한 문제입니다. (에너지는 우리를 처벌하지 않습니다... 그냥 에너지일 뿐입니다!)

호주(Australia)

그레이스우드에서의 시간은 짧았지만 그곳에서 많은 일이 일어났습니다. '지구 반대편', 오스트렐리아의 친구 조나단은 낸시와 저를 초대해 자신이 살고 있던 호주 남부의 에미서리 공동체인 힐리어 파크(Hillier Park)에서 워크숍을 진행했습니다.

저처럼 전 세계를 여행하는 사람은 돈이 꽤 많을 거라고 생각하기 쉽습니다. 그렇기도 하고 그렇지 않기도 합니다. 제게도 꽤 많은 돈이 있었지만, 그것은 제 두둑한 은행 계좌나 풍족한 조직에서 나온 것이 아니라 예상치 못한 경로로 들어온 것이었습니다. 그것은 사랑스럽고 관대한 영혼들, 전 세계에서 어튠먼트를 가르치는 것을 보고 싶어 하는 사람들, 돈을 미리 앞서 부담하고 나중에 들어 왔을 때 되돌려 받는 사람들, 그리고 돈이 있어서 기꺼이 동참할 수 있는 사람들을 통해 왔습니다. 돈은 항상 존재해왔고 당연하게 여기지 않았죠. 먼지가 많은 작은 마을 투르키예에서도 도착하자마자 잡다한 물건 값을 지불할 현금이 없을 때면 "괜찮아요. 내일 다시 와서 계산하세요." 저는 완벽한 이방인이었지만 그들은 조금도 걱정하지 않았어요.

그래서 애들레이드(Adelaide)에 있는 그룹이 낸시와 저를 호주로 데려가기 위해 기금을 마련했습니다. 예산이 빠듯한 상황이었지만 겨우 이코노미 클래스 좌석을 구할 수 있었죠. 알고 보니 수년 동안 어튠먼트를 가르치기 위해 비행기를 많이 탔기 때문에 제 항공 마일리지가 꽤 많이 쌓여 있었습니다. 토론토에서 애들레이드까지 비행 시간은 약 스물 한 시간입니다. 노령에 접어든 제 몸이 이코노미석에 앉기에는 너무 긴 시간입니다. 그러나 풍요의 축복이 다시 찾아왔습니다. 제 항공 마일리지를 사용해 비즈니스 클래스로 업그레이드하고 편안하고 멋지게 여행할 수 있었습니다. 긴 여행의 피로를 덜어주는 데 큰 도움이 되었지요. 게다가 낸시는 당시 독감으로 고생하고 있었는데, 비행하는 동안 잠을 잘 수 있는 침대가 있다는 것은 정말 큰 축복이었습니다.

조나단과 저는 이미 북미에서 킹뷰를 비롯한 여러 모임에 참석하며 친해진 사이였어요. 우리를 찾으려면 웃음소리를 따라가기만 하면 됐죠. 저희 둘 다 찐한 농담에 능숙하고 사람들은 그런 농담을 좋아하죠.

저는 힐리어 파크에서 주말 동안 워크숍을 진행했고, 낸시는 그 중 한 날 저녁을 이용해 콘서트를 열었습니다. 당시 낸시는 기타를 치며 정말 감동적인 노래를 작곡했어요. 호주사람들은 정말 좋아했지요. 조나단은 우리를 태우고 다니며 캥거루와 코알라를 소개하고 인도양 남부의 부서지는 파도를 보여주며 독특한 호주의 문화(Ozzie culture)를 맛보게 해주었습니다. 저희는 우리가 만난 사람들의 날것의 자연스럽고 소박한 접근 방식이 마음에 들었습니다. 오후에는 애들레이드에 있는 원주민 센터를 방문해 호주에 처음 거주했던 사람들의 모습을 엿볼 수 있었습니다. 일주일이 순식간에 지나갔습니다.

귀국 항공편 덕분에 호주보다 훨씬 더 푸르른 뉴질랜드에 사는 더 많은 친구들을 방문할 수 있었습니다. 여행 중 보너스를 받은 셈이죠. 그리고 비행기에서 침대 칸을 타고 집으로 돌아왔습니다.

제 모든 여행에는 한 가지 공통분모가 있습니다: 큰 가슴들이지요. 감사합니다!

집으로 돌아와서 저는 필과 우정을 쌓기 시작했습니다. 필은 킹뷰에서 예약한 레이키 마스터 워크숍을 통해 제 인생에 들어왔어요. 필은 요가 교사였고 에너지 작업에 천부적인 재능이 있었어요. 제가 호주에서 돌아온 직후, 필은 그레이스우드에 있는 저에게 연락해 몇 달 동안 살수 있는지 물어봤어요. 결혼 생활이 해체되고 있었고 자신을 정리할 필요가 있었거든요. 그것은 적절한 것 같았습니다. 필이 원주민 쉼터에서 레이키 치료를 나누기 위해 일주일에 한 번 도시로 출장을 간다는 사실을 알게 되었을 때, 저는 호기심이 생겨서 함께 할 수 있는지 물어보았습니다. 그는 한동안 저와 함께 어튜먼트를 나누었고 제가 무엇을 하고 있는지 이해했습니다. 그가 레이키에서 하던 일과 크게 다르지 않았습니다. 그래서 그는 기꺼이 저를 도시로 데려갔습니다.

다시 변화(Change Again)

그레이스우드에서 삼년 차가 되었을 때, 우리가 상상했던 대로 일이 풀리지 않는다는 것이 분명해졌습니다. 모든 곳에서 그리고 모든 사람에게 변화가 일어나고 있었습니다. 킹뷰의 일원이었고 그레이스우드와 계속 인연을 이어가려고 했던 많은 사람들이 새로운 일자리, 드라마 같은 가족갈등, 더 먼 곳으로 이사하는 등 개인 생활의 변화에 직면하고 있었습니다. 이러한 변화는 다른 많은 에미서리 지역에서도 일어나고 있었음을 주목해야 합니다. 부동산이 매각되고 사람들이 이사를 가고 있었습니다. 그레이스우드는 날아오를 수 없는 아름다운 새와 같았습니다. 그래서 시설을 매각하고 규모를 축소하여 킹뷰와 그레이스우드 사이에 있는 오로라에 있는 더 작은 곳으로 옮기기로 결정했습니다.

다시 한 번 저희는 부동산 전문가인 친구 린의 도움을 받아 완벽한 장소를 찾았습니다. 이 집은 소규모 모임에 적합할 만큼 넓었고, 필요하면 한두 명의 하룻밤 손님을 수용할 수 있는 충분한 공간이 있었습니다. 공동 생활을 하기에 충분하지 않아서 낸시와 저의 집이 되었습니다.

킹뷰에서 매니저로 일하며 동물들을 돌보던 팸은 다른 숙소를 찾아야 했습니다. 힘든 일이었죠. 게다가 안타깝게도 더 이상 수용할 수 없는 동물들을 위해 새로운 숙소를 마련해야 했죠. 그녀는 이 일에 재능이 있었어요. 먼저, 우리가 킹뷰를 떠날 때 그녀는 네 마리의 누비아 염소를 위한 완벽한 새 집을 찾아주었습니다: 재키, 우리 당나귀, 맬링, 베트남 배꼽 돼지들이 바로 그들입니다. 작은 일이 아니죠! 하지만 그녀는 해냈습니다. 그레이스우드를 떠날 때는 조랑말과 자신의 준마도 집을 찾아야 했죠. 그것도 모두 처리했습니다. 동물들이 그녀가 처음 마련해 준 것보다 더 좋은 곳을 찾은 것 같아요. 힘든 여정이었지만 팸과 저희는 여전히 매우 친하게 지내며 자주 만나고 있습니다.

낸시와 제가 살면서 어튠먼트 활동을 계속하기 위해 구입한 집은 이보다 더 이상 이상적일 수 없었습니다. 깔끔한 집들이 모여 있는 조용한 초승달 모양의 구역으로 바로 주변 코너를 돌면 공원과 숲이 우거진 산책로가 자리하고 있습니다. 하지만 이 동네의 정말 멋있는 점은 완벽하게 친절하고 배려심이 많다는 것입니다. 수년간의 시골 생활 이후에 저희는 집들이 나란히 있고, 각집의 진입로마다 두 대씩 주차되어 있고, 길가에도 주차된 차량이 많은 도시 생활에 적응하기 위해 몸을 추스르고 있었어요. 숨이 턱턱 막혔죠. 하지만 축복은 계속 찾아왔습니다.

새로 이사한지 일주일도 되지 않았을 때 이웃집에서 열리는 파티에 초대장을 받았습니다. 그들은 길가 나란히 있는 집의 모든 사람을 초대했고 우리는 이것이 연례 행사라는 것을 알게 되었습니다. 거리의 모든 사람들이 저희를 포용하고 환영하며 주변을 소개해주고 정말 편안하게 대해주었습니다. 물 밖을 벗어난 물고기나 다름없는 낯선 땅의 이방인인 저희들에게 얼마나 큰 선물이었는지 그분들이 알 수 있을지 궁금합니다.

십오년이 지난 지금도 저희는 여전히 이곳에 살고 있으며, 이 동네의 일부가 되었습니다. 도슨 크레센트(Dawson Crescent)를 아는 마을 사람들은 이곳에 사는 저희를 부러워합니다. 이곳은 행복하고 친근한 거리로 정평이 나있으며 예로부터 이웃 간의 에너지를 간직하고 있습니다. 이웃들은 친절하고 수다스러우며 마음이 움직일 때면 함께 모입니다. 그러면서도 개인의 공간을 존중하고 도를 넘지 않습니다. 이삿짐이 필요하거나 사망, 드라마틱한 일이 생기거나 큰 가구를 옮길 일이 생기면 이웃들은 서로를 위해 함께합니다. 이 집에서 십일년 동안 살던 아름다운 리트리버 블루를 잃었을 때 이웃들이 베풀어준 친절은 감당할 수 없을 정도였습니다. 꽃, 카드, 포옹, 눈물... 심지어 식사까지... 쏟아진 사랑의 손길은 놀라웠습니다. 또한 방문하신 분들 모두 저희와 블루와 개인적인 인연이 있었기 때문에 개인의 자발적인 의사에 따라 이루어졌습니다.

그것은 마을 서쪽 끝에 있는 이 작은 초승달 모양을 따라 흐르는 사랑에 대하여 많은 것을 말해줍니다. 흥미롭게도 이 집은 옛 킹뷰 저택에서 차로 오분 거리에 있습니다. 지리적 영역의 진동과 주파수에 대해 할 말이 있습니다.

이 집으로 이사 온 지 얼마 지나지 않아 여동생 팻이 암 진단을 받았다는 소식을 전해주었습니다. 혀에 암이 생긴 거죠. 당연히 동생을 위해 많은 병원 예약이 잡혀 있었고 저는 여동생과 함께 모든 병원에 갔습니다. 하나뿐인 여동생을 사랑했고, 이 과정을 통해 최대한 가까이 있고 싶었기 때문입니다. 암은 상당히 진행된 단계에서 발견되었고 팻은 의학적 개입을 하지 않겠다고 단호하게 말했습니다. 독실한 기독교 신자였던 팻은 모든 것이 하나님의 손에 달려 있다고 전적으로 믿었습니다. 부모님이 돌아가신 후 팻은 새로운 출발을 할 준비가 되어 있었고 천국에서 부모님을 만날 것을 충분히 기대했습니다.

저는 일주일에 두 번씩 팻을 보러 이전에 부모님 집이었던 그녀의 집으로 갔습니다. 형식적인 의미에서 어튠먼트는 팻에게 실용적인 선택이 아니었습니다. 팻에게는 모든 것이 너무 부담스러웠거든요. 하지만 팻은 제가 방문한 날 가벼운 점심을 함께 먹는 것이 어튠먼트라는 것을 알고 있었습니다. 그녀는 우리 사이에 흐르는 사랑의 축복에 응답하고 충분히 감사했습니다.

팻은 이 질환으로 통증을 경험한 적이 없었고, 저는 그것이 그녀의 절대적인 믿음 때문이라고 생각합니다. 유월 중순 어느 날 "병원에 갈 때가 되었나요?"라는 질문을 받았어요. "네." 구급차가 팡파르 소리 없이 조용히 들어와 그녀를 데리러 왔습니다. 그녀는 혼자 힘으로 집 밖으로 걸어 나와 방갈로를 한 번 더 둘러보고 마당에 있는 큰 단풍나무에 시선을 고정했습니다. 그녀는 내부 카메라로 사진을 찍는 것처럼 모든 것을 찍은 다음 들것에 올라 구급차 안으로 미끄러지듯 들어갔습니다.

사실 후 팻은 이 땅을 떠났고, 저는 그녀가 우리 엄마 아빠를 만났을 거라고 믿어 의심치 않습니다. 당연히 그랬겠죠. 그렇게 믿었으니까요. 낸시와 제가 말기 암환자 병동으로 향했을 때, 사랑을 담뿍 담아 간호사가 반짝이는 눈빛으로 "사층에 오신 것을 환영합니다."라고 말하며 팻의 방으로 안내했습니다. 팻의 떠남은 평화롭고 군더더기 없이 깨끗했습니다. 그녀는 자신이 어디로 가는지 알고 있었습니다. 그녀는 모든 것을 알고 있었습니다. 잘됐어요. 하지만 저는 여전히 팻의 사랑스러운 존재가 그리워요. 우리가 공유한 인연과 함께한 삶을 축하해 주세요. 수년 동안 병을 앓고 죽음과 맞닥뜨린 저만 여기 남았다니 이상하지 않나요?

팻이 떠난 지 얼마 지나지 않아 또 다른 오랜 에미서리 멤버인 존으로부터 아일랜드에서 워크숍을 할 수 있겠느냐는 연락을 받았습니다. 존은 미국에서 아일랜드로 이주하여 작은 어튠먼트 커뮤니티를 함께 이끌고 있었죠. 일은 이렇게 진행하게 되었지요. 앞서 말했듯이 우리는 수년 동안 많은 사람들을 만났습니다. 결국 전 세계에 인맥을 쌓게 되었지요. 그래서 런던에 도착했을 때 다른 친구가 해러즈(Harrods) 바로 옆, 히드로행 지하철에서 몇 걸음 떨어진 나이츠브리지 아파트에 저를 묵게 해주었습니다. 준은 관대하고 따뜻하고 친절했어요. 그녀는 저에게 차를 만들어주고, 하룻밤을 잘 수 있는 소파를 마련해주고, 아침에는 아침 식사를 제공했습니다. 무엇보다도 준은 몰래 나가서 아일랜드행 비행기 티켓을 구입해 주었습니다. 다음에 제가 이 여행을 떠났을 때도 똑같은 호의를 베풀어 주었습니다.

그녀는 인생의 대부분을 런던에서 살았던 꽤나 개성 있는 사람이었죠. 몇 년 전에는 몰타에서 호텔을 운영하며 돈을 벌기도 했죠. 그녀는 당시 영국 나이든 여성의 전형이었죠. 그녀는 마치 여왕처럼 런던을 소유한 것처럼 다녔죠. 무단 횡단하는 사람을 보면 차창을 열고 "오, 건널목을 이용하세요!" 그녀는 꾸짖곤 했습니다. "차 안에서 모자를 쓴 남자는 절대 믿지 마세요." 그녀는 저에게 이렇게 말했습니다. "차에 왜 모자가 필요해요?" 여왕의 영어 발음과 단호한 어조로 말하는 모습이 정말 제게 웃음을 짓게 했어요.

몇 년 후, 저는 스페인에서 건강이 좋지 않아 그곳의 개인 병원에 입원하게 되었습니다. 여행자 보험 덕분이었죠! 극적인 사건이었으며 낸시에게 큰 충격을 주었죠. 저를 집으로 데려다 주는 것이 낸시의 일이었지요. 당연히 스페인과 토론토를 오가는 길에 저희는 준의 집에 들렀지요. 택시는 한밤중에 우리를 그녀의 집 앞까지 데려다 주었습니다. 저는 여전히 많이 아팠고 낸시는 거의 죽음의 문턱에 다다른 상태였습니다. 창문 너머로 우리만 비추는 불빛을 보고 정말 큰 안도감을 느꼈습니다. 준은 우리를 데리고 와서 그녀의 방식대로 모든 것을 책임졌습니다. 마침내 낸시는 안심하고 울 수 있을 만큼 안전하다고 느꼈습니다. 정말 많이 울었죠! 준은 낸시를 따뜻한 물에 목욕하게 하고 우리가 확실히 공항에 도착해 캐나다로 돌아갈 수 있도록 도와주었습니다. 누가 이런 행운을 가질 수 있을까요?

어쨌든 아일랜드에서의 첫 여행으로 돌아가 보겠습니다. 제 친구 존이 더블린 공항에서 저를 마중 나와 워크숍을 위해 공간을 빌린 불교 수련원으로 데려다 주었습니다. 그가 우리 시간을 위해 마련한 방은 아름다웠고 이미 평화와 정적의 에센스들로 기분을 좋게 맞이했고 방 한쪽 끝에 있는 실물 크기의 나무 부처님은 고양된 기운을 더했습니다. 이 모든 것이 푸른 계곡을 내려다보고 있었습니다. 어튠먼트를 나누는데 이보다 더 이상적인 환경은 없었을 겁니다.

아홉시 삼십분으로 예정된 시작 시간은 아일랜드 표준시인 열시 십오분에 곧바로 시작되었습니다. 구불구불한 길을 따라 이동하는 양떼나 이 지역 특유의 여러 가지 상황으로 인해 출발이 지연될 수 있습니다. 방 안의 웃음과 유쾌함을 통해 여유로운 접근이 필요하다는 것을 알 수 있었습니다. 이 사람들은 특히 예리한 사람들이었고 함께 일하는 것이 즐거웠습니다. 저는 우리가 함께한 시간의 핵심이 점심시간에 있었다고 느꼈습니다. "내분비계가 왜 그렇게 중요한가요?"와 같이 솔직하고 열린 질문을 던질 때 그들의 가슴은 특히 빛났습니다. 저는 그들의 부끄러움 없는 접근 방식과 개방성이 마음에 들었습니다. 어린아이 같은 순수함이라고 말하고 싶지만 이들은 어린아이가 아니었습니다. 그들의 순수함은 저를 겸손하게 만들었고, 나아가 자신의 문화권 밖에서 가르치는 것이 얼마나 중요한지를 깨닫게 해주었습니다. 제 친구 존은 훌륭한 사람들을 모았고, 저는 다시 한 번 그 그룹에 합류하게 되어 영광이었습니다.

세계를 여행하며 새로운 사람들을 만나고 어튠먼트를 가르치면서 저는 큰 변화의 시기를 겪었습니다. 애초에 저에게 어튠먼트의 세계를 열어준 에미서리 조직 내에서 새로운 방식으로 큰 변화가 일어나고 있었습니다. 사람들은 조직에서 벗어나 각자의 다음 단계를 찾기 시작했습니다. 일부는 새로운 영적 여행자 그룹에 매료되었고, 일부는 부모조직

외부에서 어튠먼트와 자신의 관계를 발전시키기 위해 탈퇴했으며, 에미서리는 스스로를 재구성하고 있었습니다. 이것은 일이 모두 제대로 진행되고 있다는 증거였습니다. 저희의 의도는 항상 우리가 할 수 있는 정보를 전달하고 사람들이 그 정보를 가지고 자신만의 접근 방식을 개발하도록 하는 것이었습니다. 이는 우리 모두를 위한 일이었습니다.

많은 사람들이 길드에 관심을 보였고 워크숍은 점점 더 커졌습니다. 이제 오리건과 인디애나에서 워크숍이 열리고 있습니다. 그리고 네, 길드도 변화하고 있었습니다. 이러한 변화와 함께 저는 앤드류와 더욱 긴밀하게 일하게 되었고, 함께 일하면서 우정이 더욱 돈독해졌습니다. 기존의 어튠먼트 길드는 변화했지만, 대부분의 주요 멤버들은 여전히 연결되어 있고 여전히 어튠먼트 실습과 교육에 헌신하고 있으며, 많은 참여자들이 이 창의적인 사랑과 빛의 분야를 지지하고 기여하며 앞으로 나아가고 있습니다. 저는 이러한 성과에 정말 감사하고 있습니다.

원주민 쉼터(The Native Shelter)

캐나다 정부는 수년 동안 원주민에 대한 범죄의 역사를 공개적으로 언급하며 배상을 위한 노력을 기울여 왔습니다. 가장 큰 죄는 신의 이름으로 원주민 아이들을 어머니로부터 떼어내 집에서 멀리 떨어진 기숙학교에 수용한 것입니다. 그곳에서 아이들은 자신의 문화를 포기하고 잊어버리도록 강요받았습니다. 비극적인 결말을 맞이한 파괴적인 프로그램이었죠. 많은 아이들이 죽었습니다, 그리고 더 많은 사람들이 피해를 입었습니다. 이러한 피해는 여러 세대에 걸쳐 이어져 내려왔습니다.

그래서 저는 제 친구 필의 도움으로 도시의 이 쉼터에서 어튠먼트 수련을 할 수 있게 되어 기뻤습니다. 제가 말했듯이 그는 그들에게 레이키를 가져다 주었고 그들은 똑같이 어튠먼트에 대해 개방적이었습니다. 쉼터에서는 많은 사람들이 필요로 하는 해독 프로그램을 제공했고, 그 다음에는 기술을 통해 사회에 재통합할 수 있도록 고안된 서비스와 교육을 제공했습니다. 또한 이 남성들이 자신의 뿌리와 다시 연결될 수 있도록 하는 데에도 주의를 기울였습니다. 그들은 콘크리트와 강철로 만들어진 세상에 묶이지 않고 표류하는 아름다운 작은 배와 같았습니다. 이 쉼터는 그들에게 자연과 리듬을 느낄 수 있는 기회를 제공했습니다. 필과 제가 일하던 방의 벽에는 과거 유명 추장들의 그림과 사진이 걸려 있었습니다. 방 주변에는 북, 딸랑이, 기타 의식 도구도 전시되어 있었습니다. 어튠먼트용 베드 두 개가 준비되어 있었고 고객이 들어오면 침대를 선택하기만 하면 되었어요. 그런 다음 레이키 또는 어튠먼트를 받았어요. 우리는 나란히 일하면서 그 방을 가장 멋진 분위기로 채웠어요.

우리는 전투의 상처를 가까이에서 보았습니다. 남녀노소 할 것 없이 이 사람들은 지금까지 꽤 거친 삶을 살아왔어요. 종종 한 남성이 어튠먼트 침대 위에서 잠이 들곤 했는데, 그때마다 저는 매우 행복했습니다. 그들은 그만큼 편안하고 안전하다고 느꼈으니까요. 30분 정도의 세션이 끝나면 한 남성은 자리에서 일어나 *"하얀 버팔로가 왔어요."* 또는 *"조상님들이 저에게 말씀하셨어요.", "곰이 왔어요.", "할머니가 왔어요..."* 등의 말을 하곤 했습니다. 남자들은 항상 그 경험에 감사해했고, 저는 그 시간을 그들과 함께 나누고 그들의 마음에서 우러나오는 이야기를 들을 수 있어서 감사했습니다. 한 남자가 잠을 자고 있다고 생각할 수도 있지만, 사실 그는 진정으로 변화하는 영적 경험의 한가운데에 있을 수 있습니다!

한 번은 보호소를 운영하는 사람들이 보호소 내에서 우려되는 상황에 대처하는 쉼터를 주기 위해 장로 샤먼을 데려온 적이 있습니다. 이

셔먼은 조용히 들어와서 무엇이 문제인지 묻지 않았습니다. 그는 그저 공기를 정화하고 대기를 정화하는 데만 집중했습니다. 한 손에는 전복 껍데기를, 다른 한 손에는 커다란 깃털을 들고 뜨거운 빛을 발하는 세이지를 들고 큰 방에 들어선 그는 연기를 공기 중으로 털어냈습니다. 그런 다음 그는 몇 명의 남자들과 합류했고 문이 닫혔습니다. 방 밖에서는 북소리와 노랫소리만 들릴 뿐 별다른 대화가 없었습니다. 일이 끝나고 프런트 직원 중 한 명에게 어떻게 됐냐고 물었더니 "잘됐네요, 문제가 해결됐어요"라고 말하더군요. 문제의 세부적인 부분에 대한 관심이 아니라 전체적인 에너지에 대한 이해에 대해 많은 것을 말해준다고 생각합니다.

보호소에서 일하던 일레인은 기숙학교 잔혹 행위의 생존자였습니다. 이제 오십대가 된 일레인은 아주 어린 나이에 부모에게서 떼어져 문화적 정체성을 없애라는 사명을 받은 자들의 학대에 시달려야 했습니다. 그녀가 어떤 끔찍한 일을 겪었을지 상상조차 할 수 없습니다. 그럼에도 불구하고 그녀는 가장 사랑스럽고 온화한 영혼으로 쉼터를 찾은 부상당한 전사들에게 안정감을 주기 위해 그곳에 있었습니다. 그런 점에서 백인 정부가 가져온 모든 오만과 고통에 대해, 저는 우리가 그들의 성소에 고양되고 무언가 빛을 가져오고 있다고 느꼈습니다. 이것이 제가 느낀 점이고 제가 받은 피드백이기도 합니다. 우리가 전한 무언의 메시지는 "당신들을 봅니다. 미안해요." 였습니다.

거룩한 땅으로
INTO THE HOLY LAND

▲ 가자지역의 대피라미드

▲ 예수 탄생 교회

▲ 겟세마네 동산

▲ 투루키에의 고대 에베소 유적지

▲ 블루모스크 전경

2014년이 되자 낸시와 저는 조용한 초승달 모양 마을인 우리 집에서 편안하게 도시 생활에 꽤 잘 적응하고 있었습니다. 이웃들과 저녁 식사를 하고, 개를 산책시키고, 정원을 돌보는 것이 일상이었죠. 교외의 작은 행복이었지만 저는 더 많은 여행과 강의를 준비 중이었어요. 그러던 중 영국에 있는 삼촌에게서 전화가 왔어요. "꽤 흥미로운 여행을 떠날 거예요. 같이 가실래요?"

저는 이 책 곳곳에서 돈과 리타, 그리고 우리가 나눈 우정에 대해 이야기했습니다. 그들은 항상 모험을 좋아했고 항상 나누기를 열망했습니다. 리타는 정말 제게 또 다른 여동생과도 같았습니다. 발은 땅에 딛고 있지만 가끔은 발뒤꿈치를 걷어차는 것을 좋아하는 재미있는 사람이었죠. 구십년대에 저희를 투에르키에 소개해주고 스페인에 있는 자신의 집에서 여러 번 저희를 초대해줬어요. 그래서 "재미있는 여행"이라는 아이디어가 제 호기심을 자극했습니다.

돈은 이 크루즈가 리로케이션(재배치) 크루즈라고 설명했습니다. 이 배는 홍해의 겨울 지역에서 지중해와 에게해로 이동하는 중이었습니다. 맨체스터에서 비행기를 타고 수에즈 운하 입구에 있는 샤름 엘셰이크로 가서 버스를 타고 카이로의 피라미드까지 이동했습니다. 거기서 유람선에 탑승해 수에즈 운하를 따라 알렉산드리아까지 길고 느린 여행을 떠낮죠. 지중해에서 급히 우회전하면 예루살렘에 도착해 성스러운 도시를 방문하게 됩니다. 그런 다음 투루키에의 청록색 해안을 지나 이스탄불로 향했습니다.

네, 저희도 포함시켜 주세요! 돈은 항상 랭커셔에 있는 여행사에게 돈을 맡기고 우리가 적시에 갚을 거라고 차분하게 안심시키며 여유를 부렸습니다. 저희는 항상 그랬죠.

맨체스터에서 이집트로 가는 비행은 지중해 상공을 가로질러 사하라 사막 상공에 떠 있기 전까지는 꽤나 평범한 여정이었습니다. 끝없이 펼쳐진 모래 사막의 풍경은 초현실적이었습니다. 사막은 엄청나게 넓고, 전쟁 중에 비행기가 어떻게 길을 잃었는지, 마을 전체와 역사의 흔적이 어떻게 모래에 삼켜질 수 있는지 하늘에서 내려다보는 우리의 시각으로 쉽게 볼 수 있었습니다. 정말 장관이었습니다. 억지로 직선을 그은 수에즈 운하 바로 위를 비행했습니다. 사막을 가로질러 홍해와 지중해를 연결하는 운하였죠. 비행기에서 홍해 북쪽 끝의 운하 입구에 많은 선박들이 모여 운하 진입 신호를 기다리는 모습이 보였습니다. 마치 장난감 유조선을 내려다보는 것 같았습니다. 수에즈 운하는 편도 운하로 시간에 따라 대형 선박, 유조선, 순양함이 한 줄로 줄지어 오르내립니다. 우리 비행기는 홍해의 물을 거의 훑고 내려가다가 모래가 흩날리는 활주로에서 타이어가 삐걱거렸습니다. 그곳에서 카이로로 향하는 버스에 탑승했습니다.

에어컨을 켜고 편안하게 앉아 모래 언덕과 모래언덕을 지나며 가끔씩 보이는 해변 파라솔이나 카지노 간판을 바라보았습니다. 긴 로브를 입은 아랍인들이 낙타를 이끌고 길가를 지나갔습니다. 카이로를 지나 피라미드를 향해 달릴 때 에어컨을 켠 안락한 차가 왠지 잘 어울리지 않아 보였습니다. 차창 밖을 내다보니 적어도 우리가 운전하는 구간은 카이로의 혼잡한 모습을 볼 수 있었습니다. 시내 도로 중앙에는 더위에 찌든 쓰레기 더미가 수북이 쌓여 있었습니다. 쥐들이 쓰레기 더미를 뒤지며 저녁을 찾는 모습도 볼 수 있었습니다. 하지만 더 심각한 것은 엄마들이 피크닉 담요에 쪼그리고 앉아 친구들과 수다를 떠는 동안 아이들이 썩은 음식과 썩어가는 포장지 사이에서 놀고 있는 모습이었습니다. 그저 평범한 일상이었습니다. 이 지역의 건물들이 무너져 내리는 건지, 막 지어지고 있는 건지, 아니면 그 중간 어딘가에 매달려 있는 건지 구분하기 어려웠습니다. 저는 한눈을 팔 수 없었습니다. 이 이미지를 머릿속에 새기고 싶었습니다. 음식과 물, 의료 서비스를 쉽게 이용할 수 있는 깨끗한 나라에서 살고 있다는 것이 얼마나 큰 행운인지 항상 상기할 수 있도록 그 장면을 생생하게 기억하고 싶었습니다. 저는 이를 결코 당연하게 생각하지 않습니다.

그러다 피라미드를 발견했죠. 세계의 불가사의, 역사의 전설, 수십 년 동안 영화와 이야기의 주인공이 된 피라미드. 드디어 도착했습니다!

그들은 근처의 기념품 가게와 낙타 타기에는 잊혀진 고대의 경이로움, 모래 언덕 꼭대기에 앉아 있었습니다. 견고하고 진실한 피라미드들은 그들이 서있는 현대의, 변화하는 세계 너머의 다른 차원을 보여주는 것처럼 보였습니다. 그날 가장 큰 피라미드는 문을 닫았지만 그 다음으로 큰 피라미드에 들어갈 수 있었습니다. 고개를 숙인 채 조심스럽게 좁은 경사로를 따라 내려가면 피라미드 하복부로 점점 더 깊숙이 들어갈 수 있었습니다. 피라미드는 위층만큼이나 지하에도 많았어요! 관광객들로 붐벼서 피라미드의 에너지를 제대로 파악하기 어려웠어요. 그럼에도 불구하고 저는 그 거대한 돌들을 만지고 그 안에 들어간 것이 영광이고 특권이라고 느꼈습니다. 스핑크스도 마찬가지였습니다. 관광객이 너무 많아서 스핑크스의 기운을 느끼기 어려웠어요. 그래도 그곳에 가서 만

저보고, 풍화된 얼굴을 바라보며 어떤 고대의 신비를 간직하고 있는지 궁금해하는 것만으로도 가슴이 벅찼습니다.

*과학과 마술의 친구 세레나*가 몇 년 전에 피라미드를 방문했던 이야기를 들려주었습니다. 세레나는 대피라미드의 여왕의 방에 들어가 명상을 할 수 있는 기회를 가졌습니다. 그녀는 실제로 두시간 동안 명상을 하려고 모든 계획을 세웠습니다. 세레나가 가장 먼저 느낀 것은 시간을 알려주는 햇빛이 없는 피라미드 내부의 영원한 시간 감이었습니다. 명상을 마치고 사막의 완전한 어둠 속으로 나왔을 때 그녀는 얼마나 놀랐을까요? 두시간이 실제로는 열두시간이었던 거죠! 시간 밖으로 나온다는 것은 정말 신기한 일이죠.

카이로를 지나 수에즈 운하를 따라 북쪽으로 이동하기 위해 배를 타고 줄을 섰습니다. 운하는 말 그대로 모래에 새겨진 운하이기 때문에 모든 배는 시속 칠 마일로 제한되어 있었습니다. 이는 둑을 파괴하지 않고 선박도 보존하기 위한 조치였습니다. 뜨거운 태양 아래서 무장한 군인들이 둑을 지키고 있는 길고 느리지만 가장 매혹적인 트레킹이었습니다. 다음 목적지는 이스라엘입니다.

예루살렘은 종교와 영성의 성지이자 정치적 불안의 온상이기도 합니다. 때마침 제게 이 기회가 열려서 정말 다행이라고 생각했습니다. 당시에는 큰 충돌이 일어나지 않았고 경호원이 배치되었지만 저희는 충분히 안전하다고 느꼈습니다. 항상 그런 것은 아닙니다.

처음 성벽에 들어섰을 때 성벽이 실제로 얼마나 두꺼운지 믿을 수 없었습니다. 삼 피트? 육피트? 십피트? 아니요! 성벽이 너무 두꺼워서 식당과 상점을 통째로 삼킬 정도로 엄청나게 두꺼웠어요. 이곳은 정말 벽으로 둘러싸인 도시입니다.

저는 예수님, 십자가, 감람산, 겟세마네 동산에 관한 성경 이야기를 많이 들으며 기독교 신앙으로 자랐습니다. 실제로 이 유적지를 걷는다는 것은 다시 한 번 시간을 거스르는 일이었습니다. 이곳은 매우 오래된 역사이기 때문에 오늘날까지 시간을 표시하는 기준으로 사용하고 있습니다. 하지만 이곳에는 무시간과 모든 시간의 에너지가 함께 존재합니다. 저는 통곡의 벽을 만지고, 무덤을 보고, 예수님이 십자가를 지고 가셨다는 길을 걸었고, 예수님이 넘어졌다고 전해지는 벽을 만져보았습니다. 하지만 제게 가장 큰 울림을 준 곳은 제자 베드로가 잠들었다는 이야기가 전해지는 겟세마네 동산이었어요. 이 정원은 관광객으로 북적이는 다른 장소와 달리 조용하고 평화로웠습니다. 그곳에서 저는 이 모든 경험을 되돌아보는 시간을 가졌습니다. 그리고 정원을 바라보며 예수님께서 베드로에게 하신 "깨어 기도하라"는 말씀이 떠올랐어요. 다시 말해, 영적 자각에 잠들지 말라는 뜻입니다. 그리고 예수님은 자고 있는 베드로를 발견하셨을 때 "계속 자"라고 말씀하셨습니다.

제 삶에서 저는 다시 잠들지 않고 깨어 있으려고, 무의식의 안일한 상태에 빠지지 않으려고 노력해 왔습니다. 사실 저도 가끔은 잠에서 깨어나야 할 때가 있었습니다! 저는 복잡하면서도 신성한 분위기를 지닌 예루살렘에 머무는 것을 사랑했습니다. 저는 이 만져질 것 같은 에너지의 질감을 느낄 수 있었습니다.

몇 년 전 낸시와 제가 결혼했던 마을인 투르키예의 남쪽 해안에 잠시 들른 후, 우리는 에게 해를 건너 보스포루스 해협을 따라 이스탄불로 향했습니다. 정말 멋진 곳이죠. 그랜드 바자르 재래시장에서 블루 모스크까지, 그리고 그 사이에 있는 모든 광경과 소리, 향기가 유혹해 이리저리 고개를 돌리게 했습니다.

많은 투루키에인, 특히 관광업과 판매업에 종사하는 사람들은 다양한 언어를 구사할 수 있습니다. 좁은 천막 거리와 수많은 상점이 즐비한 그런데 비자레에서 그들은 관광객을 눈여겨보고 그의 출신 국가를 추측한 다음 그 언어로 다가갔어요. 저희는 미국인이 아니라 프랑스인이라고 맞혀서 정말 영광이었습니다! 노르웨이어, 독일어 등 이름만 대면 다 알아 듣더라구요.

유명한 블루 모스크는 경이로움 그 자체였어요. 햇빛을 받아 빛나는 거대한 푸른 돔과 하늘로 뻗은 첨탑이 인상적인 거대하고 인상적인 건축물입니다. 내부는 화려한 타일 디자인과 거대한 페르시아 카펫으로 장식되어 있어요. 그곳에서 많은 사람들이 무릎을 꿇고 기도하고 있었는데, 무슬림이든 기독교인이든 유대인이든 상관없었어요. 의식에 대한 그들의 봉헌과 영에 대한 정성이 전반적으로 평화롭고 고요한 분위기를 그 공간에 불어넣었습니다.

어떤 이유에서 인지 낸시와 저는 블루 모스크의 여동생 격인 성 소피아 대사원에 더 강한 공감을 느꼈습니다. 블루 모스크 바로 옆 언덕에 자리 잡고 있어서 훨씬 더 부드럽고 여성스러운 느낌이 들었습니다. 이 모스크에는 여성들이 더 많았고 자신들의 기도를 드리려고 시간을 가졌어요. 분위기를 해치지 않도록 조심하면서 서로 사진을 찍고, 웃고, 부드럽게 킥킥 웃고, 속삭이는 모습을 보는 것이 즐거웠습니다. 그들에게는 신나는 행사였던 것 같습니다. 저희가 만난 모든 경호원과 도우미들이 친절하고 도움이 되려고 하는 것을 느낄 수 있었습니다. 이 행사는 영적인 행사였고, 저는 다시 한 번 '영이란 도대체 무슨 종교일까'라는 질문을 스스로에게 던져야 했습니다.

이 모험에서 몇군데를 더 들렀고, 더 많은 아름다운 사람들을 만났으며, 어느새 캐나다로 돌아와 어튠먼트 길드 안팎에서 일어난 모든 변화를 지켜보게 되었습니다. 저는 또 다른 교육과 어튠먼트 모임의 새로운 주기를 시작하고자 했습니다.

제 친구 앤드류는 뉴햄프셔에 살고 저는 토론토 근처에 살고 있습니다. 저희 둘은 서부 해안에 있는 몇 안 남은 에미서리 공동체 중 한 곳으로 향했습니다. 그곳에서 우리는 섬세한 예술, 어튠먼트를 가르치기 위해 힘을 합쳤습니다. 오레곤의 푸른 언덕에 자리 잡은 이 아름다운 곳은 거대한 나무로 둘러싸여 있어 이 지역에 서식하는 사슴들의 자연 보호구역이자 저희의 목적에 완벽한 환경이었습니다.

앤드류와 저는 뉴햄프셔 산속의 자연 보호구역에 있는 그의 숲속에서 함께 가르치기도 했습니다. 시골에서 모임을 개최하는 것은 자연스러운 일이었습니다. 자연을 바로 앞에 두고 작업할 수 있는 자연의 요소와 대지의 차분한 에너지가 우리가 하는 일에 매우 도움이 되었습니다. 영과 자연은 거의 같은 것이죠. 그래서 우리는 인디애나주의 오크우드 농장(Oakwood Farm)에서 모임을 가졌는데, 그곳은 전원적인 분위기로 무르익어 이러한 작업을 수용할 준비가 되어 있었습니다. 오크우드의 관리감독하는 테드와 도나는 오늘날까지도 우리와 아주 좋은 친구 사이로 미국 중서부에 있는 그들의 신성한 공간을 진화시키며 가꾸고 있습니다.

로이드 미커 주니어와 저는 서부 스틸 메도우(Still Meadow)에서 공동진행을 맡았습니다. 로이드와 저는 오랫동안 알고 지내던 사이였지만, 이러한 교육 협업을 통해 훨씬 더 가까워졌고 동료에서 진정한 친구로 관계가 발전했습니다. 이번에도 우리 둘은 스틸 메도우에서 모임을 갖기 위해 동부 해안에서 서부까지 비행기를 타고 날아왔습니다. 이 곳 주변의 거대한 레드우드 중 일부는 수령이 구백년이 넘었습니다. 그 나무들은 놀라운 에너지를 발산하고 안전하고 강력한 서브스턴스, 즉 신성한 서브스턴스를 품고 있죠. 스틸 메도우를 가꾸고 보호한 사람은 바로 카렌이었습니다. 힘든 시기였죠. 그녀의 헌신과 어튠먼트 과정에 대한 애정은 모임을 진행할 수 있는 풍성한 분위기를 제공했습니다.

이 세 곳의 공통분모는 시골이라는 점, 자연과 어우러져 있다는 점, 그리고 서로 다른 독특한 매력을 지니고 있다는 점이 마음에 들었습니다. 이곳을 찾은 다양한 사람들의 다양성을 보고 있으니 가슴이 뭉클해졌어요. 젊은 사람, 나이든 사람, 이 과정을 처음 접하는 사람, 노련한 프로 등 장소가 다양해지면서 참여 인원도 늘어났습니다. 돌봄이 전문인 사람들과 수년 동안 자신의 영적인 일을 해온 많은 사람들이 큰 매력을 느끼는 것 같았습니다. 따라서 우리는 그들과 공유할 소중한 무언가를 가지고 있었고, 그들도 그들의 여정에서 새로운 아이디어와 통찰력을 가져왔습니다. 대화와 협업은 깊고 보람 있는 시간이었습니다. 오십 년 동안 이 어튠먼트 분야에서 일하고 성장해 온 저는 새로운 일이 일어나고 있음을 목격했습니다. 한때 의심의 눈초리를 받았던 어튠먼트와 대화와 같은 영적 수행이 병원과 클리닉, 서점, 선물 가게 등 주류에서 환영받고 있었습니다. 인간은 본질적으로 영적 존재라는 개념이 점점 더 확산되어 삶의 당연한 사실로 받아들여지고 있었습니다.

다시 한 번 이 분야에서 선구자적인 역할을 해온 돌로레스 크리거에게 경의를 표합니다. 이제 제 아내 낸시도 우리 지역 호스피스에서 어튠먼트 서비스를 제공할 수 있게 되었습니다. 환영받을 뿐만 아니라 호평을 받고 있으며 수요가 많습니다! 영의 힘의 실체는 계속 확산되고 있습니다.

팬데믹(The Pandemic)

재미있게도 제가 마지막으로 참석했던 두 번의 대규모 어튠먼트 모임에서 "만약 무슨 일이 생겨서 더 이상 직접 모일 수 없다면?"이라는 질문이 나왔어요. 이 모임은 매우 풍성하고 깊게 진행되었습니다. 사랑의 의식적 에너지가 온전히 감싸여 있는 것에 흠뻑 빠져있는 듯 마치 집에 돌아온 것 같았어요. 하지만 상황이 바뀌면 어떻게 해야 할까요? 그래서 우리는 현장 그룹들을 만들었습니다. 이것은 전 세계에 흩어져 살고 있는 사람들로 구성된 그룹이었습니다. 멀리 떨어져 있어도 영적인 일을 계속 효과적으로 할 수 있을까요? 영적 연결을 통해서만 이러한 창의적인 용기를 만들 수 있을까요? 우리는 이를 연습하기 시작했고, 그 결과 가능했습니다. 다른 사람들이 모두 그랬던 것처럼 저희도 줌(Zoom)을 도입했고, 이에 대해 감사했습니다. 하지만 우리의 연결의 힘은 사이버 공간이 아닌 진짜 어튠먼트의 '현장'에 있었습니다.

2020년을 기억하시나요? 코로나19 팬데믹이 닥쳤고 아무도 어디로도 여행할 수 없었습니다. 물리적인 차원에서 우리는 서로 단절되었습니다. 도움이 필요한 사람과 어떻게 어튠먼트를 공유할 수 있을까요? 장거리 근육을 단련해야 할 때였습니다. 저를 비롯한 많은 동료들은 봉쇄 기간 동안 많은 전화를 받았고, 장거리 어튠먼트가 매우 효과적이라는 것을 금방 알 수 있었습니다. 이 서비스가 힘을 발휘할 수 있었던 한 가지는 우리가 고수해 왔던 특수성 때문이었습니다. 고객은 다른 때와 마찬가지로 예약을 한 다음 자신의 성스로운 공간에서 어튠먼트를 받기 위해 준비합니다. 그 고객은 제 성스로운 공간에서와 마찬가지로 편안함을 가지고, 약속된 삼십분 동안의 세션에 집중합니다. 가끔은 대행자가 필요합니다. 낸시가 잘하죠!

이렇게 생각해봤습니다: 우리가 같은 아파트 건물에 있고, 나는 이층에 있고 당신은 이십일층에 있다고 상상해 보세요. 단 하나의 전류가 이 건물 전체에 공급되고 있습니다. 우리는 그 전류에 동시에 플러그를 꽂는 데 동의할 수 있으며, 짜잔, 우리는 그 전류를 통해 연결됩니다. 아무도 그것을 소유하지 않습니다. 이 전류는 누구나 사용할 수 있으며, 수년 동안 어튠먼트를 연습하면 전류에 대한 민감성과 자신만의 창의적인 관리 방법을 개발할 수 있습니다. 저는 지금 영국에 사는 누군가와 함께 연결하면서 그들의 간이나 위에서 혹은 감정 영역에서 무엇이 일어나고 있는 것을 쉽게 감지할 수 있습니다. 이는 *꾸준한 연습을 통해 후천적으로 길러지는 민감성입니다.*

수천 마일 떨어진 고객들로부터 받은 피드백은 이 세션이 매우 편안하다는 것이었습니다. 많은 분들이 놀라워하고 기뻐했습니다. 장거리 어튠먼트에 대한 경험은 가까이서 직접 해본 것보다 더 큰 선물이었습니다! 팬데믹 기간 삼년 동안 제가 사용할 수 있는 유일한 접근 방식이었고, 이것이 선물이 아닐까요?

지금은 한 번도 만난 적 없는 전 세계 사람들로부터 전화와 추천을 받습니다. 그들은 다른 사람에게서 제 이름을 들었을 뿐인데, 어튠먼트를 통해 좋은 경험을 하고 있다고 합니다. 어튠먼트를 받을 때 찾아오는 평화와 평온함을 경험하고 어떤 경우에는 놀라운 변화가 일어났다고 합니다. 저는 아마 이 사람들 대부분을 직접 만나지 못할 것입니다. 하지만 우리의 연결은 훨씬 더 큰 무언가에 관한 것입니다. 그것은 우리의 에너지 장이 연결되도록 하는 것입니다. 거리도 시간도 없는 곳에서 만나는 것입니다. *영적 연금술이 작동하면, 삶의 연금술을 경험합니다.*

우리 각자는 고유한 에너지 장을 가지고 있습니다. 키를리안 포토 (Kirlian photo)를 통해 보면 건강한 사람의 에너지 장은 활기차고 확장성이 있습니다. 질병과 정서적 고통이 있으면 같은 에너지 장이 줄어듭니다. 종종 다른 사람들에게 에너지 작업을 제공하는 사람들은 이러한 활기와 확장성을 가지고 있습니다. 어떤 사람들은 실제로 그것을 보고 세션 중에 그것에 대해 언급하기도 합니다. 다른 사람들은 큰 에너지를 감지하고 의식적으로 드러내지는 않지만 똑같이 끌립니다. 세션이 끝난 후 고객이 저희 손에서 느껴지는 열기에 대해 언급하는 것을 듣는 것은 드문 일이 아닙니다. 그 열은 간단히 말해 생명 에너지입니다. 초기 어튠먼트 교육에서는 *이 생명 에너지를 뉴머플라즘이라고 불렀습니다. 우리가 육체를 사용하는 영적 존재, 즉 영이 인간적인 경험을 하는 존재*라는 진실을 잘 담아낸 단어라고 생각합니다. 친절을 베풀거나 단순히 사랑의 표현을 하는 모든 사람은 지구의 긍정적인 에너지에 기여하는 것입니다.

영적 에너지에 이끌려 창의적으로 일하는 것에 열려 있는 사람들은 삶에서 사랑의 축복을 유지하기 위해 노력합니다. 이러한 일관성을 통해 우리의 실제 업무에 힘이 실립니다. 수년 동안 제가 이끌렸던 사람들은 일관된 표현을 보여주었습니다. 제가 아플 때 아버지가 제 옆에 누워 저를 안아주신 것은 아버지의 변함없고 한결같은 사랑 때문이었습니다. 그 사랑과 그 사랑에 따라 행동하는 아버지의 여유로움이 제 생명을 구했습니다.

맥과 제인을 기억하시나요? 맥은 저에게 제가 영적인 존재로서 인간적인 경험을 하고 있다는 생각을 해보는 게 어떻겠냐고 제안했었죠. 흥미로운 말이긴 했지만 그냥 말일 뿐이었죠. 하지만 그 말 뒤에 숨은 존재가 있었기에 설득력이 있었습니다. 그 말들은 일관되게 그 체험을 하고 있는 한 사람의 입에서 나온 것이었으니까요! 병원 침대에 누워 있는 저에게 마틴이 "당신은 여기서 나가야 해요"라고 말했던 것처럼 말입니다. 그가 한 말보다 더 큰 영향력을 발휘한 것은 그의 당당한 존재감이었습니다.

로이드 미커는 40년대와 50년대 초반에 영성 연구 과정을 개발했는데, 제가 1969년에 수강한 것과 같은 과정입니다. 제게는 이 강좌의 핵심 메시지는 일상 생활에서 말씀을 행동으로 옮기라는 근거 있는 영성이었습니다. 힘들 때 축복을 바라기보다 사랑의 축복을 베푸는 사람이 되세요. 말씀을 실천하세요. 근본적인 메시지는 "결과에 구애됨 없이 사랑을 발산하라"는 것이었습니다. 그는 결코 결과없이 라고 말하지 않았고 단지 결과에 구애되지 말라는 것입니다. *우리가 어튠먼트를 제공하는 것은 칭찬이나 인정을 받기 위해서가 아니고 무언가를 고치기 위해서도 아닙니다. 우리는 이 일을 하기 위해 태어났고, 여기에 연금술이 있기 때문에 하는 것입니다.*

미커의 또 다른 메시지 중 제게 큰 울림을 준 것은 바로 '*우리는 지구의 진동을 높이고 인류의 주파수를 높이는 데 도움을 주기 위해 여기에 있다*'는 것이었습니다. 따라서 인류의 깨달음의 과정을 돕는 것입니다. 그것은 숭고한 열망처럼 보입니다. 하지만 지속성을 지니며 한 사람이 한번씩 실천해 가면 그 일은 완수됩니다. 이것은 우리가 우리의 진정한 영적 정체성을 깨닫고 기억할 때 이루어집니다. 에미서리를 통해 구축된 커뮤니티는 이러한 비전, 즉 주파수를 높이는 것에 대한 원래의 이해를 계승하고 확장하는 비전을 가지고 이루어졌습니다. 수년 동안 제가 목격한 모든 변화와 그 과정에서 겪은 모든 어려움은 직접적인 영적 성숙 과정의 징후였습니다. 성장은 자연스럽게 방해와 불편함을 동반합니다.

이 초기 훈련과 공동체 생활의 커져가는 아픔과 기쁨은 제가 이 책에서 공유할 수 있었던 모든 모험의 발판이 되었습니다.

그 여정에는 정말 많은 놀라운 사람들이 있었습니다. 세레나와 테레즈, 넬슨 만델라와 그의 밝고 굳건한 정신, 달라이 라마의 사랑의 정신과 뛰어난 유머 감각, 그리고 존경하는 수많은 동료와 친구들은 모두 자신이 알고 있는 것에 충실하고, 어떻게 그 자리에 올랐든 영적으로 자신이 누구인지 기억하는 행동과 정신의 모범을 보여줬던 사람들입니다. 제가 알게 된 이 모든 사람들은 스스로를 위대한 영적 리더라고 생각하지 않았습니다. 오히려 그들은 스스로 자신의 영성과 영성적 자질을 발견했습니다. 그 빛이 세상에 퍼져 다른 사람들에게 긍정적인 영향을 미칠 수밖에 없습니다.

우리가 우리의 진정한 정체성을 기억하도록 돕기 위해 이 세상에 오신 위대한 스승들이 여러 시대에 걸쳐 있었습니다. 예수님도 그중 한 분이었습니다. 제가 들은 메시지는 "더 높은 진동이 있는 것을 사랑하시요. 자신 안에 있는 그 더 높은 진동을 사랑하고 다른 사람 안에 있는 그것을 사랑하시오." 였습니다. 이렇게 하면 다른 사람이나 지구에 해를 끼친다는 생각은 하지 않을 것입니다.

치유 과정과 관련하여 그가 말한 것으로 알려진 다른 말은 "네가 온전하게 되겠느냐?"였습니다. 온전해지기를 원하십니까? "그럼 일어나시오. 이부자리를 들고 걸어가시오." 기적이 필요하지 않습니다. 노력이 필요합니다.

오늘날 사회에서는 슈퍼히어로에 대한 매혹이 대단한 것 같습니다. 어떤 의미에서 이것은 우리가 구제받기를 원한다는 신호라고 생각합니다. 우리는 슈퍼히어로가 나타나서 우리를 구해주길 원하죠. *저한테 부탁하지 마세요! 종교인들조차도 진정한 구세주가 오기를 기다리고 있습니다.* 하지만 제가 보기에 그 힘은 우리와 함께 있고 일관성을 통해, 영에 충실함을 통해, 모든 기복이 있는 상황을 통해 상승합니다.

카이로에서 쥐들 사이에서 노는 아이들, 그랜드 바자르의 행상인, 치료사, 수녀들 등 제 인생에서 만난 사람들과 제가 겪은 상황은 이제 제 존재의 일부가 되었습니다. 제 열정과 헌신은 그들 모두를 사랑으로 보듬는 것입니다. 여기에는 고통과 비참함으로 우리의 시야를 흐리게 하는 매일 뉴스에 나오는 기사들도 포함됩니다. 이것 역시 저는 이 세상의 진동을 빈곤, 질병, 전쟁이 존재할 수 없는 주파수로 끌어올리기 위해 온전히 헌신하는 사랑의 축복으로 감싸야 합니다... 우리는 그것을 없애려고 노력할 필요가 없습니다. 우리는 진실하기만 하면 됩니다.

이 삶을 살아온 제 자신의 여정을 되돌아보면 감사와 놀라움, 기쁨으로 가득 차게 됩니다. 생각해 보면 그토록 어린 나이에 죽음의 문 앞에서 오랫동안 서성이다가 살아남았을 뿐만 아니라 넘치게 성장했습니다. 그 오랜 고립과 제약 끝에 제가 세상을 보게 된 것은 인간적인 경험을 하는 영적 존재로서 제 진정한 정체성을 인정하기로 선택했기 때문입니다. 그래서 나를 대서양을 건너 영국 요크셔의 언덕과 구릉을 돌아다니고 글래스톤베리와 스톤헨지의 신비를 탐험하고 아일랜드 바다에 발을 담그게 한 것은 바로 영입니다. 스페인과 이탈리아로 날아가 자갈길을 걸으며 역사를 직접 손으로 만져보기도 했습니다. 영이 저를 이집트의 피라미드와 투루키에의 고대 에베소 유적지로 데려다 주었습니다. 가장 아름다운 사람들을 제 궤도로 데려다 주었고, 그중 몇몇은 소중한 친구가 되었습니다. 우리가 선택한 길을 따라 걸으며 우리는 서로를 연결하고 지원하며 완전히 구조화되지 않은 방식으로 함께 일합니다. 우리는 그들이 말하듯 현장에서, 즉 영에 충실하고 노력해야만 접근할 수 있는 창조적 현장에서 만납니다.

이 책을 마무리하면서 현재 제 인식의 경계에 서성이고 있는 몇 가지 생각을 공유하고자 합니다.

이 세상의 고대 문화는 지구의 자연 리듬, 태양과 달, 계절과 별과의 관계에 의존해 왔다는 기록이 수없이 많이 남아 있습니다. 스톤헨지와 대피라미드 방문은 저에게 완전히 새로운 차원의 우주 의식을 열어주는 스위치를 켜주었습니다. 에덴동산, 꿈의 시간 전의 시간, 샹그릴라 등에 관한 이야기는 무수히 많이 전해져 내려오고 있습니다. 이 모든 장소는 평화와 조화의 상태를 나타냅니다. 이러한 의식 상태가 존재하지 않았다면 어떻게 이런 상태를 고려할 수 있을까요?

앞서 키를리안 사진에 대해 언급했습니다. 이 도구는 우리 몸과 사실 모든 생명체 주변의 윙윙거리고 톡톡튀기는 다채로운 에너지 장을 명확하게 보여줍니다. 그리고, 그 에너지, 그 뉴머플라즘이 이 지구 전체를 둘러싸고 있는 것입니다. 제 생각에 우리가 특정 개인의 에너지 장을 조율할 때, 사실 우리는 전체 장, 즉 모든 것을 아우르는 더 큰 에너지 장을 조율하고 있는 것입니다. 우리는 그것에 접근하고 공급하고 있습니다.

모든 것은 진동이며, 그 중 일부는 세련되고 밝고 일부는 거칠고 어둡습니다. 그 주파수가 무엇이든 물리적으로 나타납니다. 공해, 전쟁, 빈곤, 증오, 고갈된 바다와 척박한 땅은 모두 거친 진동의 반영입니다. 반면 온전함, 건강, 기쁨, 창의성, 풍요로움은 우리가 공급하는 위치에 있는 더 높은 주파수의 반영입니다. 제 생각에는 사랑, 친절, 관대함, 은혜를 통해 우리의 주파수를 높이는 것이 이 지구와 인류의 균형을 회복할 수 있는 방법입니다. 한 사람이 코스를 듣거나 자격증을 흔들 필요는 없습니다. 친절하고 사려 깊고 존중하며 감사하는 기본적인 식탁 매너를 생활 속에서 실천하면 됩니다. 그것만으로도 우리 자신과 주변의 모든 사람이 고양됩니다. 다른 어떤 생각, 싸움, 발견도 우리가 처한 빈약한 위치를 바꾸지 못할 것입니다. 사랑, 헌신, 일관성이 관건입니다.

이 소중한 행성, 지구는 약하고 고통받는 존재가 아닙니다. 지구는 우리가 함께하든 함께하지 않든 계속 나아갈 강력한 힘입니다. 외부에서 바라보면 지구 행성은 우주의 보석처럼, 하늘의 그 어떤 암석보다 빛나는 정말 아름답고 소중한 생명체로 자리하고 있습니다. 지구는 그 보석으로 창조된 것일까요? 어쩌면 지구는 단지 우리의 집이 아니라 태양계에서 빛나는 생명체로 존재하기 위해 이곳에 온 것일지도 모릅니다. 수많은 선지자들이 우리에게 다가와 이 행성과 조화를 이루며 살고, 그 빛나는 존재를 돌보고 가꾸어 태양계의 다른 지역으로 그 기운이 퍼져나가도록 하는 것이 우리의 책임임을 일깨워주려고 노력해 왔습니다. 저는 지구와 협력하여 일하고 싶습니다. 저는 제 존재가 이 지구에 축복이 되어 아름답고 옳은 것에 연료를 공급하고 싶습니다. 하루가 끝나면 이 일이 저에게 평화를 가져다줍니다.

옛날 옛적에 제 친구 앤드류가 콜로라도에서 열린 남성들의 행사에 참석했는데, 그곳에서 저는 제 진정한 정체성에 대해 많은 것을 배웠습니다. 챈트(chant)를 통해 진동의 수준을 발견하고 표현하는 챈트 그룹이었죠. 그 때 마침 메뚜기 떼가 랜치 들판에 대거 출몰하는 일이 일어났습니다. 앤드류는 "메뚜기들을 노래로 쫓아내자"는 아이디어를 떠올리고 마틴에게 자신의 아이디어를 전달했습니다. 마틴도 좋은 생각이라는데 동의했지만, 벌레를 없애기 위해 주문을 외우는 대신 땅을 축복하는 주문을 외우는 건 어떨까요? 전투의 차원으로 낮추는 대신 아름답고 진실한 것을 지지하는 것은 어떨까요? 그래서 남자들은 들판 둘레를 돌며 함께 하늘로 올라가는 음색을 유지했습니다. 무슨 일이 일어났다고 생각하시나요? 하루 만에 행복하고 배고픈 갈매기 떼가 날아와 메뚜기들을 모두 잡아먹어 버렸어요. 문제가 해결된 거죠. 하지만 잠깐만요... 콜로라도에 갈매기가 있다고요? 가이아는 자신만의 방식으로 일을 처리하는 것 같아요!

저는 이 세상에 빛을 비추기 위해 의식적으로 꾸준히 자신의 주파수를 돌보는 내가 아는 모든 분들께 깊은 감사를 드립니다. 우리는 서로를 발견했습니다! 저는 제가 모르는 이 지구상의 수백만 명의 사람들, 무수히 많은 방식으로 같은 일을 하고 있는 이들에게도 똑같이 경의를 표합니다. 제 이야기를 통해 여러분께 전하고 싶은 말이 있다면, 이 생명에 대한 여러분의 공헌이 크다는 것입니다. 당신의 참여가 중요합니다. 그리고 우리가 자신의 주파수에 더 충실할수록 우리의 입력은 더 강력하고 효과적일 것입니다.

여러분은 사랑받고 있고, 필요한 존재이며, 지구상에서 떠오르는 이 영적인 몸체의 필수적인 부분이라는 것을 기억하세요. 그러니 빛을 발하세요, 친구 여러분!

감사의 말

　먼저 그녀가 없었으면 이 책을 쓸 수 없었던 아름다운 아내 낸시에게 깊은 감사를 표합니다. 그녀의 글쓰기 재능이 이 이야기에 생명을 불어 넣어 주었습니다. 어튠먼트에 대한 그녀의 사랑은 이 책에 깊이를 더했고, 저에 대한 그녀의 명백한 사랑이 목표에 도달하게 하였습니다.

　좋은 친구이자 동료 서버인 앤드류 샤이어에게 이렇게 멋진 서문을 써주시고 지속적인 지지를 보내주신 데 대해 감사드립니다. 당신은 형제입니다.

　엘사와 앤의 열정과 성실함에 감사드립니다. 세심한 배려와 관대함에 깊이 감사드립니다.

　앤 포먼, 애정 어린 돌봄과 전문적인 견해에 감사드립니다. 당신의 에너지를 함께 나눌 수 있어서 정말 즐거웠습니다.

　테드와 도나 블로젯에게, 친구들, 감사합니다. 어튠먼트 프로세스에 대한 그들의 놀라운 사랑과 이십 년이 넘는 변함없는 우정은 제 삶과 이 세상에 계속 빛을 발하고 있습니다.

　사려 깊고 관대하며 배려심이 깊은 제 처제 팸에게 감사합니다. 이 프로젝트에 대한 당신의 지지는 놀라운 일이 아니며 정말 감사하게 생각합니다.

　자넷 라트레무유에게, 감사합니다! 당신은 노력하지 않아도 어튠먼트에 살고 있습니다. 이 페이지에 귀중한 시간을 할애해 주셔서 대단히 감사합니다.

바쁜 와중에도 시간을 내어 이 프로젝트에 관심을 가져준 제프리와 로린에게 감사드립니다. 두 분의 전문성과 진정한 우정이 이 책을 완성하는 데 큰 도움이 되었습니다.

에너지 넘치는 프로세스에 대해 더 깊이 이해하도록 계속 노력해주고, 제가 몰랐을 관점을 공유해 준 오랜 친구 마이크 카셀스에게 감사드립니다.

열정과 관대함, 인상적인 컴퓨터 실력을 보여준 아바에게 감사합니다. 에너지 공유를 통해 우정이 성장하는 것을 보게 되어 정말 기쁩니다. 당신은 밝은 빛입니다.

그리고 내 사랑스러운 털복숭이 친구 블루. 네가 가져다준 기쁨과 이 책이 어느 정도 탄력을 받을 때까지 버텨줘서 고마워. 넌 내게 영감이었고... 보고 싶구나.

책을 쓰도록 격려해준 친구들 외에도 감사한 분들이 정말 많습니다. 일일이 열거하려면 책 한 권이 필요할 정도입니다! 제가 쓴 글로 여러분께 감사의 마음을 전하기에 충분할 것이라 신뢰합니다.

저자 소개

연금술: 마법처럼 보이는 변형, 생성 또는 조합의 과정.

폴 프라이스는 창조 과정에 대한 탐구를 통해 의식을 확장하는 데 평생을 바쳐왔습니다. 어튠먼트는 그가 선택한 방식입니다. 세상을 바라보는 그의 독특한 시각과 포괄적인 접근 방식을 통해 폴은 모든 생명을 둘러싼 섬세한 에너지 분야에서 멘토로서, 전문적 교육자로서, 더 나아가 친구로서 활동하고 있습니다. 여든넷의 나이로 접어든 그는 보이지 않는 영역에 대한 이해와 인식을 넓히고자하는 많은 이들에게 영감을 주고 있습니다.

놀랍도록 다양한 삶과 건강 상황에서 다른 사람들을 돕는 일을 하면서 그는 자신이 제공하는 연금술에 감사하게 되었습니다. 자신의 진정한 영적 정체성을 깨달으면 의식의 변화가 일어날 수 있기 때문입니다.

"납은 금이 아닙니다. 애벌레도 나비가 아닙니다. 신성한 연금술은 촉매제입니다."

폴은 온타리오 남부에서 아내 낸시와 함께 살고 있습니다.

유튜브에서 폴이 다양한 어튠먼트 테크닉을 소개하는 동영상을 볼 수 있습니다. 폴 프라이스 어튠먼트를 검색해 보세요!

역자 후기

지난 11월 말에 폴 프라이
스의 "삶의 연금술: 에너지에
맡기기"를 처음 읽기 시작하
면서 그의 자전적 스토리텔링
이 너무 생생하면서도 경쾌하
게 그러나 심오하고 아름답게

그려져 있음에 크게 감동하였습니다. 이 감동은 시대적 혼란이 개인적
도전과 맞물려 있는 한국의 세대갈등, 사회문화적 갈등, 정치적 양극화
현상들을 어떻게 풀어나가야 할 지 시사하는 바가 크게 느껴졌습니다.
이는 개인적 이완을 시작으로 구체적인 방식으로 여러 차원의 도전들을
마주해야 할 우리 젊은이들에게 감동을 줄 수 있겠다는 통찰로 이어지
면서 한국어 번역을 서두르게 되었습니다.

폴의 책이 우리에게 전달하고자 하는 핵심은 우리 모두는 각자 유일
무이한 독특한 존재로 살아가며 도전적 상황이나 어려운 상황들이 다
양할 수 있지만 결국은 스스로 책임을 져야 한다는 것입니다. 이를 위해
어떻게 자신의 생명에너지를 자연스럽게 흐르게 할 수 있는지를 폴 자
신의 구체적인 경험들을 통해 쉽고 재미있게 소개하고 있습니다. 특히
생명 에너지는 가장 이타적인 사랑을 통해 가장 순수한 에너지와 소통

이 가능하므로 자연의 상태, 이완의 상태에서 스스로 정화와 치유가 일어남을 보여줍니다.

의학적으로 심각한 병으로 어려움을 겪던 폴은 어튜먼트를 만나 몇 번의 고비에도 불구하고 기적적인 치유를 경험하며, 우리 몸에 대한 해부학적, 의학적, 기능적 탐구를 했을 뿐 아니라 이를 어튜먼트를 받는 과정에서 혹은 반대로 주는 과정에서도 우리 몸의 부분별 에너지작용에 대해 섬세하게 느끼거나 관찰를 게을리하지 않으므로 내분비샘 중심의 어튜먼트의 영역을 더욱 심화 확대시켰습니다.

저희 부부는 2019년 4월 크리스 요겐슨의 "초보자 안내를 위한 어튜먼트: 존재의 에너지" 한국어 번역본을 출판하여 한국의 어튜먼트 세미나 교육의 기본교재로 사용해 왔습니다.

이번에는 생존해 계신 대표적 마스터 티처인 폴 프라이스가 현장에서 어튜먼트가 경험적으로 어떤 영역에서 어떻게 활성화되는지 그 과정과 효과의 사례들을 스토리텔링으로 친절하게 안내해 주었습니다. 그래서 어튜먼트가 스트레스, 긴장, 고통 등에 노출되어 있는 한국인들이 몸을 이완시키고 평화롭고 안락함을 일상에서 경험할 수 있는 도구로 활용 수 있는 가능성을 보여 주었습니다.

이책이 나온 것을 직접 알려 주신 마샤님과 번역본이 나오기까지 여러가지로 도움을 주신 심영자님께 깊은 감사를 표합니다. 출판계의 불황에도 저희 책을 출판하기로 결정해주신 선인출판사 윤관백 대표님과 교정 및 편집 등 번거로운 일로 수고해주신 박애리 실장님, 김나희 편집자님 감사합니다!

역자 강득희·이재형